尼采与形而上学

周国平 著

云南人民出版社

果麦文化　出品

总序　今天，我们为什么要读尼采

在西方哲学家里，尼采是一个另类。在通常情况下，另类是不被人们接受的，事实上尼采也不被他的同时代人接受，生前只有一点小名气。但是，在他死后，西方文化界和哲学界越来越认识到他的伟大，他成了 20 世纪最走红的哲学家。我本人对尼采也情有独钟，觉得他这个人，从个性到思想到文字，都别具魅力，对我既有冲击力，又能引起深深的共鸣。

32 年前，我第一次开尼采讲座，地点是北京大学办公楼礼堂，那次的经历终生难忘。近千个座位坐得满满的，我刚开始讲，突然停电了，讲台上点燃了一支蜡烛，讲台下一片漆黑，一片肃静，我觉得自己像是在布道。刚讲完，电修好了，突然灯火通明，全场一片欢呼。

那是 1986 年，也是在那一年，我出版了第一本专著《尼采：在世纪的转折点上》，一年内卖出了 10 万册，以及第一本译著《悲剧的诞生——尼采美学文选》，一年内卖出了 15 万册。那时候还没有营销、炒作之类的做法，出版社很谨慎地一点点印，卖完了再加印，这个数字算是很惊人的了。20 世纪 80 年代，中国笼罩着一种氛围，我把它叫作精神浪漫，尼采、弗洛伊德、萨特都是激动人心的名字，谈论他们成了一种时尚。你和女朋友约会，手里没有拿着一本尼采，女朋友会嫌你没文化。

30多年过去了，时代场景发生了巨大的变化。如果说我这一代学人已经从中青年步入了老年，那么，和人相比，时代好像老得更快。当年以思潮为时尚的精神浪漫，已经被以财富为时尚的物质浪漫取代，最有诗意的东西是金钱，绝对轮不上哲学。对于今天的青年来说，那个年代已经成为一个遥远的传说。

不过，我相信，无论在什么时代，青年都是天然的理想主义者，内心都燃烧着精神浪漫的渴望。我今天建议你们读尼采，是怀着一个70岁的青年的心愿，希望你们不做20岁、30岁、40岁的老人。尼采是属于青年人的，我说的青年，不只是指年龄，更是指品格。青年的特点，一是强健的生命，二是高贵的灵魂，尼采是这样的人，我祝愿你们也成为这样的人。

周国平
写于2019年2月
再刊于2024年6月

虚无主义站在门前：
我们的一切客人中这个最不祥的客人来自何方？

——尼采

目 录

新版序   1

概 论   5

第一章   欧洲虚无主义：形而上学的危机   9

    一、什么是虚无主义   10
    二、从形而上学到虚无主义   38
    三、彻底的虚无主义   67

第二章   逻辑和语言批判：形而上学的
               心理分析   87

    一、内心世界的现象论   89
    二、知性发生学   112
    三、语言形而上学批判   127
    四、尼采与哲学中的"语言转向"   146

第三章　透视主义：反形而上学的认识论　　167

　　一、作为认识的强力意志　　168
　　二、透视主义　　176
　　三、真理问题　　215

第四章　强力意志和永恒轮回：形而上学的重建或扬弃　　229

　　一、重建形而上学的途径　　230
　　二、强力意志　　240
　　三、永恒轮回　　272

结语　　297

主要参考书目　　305

后记　　307

新版序

本书是我的博士论文，完成于1988年底，1990年9月由湖南人民出版社初版，收在叶秀山和我主编的《博士论丛》丛书中，只印了2000册。此后30多年里，曾在不同的出版社先后四次再版，但加起来的总数也不甚多。现在的这个版本，应该是本书的第六版。

我是在中国社会科学院读的博士生，导师汝信，我始终感谢他在指导我时所表现的开明作风和默默提携的善意。论文完成后，他为我组织了一个堪称最高规格的答辩委员会，聘请了学界耆宿贺麟、冯至、杨一之、熊伟诸位先生，他们不久后皆相继去世了。此外还有中年俊秀叶秀山、王树人先生。贺麟先生担任主席，他当时真正已经老态龙钟，走路需人搀扶，说话也很艰难，口齿不清，每句话都由坐在他身边的王树人复述。冯至先生不愧是德国文化领域的大学者，熟悉尼采著作，他阅稿非常认真，指出了两处事实性错误，我查书后均得到确证。岁月如梭，且不说老一代学人，我这个当年的学生也已经垂垂老矣，回想那个时代，真令人有恍如隔世之感。

关于尼采的专著，我写了两本，另一本是初版于1986年的《尼采：在世纪的转折点上》。那本书以生命意义之困惑和寻求为主线，把尼采哲学作为一种人生哲学加以阐释，其写作风格则饱含个人的感情，实际上也同时表达了我自己的困惑和思考。书出版后，反响巨大，成为一本畅销且长销的书。与之形成对照的是，作为一本严格的学术著作，本书的接受面要狭窄许多。即使在学术圈内，其价值亦未得到应有的认识。我读到过两本论尼采在中国的专著，一本是国内的，一本是在德国出版的博士论文，都辟专章谈我的尼采研究，但主要都是谈《转折点》，对本书则一笔带过。我所知道的一个例外是，台湾一所大学的哲学系把它列为了研究生的必读书。我本人对本书的重视要远超过《转折点》。有一年，中国社会科学院评学术成果奖，《转折点》入选，我当即表态，要评就评这本书，否则不必评，同仁们表示理解，最终本书获奖。

我自己认为，就学术水准和思想深度而言，《转折点》相比本书要逊色不少。事实上，写《转折点》时，我只是尼采作品的一个爱好者，而《尼采与形而上学》则是我对尼采哲学作了系统研究之后的成果。在本书中，我真正深入到了尼采的问题思路之中，其深入的程度还很少有人达到过呢。本体论和认识论历来被看作西方哲学的核心，我对尼采的相关论著下了很大的功夫，对他在这两个方面的思想给出了相当清晰的分析，证明了他不只是一位关心人生问题的诗性哲人，更是一位对西方哲学核心问题有着透彻思考并且开辟了新路径的严格意义上的大哲学家。

20世纪以降，西方哲学的基本趋向是否弃以柏拉图的世界二分模式为特征的传统形而上学。从这个角度回顾，我们可以发现，正是尼采最早对传统形而上学进行了全面的批判，这是他在哲学上做的主要工作，也是他的最重要的哲学贡献。他完全是以哲学的方式进行这种批判的。哲学是对世界整体的思考，尼采坚持这个定位，他反对的是用逻辑虚构一个道德化的世界本体。因此，他的批判集中于逻辑和道德，着重分析了二者的根源、本质以及在传统形而上学之建构中的作用。对哲学感兴趣的朋友不妨着重读一读本书的第二、三章，其中分别阐述了尼采的两个用当代哲学的眼光看十分前卫的观点。其一是语言形而上学，揭示了语言在传统形而上学的形成中起的关键作用，把语言问题作为一个重大哲学问题提了出来。其二是透视主义，论证了认识即解释，不存在摆脱透视关系的所谓本体世界，世界只能作为现象存在。这两个观点显示了尼采的卓越的哲学悟性和创见，其中已包含了现象学和哲学解释学之基本精神。

当然，尼采毕竟不是一个自我封闭于抽象概念王国的学院哲学家，他是痛感时代的虚无主义疾患，为了探究其根源和疗救之途径，才对传统形而上学进行全面批判的。在本书的第一章，我归纳了他觉察到的虚无主义征兆，包括对信仰的无所谓态度，左右逢源而毫无罪恶感；生活方式的匆忙，不复有宁静的内心生活，勤劳——也就是拼命挣钱和花钱——成了唯一的美德；文化的平庸，内涵贫乏而外表花哨，商业成为文化的灵魂，记者取代天才，报刊支配社会。读到这些，我们会觉得尼采仿佛是生活在今天的时代似的。我想说的是，对于一般读者，本书也可能有值得一读的地方，有助于我们反思时代的弊病。我相信读者还会发现，虽然本书是一本学术著作，但并不难读。在不损害内容的前提下，尽可能把学术著作写得明白通畅，我认为是一种好的趣味。

本书初版时，我在"后记"中宣布，从此要和尼采阔别好一阵了。的确是阔别，此后十几年里，我的工作重心转移到了别的方面。但是，我心中一直觉得，我对尼采是欠了债的。我自己的心情是十分矛盾的，虽然做尼采翻译和研究也使我感到极大的愉快，但我不甘心把全部精力耗尽在某一个思想家身上，哪怕他是尼采。进入 21 世纪之后，我终究还是做了一点相关的工作，可以看作是我的尼采翻译和研究的收官。主要是两项工作。一是四种尼采早期著作的翻译或旧译之修订，并且给每一种都写了长篇的译者导言，总计有 8 万余字，实际上是对尼采早期思想的系列研究。二是不久前选编了一本尼采语录，所收文字全部由我自己翻译。这些成果都即将由果麦重新出版或首次出版，敬请读者关注。

周国平
2025 年 1 月

概论

在西方哲学从近代向现代的转折中，尼采起了关键作用。这一作用集中体现在：他以透视主义认识论为主要武器，对西方传统形而上学展开了全面批判，并在此基础上提出了他对世界的新解释。

促使尼采对传统形而上学进行全面检讨的动机是他试图匡正虚无主义的时弊。所谓虚无主义，就是最高价值丧失价值，其典型表现是"上帝死了"，使欧洲人陷入普遍的无信仰状态。尼采追根溯源，发现导致虚无主义的根源就是始自柏拉图的传统形而上学。传统形而上学用逻辑手段虚构一个道德化的世界本体，并奉为最高价值，以之否定我们生活在其中的现实世界。最高价值的这种虚构性质和反对生命的性质本身蕴含着它日后丧失价值的必然性。虚无主义经历了一个由隐到显、由不成熟到成熟的历史过程。为了克服虚无主义，尼采提倡一种彻底的虚无主义，把虚无主义推至极端，否定一切最高价值即一切形而上学有立足的理由，借此为一切价值的重估和形而上学的重建扫清了道路（见第一章）。

逻辑和道德是传统形而上学的两块基石。尼采的形而上学批判的特色在于，他精辟地分析了逻辑和道德的发生以及被实体化为形而上学的心理过程，他称此种分析为"形而上学的心理学"。对于道德的分析，本书略去，请参看拙著《尼采：在世纪的转折点上》第七章。就逻辑而言，尼采着重分析了同一律和因果律如何因内心世界现象的误释和语言的迷惑而形成，又如何导致虚构一个持存不变的、作为终极原因的本体世界。在揭示语言对于哲学思维的支配作用时，尼采把语言作为一个重大哲学问题提了出来，预示了西方哲学中的"语言转向"（见第二章）。

透视主义是尼采从反形而上学立场出发提出的一种认识理论，这种理论把一切认识包括逻辑和形而上学都看作由强力意志[1]（实践需要）所发动的对世界的解释。透视的产物是外观。从不同的透视中心出发，对世界便可以有不同的解释方式，也就是可以用不同方式构成外观世界。在外观世界背后并不存在一个作为"自在之物"的本体世界。世界无非是从一切可能的透视中心出发所获得的外观的总和，即"关系世界"。尼采用透视主义否决了任何形而上学体系充当绝对真理的权利，为多元化的世界解释开拓了广阔的可能性（见第三章）。

在批判传统形而上学的基础上，尼采试图重建形而上学。

---

[1] 德语 Macht 一词，兼有力量、强力、权力等含义，为了防止只从政治含义上理解该词，本书把 der Wille zur Macht 译为"强力意志"（求力量增强的意志）。

重建的途径之一是价值的翻转，针对传统形而上学把知性透视绝对化而强调的"存在"观念，高扬诉诸感官证据的"生成"观念。重建的途径之二是由生命和人类现象类推世界整体，把生命特有的透视泛化，而以强力意志为透视的原动力，由此得出世界是强力意志的结论。"强力意志"是对"生成"原因的说明，因而是对"生成着的世界"所作的一个具体规定。如果说世界的本质是强力意志，那么，这一本质的展开方式便是永恒轮回。世界是永恒轮回着的强力意志。尼采自觉地把强力意志说视为他对世界的新解释，即他用以反对传统形而上学、战胜虚无主义的新价值设置。他在重建一种作为世界总体解释的形而上学的同时，扬弃了那种作为终极真理体系的形而上学（见第四章）。

第一章　欧洲虚无主义：形而上学的危机

虚无主义可以说是19世纪的"世纪病"。通过普希金、莱蒙托夫、屠格涅夫的作品，人们已经熟悉那些寻找不到生存意义的"多余的人"的倦怠身影。其实，在浮士德博士的虚幻追求、德国浪漫派骑士的缥缈憧憬背后，也不难发现人生虚无的悲哀。到了陀思妥耶夫斯基笔下，虚无主义业已成熟，表露出了明显的歇斯底里症状。

然而，正像加缪所指出的，是尼采挑起了虚无主义的全副重担，使虚无主义第一次成为有意识的东西。作为一个哲学家，尼采把虚无主义作为一个哲学问题提了出来。

虚无主义问题是尼采哲学思考的出发点。他对侵袭欧洲（包括他本人）的这种疾病深感忧虑，试图探明病因，加以治疗。正是这一动机促使他对欧洲形而上学进行了批判的考察，从中发现了虚无主义的根源。虚无主义由隐而显，终于蔓延开来，无非是形而上学陷入根本危机的表征。为了克服虚无主义，尼采又把虚无主义推至极端，主张一种彻底的、积极的虚无主义，以此从根本上摧毁旧形而上学的基础。然后，在虚无主义的基础上，他试图建立起他自己的形而上学。用虚无主义的形而上学反对形而上学的虚无主义，构成了尼采在哲学上的主要工作。

一、什么是虚无主义

尼采之前的虚无主义

据海德格尔考证，在哲学上首先使用"虚无主义"（Nihilismus）一词的是雅可比。雅可比在1799年给费希特的一封信里提到，他本人把唯心主义斥为虚无主义。很显然，他所使用的含义，与后来很不相同。

"虚无主义"一词流行开来，主要是通过屠格涅夫。1862年，屠格涅夫发表了他的那部在当时引起激烈争论的代表作《父与子》，其中的主角是一个平民知识分子巴扎洛夫。屠格涅夫自己说，巴扎洛夫的原型是一个使他大为惊叹的外省青年医生，"照我看来，这位杰出人物正是那种刚刚产生、还在酝酿阶段、后来被称为虚无主义的化身"。[1] 在小说中，巴扎洛夫的朋友和崇拜者阿尔卡狄这样说明虚无主义的含义："虚无主义者是一个不服从任何权威的人，他不跟着旁人信仰任何

---

[1] 转引自鲍戈斯洛夫斯基《屠格涅夫》，上海译文出版社，1983年，第317页。

原则，不管这个原则是怎样被人认为神圣不可侵犯的。"[1]巴札洛夫也自称"否认一切"，他嘲笑普希金和诗、艺术、科学、逻辑、贵族制度、自由主义、进步、原则。后来他堕入情网，爱上了贵族女子雅津左娃，可他立即对自己的这种感情深为厌恶，加以否定，对意中人说，爱情"只是一种故意装出来的感情罢了"。

屠格涅夫笔下的虚无主义者是反对一切权威的偶像破坏者，他们只想破坏，无意建设。阿尔卡狄的父亲尼古拉·彼得罗维奇向巴札洛夫指出：

"您否认一切，或者说得更正确一点，您破坏一切……可是您知道，同时也应该建设呢。"

巴札洛夫答道：

"那不是我们的事情了……我们应该先把地面打扫干净。"[2]

事实上，在当时俄国平民知识分子中，这种否定一切的思潮有着相当市场，青年文学评论家皮萨列夫就是一个典型。他在1861年写道："请容许我们用我们天生的怀疑主义来摇撼那些恹恹待毙的东西，那些陈腐的破家当——你们所称作普遍权威的东西。""我们年轻人阵营的一句结语是——可能击溃的，必须击溃；受得起打击的，才是合适的；一击即溃的，尽是废物；无论你向右打去，向左打去，也不会有而且不可

---

[1] 屠格涅夫《前夜·父与子》，人民文学出版社，1979年，第228页。
[2] 《前夜·父与子》，第262页。

能有什么害处的……"[1]这种破坏一切的激情在当时俄国农奴制度下无疑有革命性作用，但是，隐藏在其背后的却是人生无目的、无意义的悲观情绪。皮萨列夫在与拉夫洛夫论战时说："拉夫洛夫向生活过程外寻找生活的理想和目的；我则在生活中只看见其过程，而排除其目的和理想。"[2]当然，他之所以要排除，是因为他看不到生活本身有什么目的和理想。巴札洛夫对此说得更直截了当。一天，他和阿尔卡狄躺在一个干草墩的阴处聊天，叹道："我想：我躺在这儿草墩底下……我占的这块小地方跟其余的没有我存在，并且和我不相干的大地方比起来是多么窄小；我所能生活的一段时间跟我出世以前和我去世以后的永恒比起来，又是多么短促……在这个原子里，这个数学的点里，血液在循环，脑筋在活动，渴望着什么东西……这是多么荒谬！这是多么无聊！"[3]之所以藐视一切权威，摒弃一切信仰，否定一切原则，至深的原因就是因为所有这些权威、信仰、原则都不能为生命提供目的和意义了。在一个看破红尘的人眼中，人世的一切当然都失去了价值。

《父与子》之后，车尔尼雪夫斯基、安德列耶夫、陀思妥耶夫斯基的作品中都出现过虚无主义者的形象。很奇怪，在19世纪，虚无主义似乎主要是一种表现在文学作品中的俄国现象。直到尼采死后，人们才从他的遗稿中发现，这位敏感

1　转引自高尔基《俄国文学史》，上海译文出版社，1979年，第437页。
2　转引自高尔基《俄国文学史》，第438页。
3　《前夜·父与子》，第361页。

的德国哲学家如此关注虚无主义问题，以至于把它看作欧洲人精神生活中最重大的事件，对之做了系统的哲学解说。

不速之客的到来

在根据遗稿整理的《强力意志》一书中，尼采用先知的口吻宣告：

"我讲的是最近两百年的历史。我描述那正在来临，而且不复能避免的事情：虚无主义的到来。这段历史现在已经可以讲述了，因为必然性本身正在这方面起作用。这一前景已经在用成百种征兆说话，这一命运正被到处预示；一切耳朵都已经耸起来倾听这未来的音乐。"[1]

"虚无主义站在门前：我们的一切客人中这个最不祥的客人来自何方？"[2]

尼采所说的虚无主义，与俄国作家所指的含义十分接近。海德格尔认为，俄国作家所说的虚无主义与实证主义同义，表示那种只相信感官知觉可以达到的，即亲身经验的存在者，此外便否定一切的观点。这一说法似未必确切。其实，在多数俄国作家心目中，虚无主义者是一些"否定一切有价

1　F. Nietzsche, *Der Wille zur Macht*, Tübingen, 1952年，前言第2节，第3页。以下引此版本简称为 WM。
2　WM，第1节，第7页。

值东西、否定祖国全部文化的野蛮人物"。[1] 他们是从价值着眼的。尼采也从价值着眼给虚无主义下定义："什么是虚无主义？——就是最高价值丧失价值。缺乏目标；缺乏对'为何'的答案。"[2]

所谓"最高价值"，就是指历来形而上学所设置的赋予生存以终极的根据、目的、意义的本体，从柏拉图的理念到基督教的上帝均属此列。它们之丧失价值，使得生存失去了根据、目的、意义。随着最高价值丧失价值，附着于其上的一切有价值的东西也丧失了价值。"丧失价值"，尼采用的是 entwerten 一词，在德语中表示一个过程。所以，虚无主义是最高价值丧失价值的历史过程，也就是形而上学解体的历史过程。

作为一个过程，虚无主义经历了由隐而显的不同阶段。在 19 世纪，自觉否定一切传统价值的虚无主义者究属少数，普遍表现出来的仅是一种缺乏信仰的状态。所以尼采说，虚无主义"正在来临"，"站在门前"，而并不把它当作一个既成事实。文明总是以某种信仰为前提的，信仰的实质是最高价值的设置。不管以往的形而上学所设置的最高价值如何谬误，倘若没有最高价值的设置，没有信仰，人类精神便会迷离失措，无所依傍，甚至走向平庸化、野蛮化。现代文明的危机，究其实质就是信仰危机。尼采所说的虚无主义的"成百种征

---

[1] 《俄国文学史》，第 436 页。
[2] WM，第 2 节，第 10 页。

兆",指的便是到处显露出来的现代人缺乏信仰的精神空虚状态。

在尼采的著作中,我们常常可以读到他对这种状态的描绘:"信仰的沦丧已经路人皆知……接踵而至的是:敬畏、权威、信任的瓦解。"[1] "宗教的洪流已退,遗留下沼泽和池塘;民族又分崩离析,彼此敌对……科学……粉碎瓦解了曾经坚信的一切……事事都助长着正在来临的野蛮……如今地球上万般几乎都只取决于某种最粗暴邪恶的势力,取决于逐利者的利己主义和军事暴力统治者。"[2] "没有一样东西立于坚固的足和坚定的自信……我们走在又滑又险的路上,如履薄冰——这条路很快就没有人再能在上面行走了。"[3]

缺乏信仰既可表现为惶惶不安的紧张,也可表现为无所用心的麻木。尼采讽刺道:"在我看来,今日没有什么比真正的虚伪更为罕见了……虚伪属于有强大信仰的时代,在那时,人们甚至在被迫接受另一种信仰时,也不放弃从前的信仰。今日人们放弃它;或者更常见的是,再添上第二种信仰——在

---

[1] F. Nietzsche, *Werke*, *19 Bände u. 1 Register Band*, Leipzig, 1894—1926年(《尼采全集》20卷,莱比锡),第11卷,第374页。该版全集俗称 Grossoktav-Ausgabe(大八开本),以下引此版本简称为 GA。
[2] 《历史对于生命的利弊》。GA,第1卷,第310、311页。
[3] 《强力意志》。GA,第15卷,第188页。

每种场合他们都依然是诚实的。"[1]这种可以轻易放弃或添上的信仰当然只是一钱不值的赝品,适见出毫无信仰。所以,尼采又说:"左右逢源而毫无罪恶感,撒谎而'心安理得',毋宁说是典型的现代特征,人们差不多以此来定义现代性。现代人体现了生物学意义上的一种价值矛盾,他脚踩两只船,他同时说'是'和'否'。"[2]

在最高价值丧失价值的历史过程中,基督教信仰的解体是一个决定性事件。历来形而上学都把最高价值赋予人类现实生存之彼岸的某种超感性实体,而且这种实体愈来愈"神圣",愈来愈升值,到了基督教的上帝,价值升至顶峰,同时也就辩证地开始了最高价值贬值的过程。尼采敏锐地看出,基督教信仰的崩溃乃是形而上学史上一切最高价值的总崩溃的标志,是形而上学基础本身的崩溃。"上帝死了"是尼采用以概括欧洲虚无主义的一个基本命题。

上帝死了

海德格尔说:"尼采用虚无主义命名他最先认清的、业

---

1 《偶像的黄昏或怎样用锤子从事哲学思考》,以下简称为《偶像的黄昏》。F. Nietzsche. *Sämtliche Werke. Kritische Studienausgabe.* Herausgegeben von Giorgio Colli und Mazzino Montinari, 15 Bände, Berlin/New York, 1980 年(《校勘研究版尼采全集》15卷,柏林/纽约),第6卷,第122页。以下引此版本简称为 KSA。
2 《瓦格纳事件》。KSA,第6卷,第52页。

已支配前几个世纪并决定今后一个世纪的历史运动,他在下述简短命题中归纳了对这个运动的最重要解释:'上帝死了。'这就是说,'基督教的上帝'丧失了它对存在者和对人的规定性的权力。'基督教的上帝'既是'超感性事物'及其各种含义的主导观念,也是'理想'和'规范'、'原则'和'规则'、'目的'和'价值'的主导观念,它们被凌驾于存在者之上,为存在者整体'提供'一个目标、一种秩序以及(如同人们简明地说的)一个'意义'。虚无主义是这样一个历史运动,通过它,'超感性事物'的统治崩溃和废除了,使得存在者本身也丧失了其价值和意义。"[1] 这段话准确地说明了"上帝死了"命题与虚无主义运动的关系:如果说"上帝"是"超感性事物"即形而上学的主导观念,那么,"上帝死了"就是虚无主义运动的主导观念。

早在中学时代,尼采阅读了大卫·施特劳斯的《耶稣传》,他对基督教上帝的信仰就已经动摇。进入大学以后,在研读希腊文献的过程中,他已经开始对《新约》作追本溯源的批判。在他的成名作《悲剧的诞生》(1870—1871)中,他第一次攻击基督教,影射基督教牧师是"险恶小人",悲叹德国精神背离神话故乡,"在服侍险恶小人中度日"。[2] 其实,在《悲剧的诞生》写作前后,尼采在别的手稿中已经相当明

---

[1] M. Heidegger, *Nietzsche*, 2 Bände, Neske, 1961 年, 第 2 卷, 第 32、33 页。以下引该书注为海德格尔《尼采》。
[2] 《悲剧的诞生》。KSA, 第 1 卷, 第 154 页。

确地表达了"上帝死了"的思想，如此写道："开始死亡的意志（正在死去的上帝）崩裂为个别性，它的追求永是失去了的统一，它的结局永是持续的崩溃。"[1] "不是我们死于宗教之手，就是宗教死于我们之手。我相信古日耳曼箴言：诸神必死。"[2] 在《人性的，太人性的》第2卷（1878—1879）中，尼采把人譬作囚徒，把上帝譬作牢头，把耶稣譬作牢头的儿子。牢头刚死，他的儿子说："我将释放每个信仰我的人，完全像我父亲在世时那样。"[3]

然而，也许这些只能算作"上帝死了"命题的前史。这一命题的正式提出，是在《快乐的科学》（1882）和《查拉图斯特拉如是说》（1883—1885）中。在前一本书里，尼采描写一个疯子大白天打着灯笼在市场上寻找上帝，他对聚集在市场上的人们说："上帝哪里去了？我要告诉你们！我们杀死了他——你们和我！"并且以经典的方式表达了这一命题：Gott ist tot（"上帝死了"）。[4] 在后一本书里，尼采又从各个不同角度多次重复了这个命题。[5]

长期以来，"上帝"观念始终是西方人的精神支柱，它凝聚了一切最高价值，向人许诺不朽、至善和宇宙秩序。有了上帝，终有一死的个体生命从灵魂不死中找到了安慰，动物

1　遗稿。GA，第9卷，第77页。
2　遗稿。GA，第9卷，第128页。
3　《人性的，太人性的》第2卷。GA，第3卷，第247页。
4　《快乐的科学》。KSA，第3卷，第480、481页。
5　《查拉图斯特拉如是说》。GA，第6卷，第13、130、379、387页。

性的人从上帝的神性中发现了自己的道德极境，孤独的个人从和谐的世界秩序和宗教的博爱中感受到了精神的充实。基督教诚然贬低了人的尘世价值，却在幻想中赋予了人以某种永恒价值。上帝的灵光使人显得渺小，但同时也给人生罩上了一圈神圣的光环。基督教世界观实质上是人类中心论，它借上帝的名义把人置于万物之上，为人安排了一种超自然的世界秩序。所以，哥白尼的天体说不但打击了神权，也打击了人类中心论，而西方人在文艺复兴的乐观气氛中沉醉不久，便开始觉察到人失去上帝后的悲凉境遇了。

自从帕斯卡尔以来，许多宗教思想家都指出，死亡问题是宗教意识的核心，宗教源于对不朽的渴望，是对死后虚无的绝望症的治疗。因此，宗教意识的衰落必然导致悲剧意识的复苏。上帝死了，灵魂不死的希望落了空，短暂的个体生命重又陷于无边无际的虚无的包围之中了。上帝的死意味着人的死成为无可挽救的死。正是在这个意义上，尼采说："一旦我们如此拒绝基督教的解释，把它的'意义'判决为伪币制造，我们立刻以一种可怕的方式面临了叔本华的问题：生存究竟有一种意义吗？"[1] 后来加缪解释说："人已经对自己的不朽感到彻底失望，被迫承认自己注定要死的命运，从而，人就决定杀死上帝。现代人的悲剧正是从这一天开始的。"[2]

上帝之死不但剥夺了生命的永恒性，而且剥夺了生命的

1　《快乐的科学》。KSA，第3卷，第600页。
2　加缪《反抗的人》，巴黎，1951年，"虚无主义与历史"节。

神圣性。上帝创造的那个目的论宇宙崩溃了，万物复归于混乱。人只是宇宙永恒生成变化过程中的偶然产物，有何神圣可言？既然无神圣可言，也就无道德可言，因为道德总是以人对自身的某种神圣性的信念为前提的。人因为近神而获得尊严，正是这种尊严感支撑着道德，道德又反过来支撑着这种尊严感。没有了神，人的尊严遭到空前打击，他感到自己被降到了与万物相同的水平。"现代的普遍特征：人在他自己的心目中难以置信地丧失了尊严。长期充当存在（Dasein）的中心和悲剧英雄；后来，至少致力于证明自己与存在之决定性的、自在地有价值的方面的亲缘关系——如一切形而上学家之所为，他们想维护人的尊严，凭借他们的信念：道德价值是主要价值。谁放弃了上帝，谁就愈加热烈地信仰道德。"[1]然而，在尼采看来，这是徒劳的，对基督教上帝的信仰崩溃之后，"一切必将跟着倒塌，因为它们建筑在这信仰之上，依靠于它，生长在它里面：例如我们的整个欧洲道德。广阔连锁的崩溃、毁坏、没落、倾覆正在呈现……"[2]对于基督徒来说，天国既是死后灵魂的归宿，也是生前善行的报偿。失去了天国，灵魂没有了归宿，生命和道德一齐失去了根据。

总之，上帝死了，人的肉体和灵魂似乎都丧失了根本价值，人的生存似乎失去了重心。尼采宣告说："一个时代正在来临，我们要为我们当了两千年之久的基督徒付出代价了：我

1　WM，第18节，第19页。
2　《快乐的科学》。KSA，第3卷，第573页。

们正在失去那使我们得以生存的重心———一个时期内我们不知何去何从。"[1] 现代人突然被抛入一个没有上帝因而也没有目的和意义的宇宙中，成了无家可归的孤儿，再也没有全能的神灵替他解答精神上的疑难了。人真正地孤独了。"虔信者不存在孤独，我们无神论者首先做出了这个发明。"[2] 上帝信仰的丧失把欧洲人置于空前可怕的境地，尼采常常把这一事件譬作一场自然灾难———一场洪水，一次地震，地球脱离行星轨道，"地球上可能尚无先例的一次晦暗和日食"[3]。

陀思妥耶夫斯基和尼采

几乎与尼采同时，还有一个人也清醒地认识到了上帝信仰破灭的严重后果，并且得出了某些极为相似的结论。他就是陀思妥耶夫斯基。把他们在这方面的思想做一番比较，是饶有趣味的。

陀氏是一个深受上帝问题折磨的人，他对这一问题的痛苦思索集中体现在《群魔》和《卡拉马佐夫兄弟》中。这两部小说分别发表于1871—1872年和1879—1880年，比尼采明确提出"上帝死了"命题要略微早些。

在《群魔》中有一个人物叫基里洛夫，他因为上帝不存

---

[1] WM，第30节，第24页。
[2] 《快乐的科学》。KSA，第3卷，第616页。
[3] 《快乐的科学》。KSA，第3卷，第573页。

在而决定自杀,最后果真自杀了。他自己说:"我一辈子只想一件事。上帝折磨了我一辈子。"他确信上帝并不存在,但是,"人毫无作为,却发明了一个上帝,为的是活下去,不自杀;这就是迄今为止的全部世界史"。在一次争论中,他这样为自己的自杀念头辩护:"上帝是少不了的,所以他应该存在……可是我知道并没有上帝,也不可能有……难道你不明白,一个人同时抱着这两种想法是活不下去的么?"[1]

基里洛夫的思考方式恰与尼采有一回给虚无主义者所下的定义不谋而合:"虚无主义者是这样一种人,对于实际存在的世界,他判断说,它不应当存在,而对于应当存在的世界,又判断说,它实际上不存在。因此,生存(行动,受苦,愿望,感觉)是没有意义的。"[2] 这里,只要把"应当存在的世界"读作"上帝",就与基里洛夫的说法毫无区别了。事实上,只要接受上帝(即相信"应当存在的世界"实际存在着),或只要接受没有上帝的现实(即相信"实际存在的世界"是应当存在的),都不会有虚无主义。只有同时否定两者,也就是基里洛夫所说的"同时抱着这两种想法",才是虚无主义。

应当说,这种虚无主义是促使基里洛夫自杀的真正动机。但是,和尼采一样,陀氏也试图赋予虚无主义以某种积极意

---

[1] 陀思妥耶夫斯基《群魔》,人民文学出版社,1983年,第152、819、816页。
[2] WM,第585节,第403页。

义。基里洛夫说：人因为怕死才发明了上帝，"上帝就是对死亡的恐惧所产生的疼痛。谁能战胜疼痛和恐惧，他自己就会成为上帝。那时就会出现新的生活，那时就会出现新人，一切都是新的……那时历史就会分成两部分：一部分是从大猩猩到上帝的毁灭，另一部分是从上帝的毁灭到地球和人的质变。人将成为上帝，并将发生本质上的变化。世界将发生变化，事物将发生变化，种种思想和一切感情亦将如此"。[1]

我们在尼采那里也可以读到与此极为相似的话："上帝死了！……这件大事于我们不是太大了吗？我们岂不是必须自己变成上帝，以配得上这件事？没有更伟大的事了——在我们之后出生的人，单为这件事就属于更高的历史，高于迄今为止的全部历史！"[2]

不过，基里洛夫用来使自己成为上帝的方式颇为奇特：自杀！"谁胆敢自杀，谁就是上帝。""谁若是仅仅为了消灭恐惧而自杀，他立刻就会成为上帝。"这是一种"出于理性的自杀"，也就是陀氏在《作家日记》中所主张的"逻辑的自杀"，有一套逻辑推理作为其根据：既然上帝是人出于对死亡的恐惧而发明出来的，那么，只要克服了对死亡的恐惧，人就不再需要上帝了，因而自己也就成为上帝了，而自杀便是克服对死亡的恐惧的最好证明。基里洛夫推论说："要是上帝存在，那么一切意志都是他的意志，我也不能违背他的意志。

---

[1] 《群魔》，第151页。
[2] 《快乐的科学》。KSA，第3卷，第481页。

要是他并不存在，那么一切意志都是我的意志，我也必须表达自己的意志。"有人嘲笑他说："不过您并不是唯一的一个自杀者；自杀者比比皆是。"他回答："别人自杀都是有原因的。可是无缘无故，只是为了表达自己的意志而自杀的却只有我一个。"又说："我要以自杀来表明我的独立不羁和我的新的可怕的自由。"[1]

加缪在分析基里洛夫形象时指出，他的自杀是复仇，是反抗他在形而上方面所受的侮辱；同时也是自我牺牲，是一种有教育意义的自杀。[2] 这是颇有道理的。基里洛夫初萌自杀念头无疑是出于一种绝望感，因为上帝不存在而决心唾弃这没有形而上根据的荒谬的生命，但是，后来他却把自杀变成了一种表达自己意志的极端方式，似乎要以此证明人的意志自律，人能够在没有上帝的世界上支配自己的命运。这与尼采由上帝之死而发轫出强力意志和超人观念的思想过程是暗相吻合的。

如果说《群魔》主要从生死问题的角度表现上帝信仰破灭的后果，那么，《卡拉马佐夫兄弟》则主要表现这一事件在道德方面的后果。折磨着卡拉马佐夫一家人的问题是：如果没有上帝和灵魂不死，还有没有善？如果没有善，人还有什么价值？老卡拉马佐夫纵欲无度，丑态百出，内心却怀着

---

[1] 《群魔》，第151、152、818、821页。
[2] 加缪《西绪福斯的神话》。参看《文艺理论译丛》第3辑，中国文联出版公司，1985年，第393、396页。

致命的绝望。他的想法是：假如上帝存在，我自然不对；但假如根本没有上帝，我严肃地生活又有什么意义？老二伊凡评论他说："我们的父亲是只猪猡，但是他的想法是正确的。"在伊凡看来，如果没有道德，人就与猪猡无异；可是没有上帝的确导致了没有道德，所以人的确就是猪猡。他的著名理论是："既然没有灵魂不死，就没有道德，一切都可以做。"[1] 令人想起尼采说过的同样的话："一切皆虚妄！一切皆允许！"[2] 很显然，"一切皆虚妄"是"上帝死了"的必然结果，"一切皆允许"又是"一切皆虚妄"的必然结果。永生的希望一旦破灭，人生就成了一场梦，而做梦是不必受任何道德法则制约的。

三兄弟里，伊凡最清醒，他完全不信上帝。老三阿辽沙信上帝。老大德米特里老是处在惶惑不安中。"假如没有上帝，那可怎么办？……要是没有上帝，人就成了地上的主宰，宇宙间的主宰。妙极了！但是如果没有上帝，他还能有善么？问题就在这里！"[3] 这个低级军官尽管过着荒唐的生活，与父亲争夺同一个女人，为此甚至心怀弑父之心，其实他倒是个心地极善良的人，把善看得比什么都重要，总想改过自新，可惜又总是弄巧成拙，身不由己地陷入新的罪恶。最后，父亲被杀了，凶手是父亲的私生子斯麦尔佳科夫，德米特里却被

---

[1] 陀思妥耶夫斯基《卡拉马佐夫兄弟》，人民文学出版社，1981 年，第 192、897、93、94、112、394 页。
[2] WM，第 602 节，第 414 页。
[3] 《卡拉马佐夫兄弟》，第 896 页。

误当作凶手受到审判。审判过程中，我们看到一个惊人的场面：伊凡走上法庭，承认自己是凶手。在此之前，斯麦尔佳科夫曾经向伊凡指出，正是伊凡的"一切都可以做"的理论教唆了他杀人，所以伊凡才是真正的凶手。伊凡不得不折服于这一逻辑。

毫无疑问，折磨着卡拉马佐夫们的问题同样也折磨着作家本人。出路何在？陀氏在书中实际上提出了两种不同的答案。一是在圣徒式人物佐西玛长老临终训言中提出的，就是坚持信仰上帝，相信"我们和另一世界、上天的崇高世界有着血肉的联系"。[1] 这样就还能保住爱、善和道德。与尼采不同，具有宗教神秘气质的陀氏本人确实怀抱着这种希望。但这毕竟靠不住，陀氏不得不考虑：没有上帝，如何保住善？于是有了另一种答案，那是通过伊凡幻觉中的魔鬼之口说出来的："只要人类全都否认上帝（我相信这个和地质时代类似的时代是会到来的），那么……所有旧的世界观都将自然而然地覆灭，尤其是一切旧道德将全部覆灭，而各种崭新的事物就将到来。"人将成为"人神"，作为"人神"，"可以毫不在乎地越过以前作为奴隶的人所必须遵守的一切旧道德的界限"。现实世界上的幸福和快乐取代了对天国幸福的向往。尤其在死的问题上，"每个人都知道他总难免一死，不再复活，于是对于死抱着骄傲和平静的态度，像神一样。他由于骄傲，就会认识到他不必抱怨生命短暂，而会去爱他的弟兄，不指

---

[1] 《卡拉马佐夫兄弟》，第479页。

望任何的报酬。爱只能满足短暂的生命，但正因为意识到它的短暂，就更能使它的火焰显得旺盛，而以前它却总是无声无息地消耗在对于身后的永恒的爱的向往之中"。[1] 上帝和不死信仰的破灭不再导致道德本身的毁灭，而只是导致了旧的奴隶道德的毁灭，却使新人及其新道德得以诞生。我们看到，陀氏提出的这一方案已经非常接近尼采的积极虚无主义，在"人神"和尼采的"超人"之间，在"骄傲"赴死的精神和尼采的悲剧精神之间，相似性是一目了然的。

科学与虚无主义

科学为近代文明的发展提供了最重要的杠杆。文艺复兴以来，科学在与宗教的冲突中节节胜利，给西方世界带来空前的物质繁荣。这种情况曾经在短时间内造成一种乐观主义气氛，使人们普遍相信科学万能，人类凭借自身固有的理性能力可以征服自然，求得永恒福乐，而这种福乐是宗教曾经许诺实际上却无法兑现的。因此，上帝之死所留下的巨大空白一时未被人们感觉到。然而，正如尼采所指出的，科学有其自身的界限。这种界限集中表现在，科学一方面摧毁了传统的最高价值，另一方面它本身却又不能充当或重建新的最高价值。正是在这个意义上，尼采谈到了"现代自然科学的

---

1 《卡拉马佐夫兄弟》，第982、983页。

虚无主义结果"[1]。

在近代科学发现中，哥白尼的天体运行说和达尔文的生物进化论给了基督教世界观以最致命的打击。可惜的是，同时遭受打击的还有人类的自尊心。尼采说："自哥白尼以来，人就从中心滚向了 x。"[2] 哥白尼和他以后的天文学家使人类探索星空奥秘的求知欲获得了极大满足，到今天的时代，科学甚至使星际航行变成了现实。但是，这并不能补偿人类自尊心的根本损失。宇宙的无限广阔和人类栖居地的极其狭小，这一空间上的强烈对比无情地嘲弄了人类充当宇宙目的的自负心理。关于天体、地质、生物进化的理论则进一步从时间上显示了人类栖居的太阳系、地球以及人类本身的暂时性，相当有把握地预言了人类的末日。现在，不但个人的生存，而且整个人类的生存，都失去了终极的意义，而只具有暂时的价值。人类通过科学增添自己的尘世福利，为此付出的沉重代价却是丧失了对于永恒福乐的信念——不仅是宗教意义上的永恒福乐，而且是世俗意义上的永恒福乐，即人类世代的永恒延续和无穷进步。

宇宙永恒生成变化的壮观画面对人类感情来说却是过于残酷了。尼采如此描述自己的印象："感到自己作为人类（而不仅作为个体）被挥霍掉，就像我们看到大自然的个别花朵

---

[1] WM，第1节，第8页。
[2] WM，第1节，第8页。

被挥霍掉一样，这是压倒一切感觉的一种感觉。"[1] 如果人类必将灭亡，那么，就人类的最终结果而言，就无所谓"进步"和"目的"。所以尼采说："如果我们知道人类终将一去不复返，那么就会发现，人类的一切努力都是毫无目的的。"[2] "人类在总体上没有目的。"[3] "人作为类并不处在进步之中。"[4] 在当时，对于人类无穷进步的幻灭感并非尼采一人所具有，而且这与所谓没落阶级情绪风马牛不相及。恩格斯是尼采的同时代人，即使他也从自然科学所提供的材料引出了人类历史进步有限性的结论："自然科学预言了地球本身的可能的末日和它的可居性的相当确实的末日，从而承认，人类历史不仅有上升的过程，而且也有下降的过程。"只是因为"我们现在距离社会历史开始下降的转折点还相当远"，所以不必多加考虑罢了。[5]

科学的发展不但摧毁了宗教的基础，而且摧毁了形而上学的基础。在认识论上，形而上学的追求总是以某种绝对真理为前提和目标的。一切形而上学家都相信世界具有某种终极的本质，问题只是要去发现它。然而，科学的发展愈来愈表明人类的一切认识具有多么相对的性质，种种自明的真理纷纷被证明为谬误，任何一种世界图景充其量只具有假说的

1　《人性的，太人性的》第1卷。GA，第2卷，第51页。
2　遗稿。GA，第10卷，第493页。
3　《人性的，太人性的》第1卷。GA，第2卷，第51页。
4　遗稿。GA，第16卷，第147页。
5　《马克思恩格斯选集》，人民出版社，1972年，第4卷，第213页。

性质，迟早要被涂抹改绘。正是在科学最迅速发展的近现代，怀疑论最为蔓延。理性的自我迷信业已破灭，它在碰壁之后不得不反过来进行自我批判，于是便有了康德的批判主义。从实证主义到现代经验主义和分析哲学，愈来愈坚决地拒绝形而上学问题，而把哲学的任务严格限制于对科学的基础进行研究，这一哲学思潮正是科学破坏传统形而上学基础的直接后果。

尼采对于这一发展趋势是早有预感的，他在《悲剧的诞生》中指出：有一种不可动摇的信念，"认为思想循着因果律的线索可以直达存在至深的深渊，还认为思想不仅能够认识存在，而且能够修正存在。这一崇高的形而上学妄念成了科学的本能，引导科学不断走向自己的极限……""现在，科学受它的强烈妄想的鼓舞，毫不停留地奔赴它的界限，它的隐藏在逻辑本质中的乐观主义在这界限上触礁崩溃了"。[1]

在《强力意志》中，尼采进一步论述了科学发展对于形而上学认识的破坏作用：

"科学的发展愈来愈把'已知的东西'消解在未知的东西中了——但它追求的恰是相反的情况，本能地要把未知的东西还原为已知的东西。

"总之，科学正在酝酿一种绝对的无知，一种感觉：根本不会有'认识'；只有一种梦想'认识'的奢望；更有甚者，我们丝毫不能设想还可以把'认识'哪怕仅仅当作一种可能

---

[1] 《悲剧的诞生》。KSA，第1卷，第99、101页。

性——'认识'本身是一个充满矛盾的观念。我们把人类一个古老的神话和自负改编为确凿的事实：和'自在之物'一样，'自在之认识'也没有资格作为概念。"[1]

尼采还指出：从现代自然科学的活动中"终于产生一种自我解体，一种反对自己的转向，一种反科学性"。[2]

无论是宗教借信仰所建立的绝对价值，还是传统形而上学借概念所把握的绝对本体，都遭到了科学的否定。然而，科学自身在认识绝对的问题上却无能为力，绝对仍是一个神秘的领域。在尼采的时代，许多大科学家同时又是神秘主义的信徒，我们只要想一想恩格斯在《神灵世界中的自然科学》一文中举的例子就足够了。恩格斯认为，这是经验主义蔑视理论思维所遭到的惩罚。他显然怀抱着科学乐观主义的信心。在尼采看来，问题恰好在于理论思维（逻辑）也有其界限，不能达于存在的深渊。

人类追问绝对的冲动并非单纯的求知欲，而是出于确立价值目标的需要。可是，在确立价值目标方面，科学同样无能为力。尼采在谈到科学时写道："它不能……指明道路；只有当一个人知道向何处去之时，它才可能有用。"[3]"科学——为支配自然而将自然转化为概念——属于'手段'之列。但是人的目的和意志必须同样生长，为了整体。"[4] 尼采要求恰如其分

1　WM，第608节，第415、416页。
2　WM，第1节，第8页。
3　遗稿。GA，第11卷，第170页。
4　WM，第610节，第416页。

地看待科学在人类生活中的手段作用，不要把手段当作目的，迷失了方向。尤其在最高价值崩溃、信仰沦丧的时代，当务之急是创造新价值，建立新信仰，而科学显然不能完成这一任务。正因为如此，他一生中"不知疲倦地揭露我们当代科学追求的非精神化的影响"[1]，不断批判现代科学分工"缩小教育甚至是毁灭教育"[2]的恶果。

现代的双重阴影

如前所述，虚无主义就是最高价值丧失价值，所谓最高价值，指传统形而上学和基督教所虚构的超感性世界，即广义的"上帝"。所以，"上帝死了"是虚无主义的主要含义。但虚无主义还有另一层含义。

在尼采看来，"上帝"成为最高价值，乃是一种僭越，一种颠倒。他说："当我们谈论价值，我们是在生命的鼓舞之下、在生命的光学之下谈论的：生命本身迫使我们建立价值；当我们建立价值，生命本身通过我们进行评价。"因此，真正有资格充当最高价值的是生命，而"'上帝'概念是对生命的最大异议"[3]，它本身即意味着最高价值丧失价值，是本真意义上的虚无主义。就是在这一层含义上，尼采把基督教、佛教、

1　《偶像的黄昏》。KSA，第6卷，第105页。
2　《论我们教育机构的未来》。KSA，第1卷，第670页。
3　《偶像的黄昏》。KSA，第6卷，第86、97页。

柏拉图哲学、全部唯心主义均称作虚无主义。这一含义的虚无主义，与尼采常常谈到的"颓废"同义。

尼采说："最使我竭思殚虑的问题，事实上就是颓废问题。"[1]"一步步颓废下去"，"这是我给现代'进步'下的定义"。[2]所谓颓废，就是指"蜕化的本能带着隐秘的复仇欲转而反对生命"[3]，就是指"不得不与本能进行斗争"[4]。尼采把以往的哲学、道德和宗教都归入这一含义的虚无主义范围，称之为"人的颓废形式"[5]。

现代处在这双重虚无主义的阴影之下。一方面，上帝死了，信仰危机的阴影笼罩着欧洲。另一方面，上帝死得不彻底，它的"影子"即传统道德犹在，继续反对生命本能，导致颓废。信仰的沦丧和本能的衰竭是一种现代并发症，病根则是旧形而上学和基督教的信仰。问题的严重性在于，它们的虚妄不仅预先注定了后来的信仰沦丧，而且，由于它们长期压制人的生命本能，使精神创造力的这个根本源泉趋于枯竭了。现代人既失去了旧的信仰，又无能创造新的信仰，这才真正陷入了可怕的信仰危机。灵魂和肉体双重退化，精神的空虚和本能的颓废交并作用，便是现代文明的症结。尼采牢牢把握住这个症结，对现代西方人的精神生活现象和文化

1　《瓦格纳事件》。KSA，第6卷，第12页。
2　《偶像的黄昏》。KSA，第6卷，第144页。
3　《看哪这人》。KSA，第6卷，第311页。
4　《偶像的黄昏》。KSA，第6卷，第73页。
5　WM，第794节。

现象进行了深刻的剖析。

内在的紧张和外在的匆忙。在谈及虚无主义的预兆时,尼采写道:"我们整个欧洲文化长久以来就已经因为一种按年代增长的紧张状态的折磨而动荡,犹如大难临头,狂躁不安,惶惶不可终日;像一条激流,一心奔向尽头,不复沉思,而且害怕沉思。"[1] "猥琐、敏感、不安、匆忙、聚众起哄的景况愈演愈烈——这整个纷乱状况的现代化,所谓'文明',愈来愈轻浮,个人面对这巨大机构灰心丧气,只好屈服。"[2] 失去信仰的现代人急切地投身喧嚣的世俗生活,试图用勤勉的劳作麻痹内心的不安,松弛精神的紧张。他们行色匆匆地穿过闹市,手里拿着表思想,吃饭时眼睛盯着商业新闻,分秒必争,却不再关心永恒。这种现代式的匆忙原是失去信仰者精神空虚的表现,反过来又加剧了无信仰状态。"现代那种喧嚣的、耗尽时间的、愚蠢地自鸣得意的勤劳,比任何别的东西更加使人变得'没有信仰'。"尼采反对基督教,但主张人应当过一种"真正的宗教生活",即有信仰的沉思生活,可是匆忙的世俗生活已经剥夺了为此所必需的闲暇。他发现,没有信仰的人,大多是那些"被世代相继的勤劳消磨了宗教本能的人,他们甚至不再知道宗教有何用处,只是带着一种迟钝的惊愕神情把他们的存在在世上注了册。这班老实人,他们感到自己已经完全被占有,无论是被他们的职业占有,或是被他们

1　WM,前言第2节,第3页。
2　WM,第33节,第27页。

的娱乐占有,更不用提被'祖国'、时代以及'家庭义务'占有了"。[1]

个性的丧失和灵魂的平庸。随着资本主义的机器和商业文明取代中世纪的基督教文明,欧洲社会出现了尼采所说的"非精神化"趋势。尼采对于技术统治人的后果极为警惕,他警告说:"印刷、机器、铁路、电报是机器时代的前提,还没有人敢于由之引出贯穿数千年的结论。"他一再指出,机器剥夺了人的个性:"它把许多人变成一部机器,又把每个人变成达到某个目的的工具","它制造平庸和单调","它是无个性的,使一件工作丧失了自己的骄傲,自己特有的优缺点——因而也丧失了自己的一点儿人性",结果,"我们现在似乎只是生活在无名无姓的、无个性的奴隶制度下"。[2]与此同时,商人成了"支配现代人类心灵的力量"[3],商业成了"文化的灵魂"[4],市场价值决定了也抹杀了一切精神事物的价值。于是,报刊支配社会,记者取代天才,艺术沦为茶余饭后的谈资。人的机器化和文化的商业化使得大平庸成为时代的危险。

文化的贫困和学术的贪婪。尼采认为,神话是民族精神的母怀,文化的家园。以苏格拉底为始祖的希腊理性主义哲学导致了神话的毁灭,从而一度形成亚历山德里亚时期缺乏

---

1 《善恶的彼岸》。KSA,第5卷,第76页。
2 《人性的,太人性的》第2卷。KSA,第2卷,第674、653、682—683页。
3 《瓦格纳在拜罗伊特》。KSA,第1卷,第462页。
4 《朝霞》。KSA,第3卷,第155页。

根基、虚假繁荣的学术文化。文艺复兴以来，由于上帝信仰的破灭，文化丧失神话家园的恶果再度显现，亚历山德里亚现象变本加厉地重演。"如今，这里站立着失去神话的人，他永远饥肠辘辘，向过去一切时代挖掘着，翻寻着，寻找自己的根，哪怕必须向最遥远的古代挖掘。贪得无厌的现代文化的巨大历史兴趣，对无数其他文化的搜集汇拢，竭泽而渔的求知欲，这一切倘若不是证明失去了神话，失去了神话的家园、神话的母怀，又证明了什么呢？人们不妨自问，这种文化的如此狂热不安的亢奋，倘若不是饥馑者的急不可待，饥不择食，又是什么？"[1]现代人在精神上是"永远的饥饿者"，已经丧失创造的原动力。他带着"一种挤入别人宴席的贪馋"，徒劳地模仿一切伟大创造的时代和天才，搜集昔日文化的无数碎片以装饰自己。[2]然而，在尼采看来，如此拼凑而成的绝非真正的文化，至多是学术，现代人骨子里只是可怜的"图书管理员和校对员"。内容的贫乏和外表的奢华适成对照，构成现代文化的特点，尼采形象地譬之为"一件披在冻馁裸体上的褴褛彩衣"。[3]

艺术中对于刺激和麻醉的需要。现代人由于生命本能衰竭，精神空虚，加之匆忙的劳作使他们神经疲惫，便到艺术中去寻求刺激和麻醉。为身心俱衰的现代人提供官能上、精

---

[1] 《悲剧的诞生》。KSA，第1卷，第146页。
[2] 《悲剧的诞生》。KSA，第1卷，第120、148页。
[3] 《瓦格纳在拜罗伊特》。KSA，第1卷，第457页。

神上的刺激剂和麻醉剂，成了现代艺术的主要使命。尼采认为，浪漫主义就迎合了现代人的这种需要。其中，尤以瓦格纳为悲观浪漫主义的典型，被尼采当作现代颓废症的难得的病例不断加以解析。尼采把浪漫主义看作"虚无主义的准备"，并且把浪漫主义艺术家称作"虚无主义艺术家""颓废艺术家"，谴责他们"根本上虚无主义地对待生命"。[1]

虚假的角色和做作的戏子。现代人没有信仰，内里空虚，缺乏实质，便急于用讨人喜欢的外表来遮掩自己。"现代人的形象已经成为彻头彻尾的假象；现代人不是里表一致地出面，他毋宁说是隐藏在他现在扮演的角色里。"[2] 这一情况在艺术中尤甚，艺术成了演戏，艺术家成了戏子，他们用歇斯底里冒充天才，荒谬地易于激动，不断变换着姿态，"他们不再是人，至多是角色的会合，其中忽而这个角色，忽而那个角色带着无耻的狂妄态度出来自我标榜一番"。[3]

总之，旧信仰及其道德所造成的本能衰竭，信仰沦丧所造成的精神空虚，二者交并作用，使现代人的心灵和现代文化呈现了种种危机的征兆。

1　WM，第1、850、852节。
2　《瓦格纳在拜罗伊特》。KSA，第1卷，第457页。
3　WM，第813节。

二、从形而上学到虚无主义

神话的毁灭和形而上学的兴起

广义的形而上学就是所谓终极关切,"终极"既可从价值论角度理解,指终极的意义、目的,也可从本体论角度理解,指终极的实体、原因。在多数哲学家那里,这两者是一致的,最高的目的往往也就是最初的原因。它是变中之不变,多中之一,相对中之绝对,瞬时中之永恒,是万有之全,世界统一性所在,是万物由之生化又向之复归的始基,是世界的根本奥秘,存在的底蕴。在哲学史上,占据统治地位的方式是依靠概念思维手段去把握终极实在,用尼采的话来说,即"认为思想循着因果律的线索可以直达存在至深的深渊"[1]。这是狭义的形而上学,也就是尼采所要否定的传统形而上学。

回顾希腊历史,我们可以发现一个事实:希腊哲学的鼎盛时期正是希腊城邦以及作为城邦精神支柱的神话衰亡的时期。尼采注意到了这个事实,并且把以苏格拉底为代表的希腊哲学家视为毁灭神话的元凶。事情当然不是这么简单,因为在任何民族那里,随着童年期的结束,神话的衰亡都是不可避免的。不过,在神话的毁灭与哲学形而上学的兴起之间,确有某种内在的联系。

德国浪漫派素有重视神话的传统,F. 施莱格尔和谢林便

---

[1] 《悲剧的诞生》。KSA,第1卷,第100页。

是显例。在这方面,尼采是德国浪漫派的精神后裔。尼采认为,神话的重要性在于,它是"一切宗教的必要前提",是"民族早期生活的无意识形而上学",个人和民族借神话而"在某种意义上成为超时间的","给自己的经历打上永恒的印记",显示"对生命的真正意义即形而上意义的无意识的内在信念"。神话"作为一个个别例证,使那指向无限的普遍性和真理可以被直观地感受到"。[1]

这就是说,支配着神话和哲学的是同一冲动,即对于永恒、绝对、终极价值的追求。区别在于,第一,神话是"无意识形而上学",在神话中,人与自然、个体与世界整体、瞬时与永恒、自我与绝对、存在者与存在、现实世界与想象世界浑然一体。对于荷马时代的希腊人来说,奥林匹斯神界不是虚构,而是完全真实的。"神话的形象必是不可觉察却又无处不在的守护神,年轻的心灵在它的庇护下成长,成年的男子用它的象征解说自己的生活和斗争。"[2] 作为本体界的神界与人所栖身的现象界紧密相连,并未分离为两个世界,人们无须通过概念思维去推断它,而是本能地感觉到它的存在和作用。第二,神话用形象显现绝对,使人可以"直观地感受到"。希腊神话是人神同形论,神灵具有与人相似的形状、性格和行为。"众神就这样为人的生活辩护,其方式是它们自己来过同一种生活——唯有这是充足的神正论!在这些神灵的明

---

[1] 《悲剧的诞生》。KSA,第1卷,第117、148、112页。
[2] 《悲剧的诞生》。KSA,第1卷,第145页。

丽阳光下，人感到生存是值得努力追求的……"[1]因此，神话实际上是通过将人的生存神圣化的方式来满足人的终极关切。

神话只能存在于人类或民族的童年期，随着理性的成熟，"无意识形而上学"就势必要被"有意识形而上学"即哲学取代了。成熟的理性以主体自居，把世界当作客体对待。世界分裂为本体界和现象界，无非是人与自然相分离的思辨形式。人丧失了对生命的形而上意义的无意识信念，于是只好靠意识去追寻；但寻到的不再是形象的图解，而是抽象的概念了。

在神话形而上学向哲学形而上学的转折中，苏格拉底和柏拉图是关键人物。尼采喜欢前苏格拉底哲学家，尤其是赫拉克利特，因为他们的哲学在一定程度上还处在神话向哲学的过渡中，具有相当的神秘性和直观性。可是即使在苏格拉底之前，例如赫拉克利特和克塞诺芬，即已经开始对荷马有所非议了。到了苏格拉底和柏拉图，就完全自觉地站在理性和道德的立场上，对表现于荷马史诗中的希腊神话进行了抨击。在《理想国》中，柏拉图对神话的指责集中在两点上。一是说神是善的，而荷马却把诸神描写得像凡人一样，撒谎、奸淫、好战、贪财，无恶不作。这是反对神话的非道德性。二是说神是纯然一体、常住不变的，而荷马却把诸神描写得形状变幻无常。这是反对神话的非理性。柏拉图所谓的至善的、纯然不变的神，其实只是最高理念——"善"的理念——的别名，是被神圣化了的抽象概念，与作为被神圣化了的现

---

[1] 《悲剧的诞生》。KSA，第1卷，第36页。

实人生的神话当然大相径庭。值得注意的是,柏拉图据以批判神话的两个立足点,即道德和理性,恰是此后统治欧洲两千年的形而上学的两块基石。而在尼采看来,以道德反对自然,以理性反对本能,正表明了形而上学否定生命的虚无主义实质。

形而上学的虚无主义实质

哲学家们往往把自己的形而上学体系视为客观地揭示世界本质的科学体系。然而,在尼采看来,一切形而上学都是价值体系,其核心是最高价值的设置。形而上学所确认的终极实在,无非是最高价值的载体;所构造的所谓"真正的世界",也无非是"自在地有价值的"世界的别名。[1] 每一种形而上学都或明或暗地包含着一个价值等级秩序,它往往就是一种道德秩序,而借以推演和展现这个价值系统的工具便是逻辑。因此,可以说,形而上学是价值(道德)体系的逻辑演绎。仅仅由于混淆了价值与实在,这个体系才得以冒充为形而上学。"在价值度与实在度之间有一种联系(因而最高价值也就有最高实在性),这是一个形而上学假设,得自这一前提:我们知道价值的等级秩序,即它似乎是一种道德秩序……"[2] 也就是说,形而上学建立在这个等式基础上:道德＝

1　WM,第583节,第397页。
2　WM,第583节,第397、398页。

价值＝实在。针对这个等式，尼采在批判形而上学时，着重揭露了"道德＝价值"只是道德的偏见，"价值＝实在"只是理性的虚构。破了这个等式，形而上学就不能成立了。

自柏拉图以来，一切形而上学家都立足于理性和道德，一方面否定感官、本能以及宇宙的生成变化，把实在虚无化，另一方面迷信概念、上帝，虚构一个静止不变的"真正的世界"，把虚无实在化。尼采认为，这就是形而上学的虚无主义实质所在。否定实在必定要被实在所否定，信仰虚无必定会使信仰归于虚无，所以，形而上学又必然会从自身隐蔽的虚无主义脱胎出公开的虚无主义。

《强力意志》第12节收有一个题为"宇宙论价值的倾覆"的札记，海德格尔正确地指出，这里的"宇宙"与作为存在者整体的"世界"同义，因此，"宇宙论"就是形而上学，"宇宙论价值"就是最高价值，而"宇宙论价值的倾覆"就是最高价值丧失价值，即虚无主义。[1]在这个札记中，尼采分析了形而上学以及相应的虚无主义的三种形式：对"意义"（"目的"）的寻求及其失落；对"统一"的寻求及其失落；对"真正的世界"的寻求及其失落。下面，依据这个札记的内容，结合尼采的其他论述，对形而上学的虚无主义实质作一剖析。

第一种形式：对"意义"（"目的"）的寻求及其失落。

尼采写道："作为心理状态的虚无主义必将到来，首先是在这种情况下：我们在一切事件中寻找一个'意义'，但其

---

[1] 参看海德格尔《尼采》，第2卷，第59、60页。

中并无这个'意义',所以寻找者终于丧失了勇气。"这里所说的"意义"指宇宙论水平上的"意义",即宇宙生成的终极目的。在以往的形而上学体系中,充当此种"意义"和"目的"的是世界的道德秩序、人类之爱与和谐、普遍幸福,等等。"所有这类观念的共同之处是,要通过过程本身获得某样东西——而现在人们明白,凭借生成一无所得,一无所获……对于生成的一个所谓目的感到失望,是虚无主义的原因。"[1]

这一形式的虚无主义包括两重含义。一方面,寻求宇宙生成过程的"意义"和"目的"实际上就是宇宙目的论和人类中心论,它必然会幻灭。另一方面,既然生成本身以及作为生成之一部分的人类生存并无目的可言,那么,为了设置目的,就只好"借助某一超人类的权威",来为人类提供一个"来自外部的目的"了。[2]这样的权威便是上帝,这样的目的便是道德。结果,虚构的生命目的反而凌驾于生命之上,否定了生命本身。生命的欲望遭到敌视,被宣判为不合目的的恶,上帝被设立为恶的对立面,而"这意味着把实在设立为欲望和激情的反面(也就是虚无)"。[3]

例如,基督教道德反对自私,鼓吹"意志自由"。但是,自私乃生命本能,而人在现象界并无"意志自由"。结果,我们的自私和必然都被败坏了——甚至在我们认清不自私和"意

1　WM,第12节,第13页。
2　WM,第20节,第19页。
3　WM,第576节,第392页。

志自由"的不可能之后。因为这时我们既做不到不自私,又不能坦然地自私;既做不到自由选择,又不甘心服从必然。"我们看到,我们并未获得我们赋予价值的那个领域;同时,我们生活的这个领域还绝对没有获得价值。相反,我们疲倦了,因为我们失去了基本动力。'到头来一场空!'"[1]所以,尼采一再强调:"在一种完全确定的解释中,在基督教道德的解释中,才隐藏着虚无主义。"[2] "虚无主义结论(对无价值性的信念)是道德估价立场的结果。"[3] "对世界的道德解释不再生效,在它试图逃到彼岸去之后,它的衰落以虚无主义告终。"对世界的这种被赋予了极大权威的解释一旦失效,便使人怀疑一切世界观的真实性,产生"一切皆无意义"的幻灭感。[4]

第二种形式:对"统一"的寻求及其失落。

尼采写道:"作为心理状态的虚无主义必然到来,其次是在这种情况下:人们在一切事件之中和一切事件背后设置了一个整体,一个系统,甚至一个组织……一种统一,某种'一元论'形式:凭借这种信念,人产生对一种无限高于他的整体的联系感和依赖感,神性的一种方式……'普遍的利益要求个体献身'……然而请看,不存在这样的普遍!如果并无一种具有无限价值的整体通过人发生作用,人就彻底丧失

1　WM,第8节,第12页。
2　WM,第1节,第7页。
3　WM,第8节,第12页。
4　WM,第1节,第7、8页。

了对自身价值的信念:也就是说,他构造这样一个整体,以求能够相信自己的价值。"[1]

在这里,尼采指出,对"统一"的寻求也是一种价值寻求。人之所以要在变动不居的万象世界背后寻找一种终极实在,一个最高统一体,一方面是为了把自己与永恒、绝对、与"一种具有无限价值的整体"联系起来,以确认自身存在的绝对价值,另一方面也是为了获得一种安全感。这后一方面涉及尼采所说的"恐惧效应"问题。所谓"恐惧效应",是指因为恐惧欲望和激情(它们造成痛苦)而迷信道德,因为恐惧非理性和偶然(它们也造成痛苦)而迷信理性、合目的性,因为恐惧变化、暂时性(它们导致死亡)而迷信不变的"存在"。这是"形而上学的心理学"。[2]形而上学家们出于"对一切流逝、变化、生成之物的蔑视、仇恨",因而"要求一个不变之物的世界"。[3]"他们全都(甚至怀着绝望之心)信仰存在者。可是,他们得不到它,于是探寻它被扣压的缘由。"由此而把感官看作"向我们隐瞒了真正的世界"的骗子。[4]哲学家们对感官的猜疑由来已久,早在前苏格拉底时期,埃利亚学派和赫拉克利特都已从相反立场出发拒绝感官的证据,前者是因为感官只能感知事物的多和变,不能感知事物背后不生不灭、不动不变、不可分的"存在",后者却是因为感官获

---

1 WM,第12节,第14页。
2 WM,第576节,第391、392页。
3 WM,第585节,第402页。
4 《偶像的黄昏》。KSA,第6卷,第74页。

得的是事物持存和统一的假象，不能感知像永恒活火一样变化的世界真相。尼采极其崇敬赫拉克利特，但批评他"对感官也不公平"。尼采认为，感官并不说谎，只是在理性对感官的证据进行加工时，才在其中塞进了"统一""持存"之类的谎言。[1] 不过，赫拉克利特终究是独树一帜，后来的哲学家基本上继承了埃利亚学派的立场，都因为仇恨生成、渴求统一而不信任感官的证据。

猜疑感官的另一面就是迷信理性。"感官骗人，理性修正错误：由之而来的结论是，理性是通往不变之物的道路；非感性的理念必定最接近'真正的世界'。"[2] 理性（知性）的形式是范畴。范畴原是人为功利目的整理现实世界的手段，现在却被误当作价值尺度，"实在性的标准"，甚至成了对目的即现实世界的审判。[3] 哲学家们把概念看作始因，绝对物，看作"来自彼岸元存在（Vorexistenz）的一份遗产"[4]，用它们来构造一个超感性的世界，把这个世界宣布为"真正的世界"，而把唯一的现实世界即我们的感性世界宣判为虚假的世界。因此，尼采说："对理性范畴的信仰是虚无主义的根源。"[5]

第三种形式：对"真正的世界"的寻求及其失落。

现实世界是永恒的生成过程，生成本身既无"目的"，也

1　参看《偶像的黄昏》。KSA，第6卷，第75页。
2　WM，第585节，第402页。
3　参看WM，第584节，第399页。
4　WM，第471节，第331页。
5　WM，第12节，第15页。

无"统一"。因此，要寻找"目的""统一"，"只剩下了一条退路：把这整个生成世界判为幻觉，发明一个在其彼岸的世界充当真正的世界"。[1]"真正的世界"就是这样被发明出来的。道德家发明一个"完美的世界"，以充当现实世界的目的。哲学家发明一个"理性的世界"，以充当现实世界的"统一"。宗教家结合二者，发明一个"神的世界"，以充当现实世界的"目的"兼"统一"。尼采称这三类人为"另一个世界"观念的策源地。[2]

三者之中，尼采格外强调道德。他认为，把道德奉为最高价值，这个观念支配着哲学的一切阶段，它是据以虚构"真正的世界"的最重要前提。[3]因为虚构"真正的世界"的出发点，终究是对现实世界所作的否定的道德判断：这个世界没有价值。形而上学家的逻辑是："这个世界是虚假的，所以有一个真正的世界；这个世界是有条件的，所以有一个绝对的世界；这个世界是充满矛盾的，所以有一个无矛盾的世界；这个世界是生成着的，所以有一个存在着的世界……在这里，形而上学家对现实的怨恨是原动力。"[4]

"'真正的世界'是通过同现实世界相对立而构成的。"其方法是把现实世界所不具备的一切特征，如善、完美、统一、不变、自由等等，归诸"真正的世界"。这正暴露了"真正

1　WM，第12节，第14页。
2　WM，第586节，第408页。
3　WM，第579节，第393页。
4　WM，第579节，第393页。

的世界"观念的虚无主义实质。因为这些特征既然是现实世界所不具备的,则便是"不存在的特征,虚无的特征"。[1] 所以,"真正的世界"观念就是"把虚无构造为'上帝',为'真理',反正是构造为审判此岸存在的法官和裁判"[2],是"制造一个 x 来批判'已知的世界'"[3],是"用一种'彼岸的''更好的'生活向生命复仇"[4]。而一旦人们发现"真正的世界"原来是虚无,"这时就会产生虚无主义的最后一种形式,它包含着对于一个形而上世界的不相信,它禁止相信一个真正的世界。基于这一立场,人们承认生成之实在是唯一的实在……但又忍受不了这个他们已经不打算否认的世界了"。[5] 人们陷入二难困境:"或者废除你们的尊敬,或者废除你们自己。"[6] 也就是说,或者因为实在论意义上的虚无而放弃"真正的世界",这意味着放弃从前归之于它的一切理想价值,从而否定价值;或者因为价值论意义上的虚无而放弃现实世界,这意味着放弃属于这现实世界的我们的生命,从而否定生命。在尼采看来,这是典型的虚无主义困境。

尼采把"真正的世界"的虚构看作形而上学和虚无主义的最基本形式。事实上,它是其他两种形式的综合,兼含

---

1 《偶像的黄昏》。KSA,第 6 卷,第 78 页。
2 WM,第 461 节,第 321 页。
3 WM,第 586 节,第 406 页。
4 《偶像的黄昏》。KSA,第 6 卷,第 78 页。
5 WM,第 12 节,第 15 页。
6 《快乐的科学》。GA,第 5 卷,第 280 页。

"目的"和"统一"的虚构。更重要的是,"目的"和"统一"的寻求原是生命活动的需要,它却把这种寻求引上了否定生命的歧路。因此,尼采把他的形而上学批判的重点放在揭露"真正的世界"与"外观的世界"的划分上,并且强调:"废除真正的世界乃是头等重要的事情。"[1]

总之,尼采把形而上学作为价值体系来考察,发现其实质就是把虚无(道德、范畴、"真正的世界")奉为最高价值,播下了虚无主义的种子;而必然的结果便是最高价值重归于虚无,结出了虚无主义的果实。在这个意义上,尼采宣告:"虚无主义的到来从现在起究竟为何是必然的?因为我们迄今为止的价值本身就是虚无主义(按:作为种子的虚无主义),它们在其中得出了自己的最后结果;因为虚无主义(按:作为果实的虚无主义)是我们的重大价值和理想的贯彻到底的逻辑。"[2]

柏拉图主义:形而上学的原型和虚无主义的发端

虚无主义是一个旷日持久的历史过程,在这个过程中,蕴藏在形而上学之中的虚无主义实质逐渐发生作用,终于导致最高价值失效,形而上学崩溃,虚无主义暴露于光天化日之下。尼采眼中的一部欧洲哲学史几乎就是这样一部形而上

---

[1] WM,第583节,第398页。
[2] WM,前言第4节,第4页。

学的解体史，同时也是虚无主义的成熟史，其间又分成若干阶段。在《偶像的黄昏》中，尼采在"'真正的世界'如何终于变成了寓言——一个谬误的历史"标题下，指出了这一历史过程的几个主要阶段，即：柏拉图—基督教—康德—实证主义—尼采本人。在他看来，肇始于柏拉图的形而上学谬误在他手里终于合乎逻辑地结束了，而柏拉图的隐蔽的虚无主义也终于导致了他所主张的"彻底的虚无主义"。

尼采早期以苏格拉底为主要批判对象，后来愈来愈将苏格拉底和柏拉图并提，进而又把柏拉图主义看作统治了欧洲两千年的形而上学的典型形态。当然，所谓柏拉图主义不纯然是柏拉图本人的哲学，它已经包括了苏格拉底主义。

公元前5世纪是欧洲形而上学形成的关键时刻。当时，随着希腊城邦的衰败，人们逐渐丧失了对本城邦独特的神话文化的信仰。可以说，这是欧洲历史上第一次重大的价值危机，其规模和深刻程度可与后来基督教信仰的崩溃相比拟，但性质恰好相反。在尼采看来，前者是希腊本能的解体，后者却为复归希腊提供了一个契机。面对城邦的社会政治危机和精神危机，活动在当时的智者学派和苏格拉底做出了相反的反应。智者运用诡辩术，即认识论上的相对主义（它集中体现在普罗塔哥拉提出的"知识是感觉"和"人是万物的尺度"这两个命题中），得出了道德相对主义的结论。尼采极其重视智者的立场，赞扬智者敢于正视非道德性，指出："智者触及了最早的道德批判，最早的道德审视——他们把种种（具有地方局限性的）道德价值判断彼此并列——他们使人明白，每种道德都可以辩证地得到辩护，也就是说，他们猜测到，一种道德的各种论证如何必定是诡辩性质的……"[1]事实上，智者面对异教神话衰亡所采取的立场，与尼采面对基督教信仰崩溃所主张的彻底虚无主义十分相似，自然会引起尼采的共鸣。不过，就像他把彻底虚无主义看作向重建希腊价值观的一个过渡一样，他把智者也看作一个过渡，但方向正相反，是从希腊价值观衰亡到柏拉图主义取得统治地位的一个过渡。[2]

与智者相反，苏格拉底和柏拉图把城邦的衰败归咎于神话及其不道德性，因而集中注意力为道德正名。苏格拉底一生的活动，无非是游说于雅典街头，运用他那一套概念辩证法，即三段论逻辑，推演普遍的道德范畴，给各种美德下定义。尼采指出，苏格拉底把辩证法当作通往美德之路，与智者把诡辩术当作通往非道德之路，二者的立场是针锋相对的。苏格拉底主义的典型公式是"理性＝美德＝幸福"，即理性运用逻辑推演出一般道德范畴，然后以之指导生活。在希腊强盛时代，希腊人不是遵循善恶的观念，而是遵循生命的本能生活的，道德就包含在本能之中，无意识地发生作用，具有自然的性质。到了苏格拉底，道德以逻辑方式自我辩护，美德靠"理由"来证明自己，"在升华的幌子下丧失了自然的性质"。尼采认为，这一点准确无误地表明了希腊本能的解体。更为严重的是，苏格拉底的这种做法直接导致了形而上学的

1　WM，第429、428节，第296、295页。
2　参看WM，第427节，第293页。

虚构：" '善' '公正'的重大概念脱离了它们所属的前提，作为独立'观念'成了辩证法的对象。人们在其背后寻找真理，人们把它们当作实体或实体的符号：人们虚构一个世界，这些概念以之为家，由之而来……"[1]当然，正如亚里士多德所指出的："苏格拉底以他那些定义激起了理念论，但是他并没有把共相与个体分离开来。"[2]但是，柏拉图的理念论确是苏格拉底概念辩证法的直接后果。所以，尼采说："苏格拉底是价值史上最大反常行为的一个时刻。"[3]

尼采对于柏拉图的评价是矛盾的，而这是基于柏拉图本人的矛盾性。我们读柏拉图的著作可以感觉到，他是一个洋溢着生命冲动和富于艺术气质的人。在这一点上，他正是一个典型的希腊人。尼采在《悲剧的诞生》中就把他称作"典型的希腊青年"[4]。在巴塞尔时期的语言学讲义中，尼采又充满感情地说："让我们设想一下，倘若没有柏拉图，而哲学从亚里士多德开始，我们就不复能想象那些兼是艺术家的古代哲学家了！"[5]后来，在《偶像的黄昏》中，尼采还提到，柏拉图曾"带着一种无罪感"说道：如果没有如此美貌的雅典青年，就根本不会有他的哲学，他们的流盼使哲学家的灵魂情意缠绵，动荡不宁，直到它把一切崇高事物的种子栽入这片美丽

---

1 WM，第430节，第298页。
2 亚里士多德《形而上学》，XIII 1，9，1086b。
3 WM，第430节，第298页。
4 《悲剧的诞生》。KSA，第1卷，第91页。
5 GA，第19卷，第238页。

的土壤里。"按照柏拉图的方式,哲学毋宁可以定义为一场情欲的竞赛,对古老的性癫狂及其前提的一种探究和沉思。"尼采评论柏拉图的这种无罪感说:"为了具有这种无罪感,一个人必须是希腊人而不是'基督徒'。"[1]柏拉图被褒为与基督徒相对立意义上的希腊人了。

即使在涉及柏拉图学说中的否定因素时,尼采也常常从肯定方面加以揣测和解释。例如他说,柏拉图充满感情,害怕感情的波涛淹没理性,所以才逃避现实,在思想形象即理念中静观事物。[2] 他又说,柏拉图是一个艺术家,所以偏爱不现实的事物,赋予它"存在""本原""善""真理"等属性。[3] 他猜测柏拉图对于自己提出的灵魂独立存在和灵魂不朽之说"从未有条件地相信过"[4],然而"一切伟大事物若要永远铭刻在人类心中,就必须变出狰狞可怖的超世面相"[5],柏拉图主义也是如此。

在尼采看来,柏拉图是"古代文化的二重性人物",他的哲学及其人格具有"混合性质",即混合了苏格拉底、毕达哥拉斯和赫拉克利特的因素。[6] 柏拉图哲学的这三个来源是亚里士多德在《形而上学》中首先指出的。尼采认为,其中,苏

---

1 《偶像的黄昏》。KSA,第6卷,第126页。
2 参看《朝霞》。KSA,第3卷,第271页。
3 参看WM,第572节,第390页。
4 WM,第428节,第296页。
5 《善恶的彼岸》。KSA,第5卷,第12页。
6 参看《希腊悲剧时代的哲学》。KSA,第1卷,第810页。

格拉底主义"实际上并不属于柏拉图,而只是附着在他的哲学上的,不妨说是违背柏拉图的意志的",因为"对它来说,柏拉图其实是过于高贵了"。[1] 尼采据之提出了一个大胆的设想:柏拉图按其素质本来可能进一步发展前苏格拉底哲学,但这发展被苏格拉底阻遏住了。尼采写道:"这并非无聊的问题:倘若柏拉图摆脱了苏格拉底的魅惑,他会不会发现一种更高的哲学家类型,而这种类型我们已经永远失落了……与损失一种哲学生活类型、一种当时尚未展开的新的更高的可能性相比,几乎不会有更重大的损失了。""请比较一下柏拉图:他被苏格拉底引入歧途。一种没有苏格拉底的柏拉图特性的尝试。"[2]

那么,一种没有苏格拉底的柏拉图主义究竟会是怎样的呢?对于尼采的这一猜想,我们也只好凭猜想了。柏拉图哲学确实包含着明显的矛盾,突出表现在理性主义的"理念"说与非理性主义的"迷狂"说之间。理念说显然来自苏格拉底,是把苏格拉底通过辩证法推演出来的一般概念绝对化为实体的产物。然而,柏拉图认为,要认识理念就不能单靠逻辑推理了,而必须依靠由感官印象触发的对理念世界的"回忆"。"回忆"一方面离不开理性对于感官印象的整理,另一

---

[1] 《善恶的彼岸》。KSA,第5卷,第111页。
[2] F. Nietzsche, *Werke*, *Kritische Gesamtausgabe*, 18 Bände in 3 Abteilungen und 1 Ergänzungsband, Berlin, 1967 ff. (《校勘版尼采全集》18卷),第4卷,第2分册,第220、221页;第4卷,第1分册,第181页。以下引此版本简称为KG。

方面却又包含着非理性的迷狂因素。其中，柏拉图又特别重视"爱欲"的作用，按照他的界说，爱欲就是在美中孕育以求不朽的冲动，它使人因美的感官印象触发而陷于迷狂，进而渴求与美的本体即理念世界相融合。不难看出，柏拉图的迷狂境界与尼采所推崇的希腊秘仪中的酒神境界颇为相似，均是个体与宇宙本体交融的神秘体验。然而在尼采看来，如此体悟到的宇宙本体应是赫拉克利特所说的永恒生成之流，而绝非抽象的"理念"。由此可以推测，在"理念"的空名之下，其实隐藏着希腊人那种解除个体化束缚、重归宇宙生命之流的悲剧性渴望。也许是在这个意义上，尼采一度认为，柏拉图对"理念"与"偶像""摹本"的区分和评价是深深植根于希腊人的本质之中的。[1] 它应相当于希腊人对宇宙生命与个体生命的区分和评价。

如果以上推测大致不错，则苏格拉底在何处把柏拉图"引入歧途"也就可以了然了。按迷狂说，柏拉图真正感受到的是由生命冲动（"爱欲"）发动的与宇宙大化融合以达于不朽的渴望，这本质上是一种悲剧审美体验。可是，由于他接受了他的老师以逻辑手段推演美德范畴的概念辩证法，结果，当他把概念实体化为理念，又把理念归结为最高理念即"善"的理念时，他的真实感受在两方面变质了：本能的冲动蜕化成了抽象概念，审美的体验蜕化成了道德范畴。于是，"与宇宙之全的某种沟通"在他身上变成了"对概念的可憎的、学

---

[1] 参看《悲剧的诞生》。KSA，第 1 卷，第 71—72 页。

究气的穿凿附会"[1]。

尤为严重的是,在这之后,他怀着一个艺术家才具有的那种激情,"不由自主地崇拜和神化概念"[2],狂热地鼓吹道德,把"善"的理念虚构为一个"真正的世界",又以之来审判体现在神话中的希腊人的生气勃勃的现实生活世界。尼采写道:柏拉图"用他的善的理念使希腊神灵贬值"。"道德狂热(简言之,柏拉图)摧毁了多神教,其途径是改变它的价值和毒化它的无罪。"[3] 于是,希腊人丧失了那种奥林匹斯式的坦然自若的生活态度,希腊风俗丧失了超于善恶之外的自然性质。

所以,尼采"把苏格拉底和柏拉图看作衰落的征兆,希腊解体的工具,伪希腊人,反希腊人"。[4] 又说:"从苏格拉底开始的哲学家现象乃是颓废的一种表征;反希腊的本能占据了优势……"[5]

尽管苏格拉底是始作俑者,尼采对柏拉图其人又有偏爱,但是,他依然愈来愈倾向于认为,柏拉图为害更大。是柏拉图把抽象道德范畴抬到至高无上的地位,完成了一切希腊价值的重估,建立了哲学史上第一个形而上学体系。后果是深远的。"柏拉图所发明的纯粹精神和自在之善,乃是迄今为

1　KG,第8卷,第2分册,第411页。
2　WM,第431节,第300页。
3　KG,第8卷,第2分册,第246页;第8卷,第3分册,第283页。
4　《偶像的黄昏》。KSA,第6卷,第68页。
5　WM,第427节,第293页。

止一切谬误中最恶劣、最悠久、最危险的谬误。"[1] "自柏拉图以来,哲学就处在道德的统治下了。"[2] 柏拉图以后的一切形而上学实质上都是柏拉图主义,形形色色的"真正的世界"不过是理念世界的改头换面。柏拉图主义又是基督教的直接准备,最高理念"善"在扫荡了希腊异教人性化、感性化的诸神之后,摇身一变就俨然是基督教非人性化、精神化的唯一神了。[3] 在尼采看来,基督教无非是用"民众"懂得的语言普及抽象的理念论,故称之为"'民众'的柏拉图主义"[4]。在基督教中,"理念"人格化为"上帝","理念世界"具象化为死后才能进入的"彼岸""天国",形而上学以神学的面目出现,使得蕴藏在其实质中的否定现实生命世界的虚无主义发展至极端,导致了形而上学本身的瓦解和虚无主义的外化。

德国哲学：形而上学走向瓦解和虚无主义走向成熟

从文艺复兴开始的基督教解体是一个持续了若干世纪的过程,"上帝""天国""彼岸"的信仰早已动摇,道德偶像却久未触动。反映到哲学中,便是宇宙论形而上学日益瓦解,"真正的世界"先是成为一个不可知领域,继而成为一个无意

---

1 《善恶的彼岸》。KSA,第5卷,第12页。
2 WM,第412节,第281页。
3 参看WM,第573节,第390页。
4 《善恶的彼岸》。KSA,第5卷,第12页。

义的假设，终遭否弃，但道德形而上学仍然保持着相当大的惯性力。这种情形在近代德国哲学中表现得尤为分明。从康德的批判主义，到黑格尔的历史主义，再到叔本华的悲观主义，"真正的世界"一步步遭到否定，可是在尼采看来，所有这些哲学学说仍都处在道德的统治之下。事情似乎是，在失去了对上帝的虔信之后，德国哲学家们试图退回到柏拉图主义去，但求保住上帝的原型"善"的理念。

尼采总体上对德国哲学评价甚高，早期认为它和德国音乐一起预示着复兴希腊生活方式的希望；[1] 后期仍把它看作"文艺复兴"："整个德国哲学（举其要者，有莱布尼茨、康德、黑格尔、叔本华）是迄今为止最彻底的一种浪漫主义和思乡情怀；它要求曾经有过的最好的东西……而这便是希腊世界！但是，偏偏通往那里的一切桥梁都已折断——除了概念的彩虹！""德国哲学是一出反宗教改革的戏，甚至还是文艺复兴，至少是求文艺复兴的意志，是要进一步发现古代、挖掘古典哲学的意志，尤其是挖掘前苏格拉底学派——一切希腊庙宇中埋得最深的庙宇！"[2] 这里所指的显然是德国哲学的辩证法内涵，在尼采看来，它是以概念形式重现前苏格拉底学派朴素生成世界观的尝试。当然，德国辩证法不同于苏格拉底辩证法，后者按其原义是辩论术，只是一种归纳推理技巧。如果说后者曾是从希腊世界观蜕化为形而上学的桥梁，那么，

1　参看《悲剧的诞生》。KSA，第1卷，第128页。
2　WM，第419节，第284、285页。

前者就是从形而上学复归到希腊世界观的桥梁,尽管是"彩虹"一般过于纤弱、难以胜任的桥梁。

在宇宙论上,形而上学日趋瓦解,实质上在向希腊世界观复归;在道德论上,柏拉图主义仍占上风,竭力维护瓦解中的形而上学。尼采认为,德国哲学就处在这矛盾之中。

首先来看看康德。康德认为,现象是世界向我们呈现的方式,它作用于感官,形成经验。我们的一切知识都从经验开始。但经验只具有或然性。那么,具有普遍有效性和必然性的知识(所谓"先验综合判断")从何而来呢?既然不可能来自经验,其根据就只能在主体自身之中,这就是主体先天固有的直观形式(空间、时间)和思维形式(范畴)。因此,现象的"统一"是由主体提供的,而不是由现象背后的"自在之物"提供的,它是主体按照自身固有的心理结构对现象加以综合的产物。如果主体试图超出现象的范围,对我们经验中不能呈现的"自在之物"加以论断,把主体的心理结构当作世界本身的结构,把范畴奉为世界本质,就犯了独断论的错误。康德以此证明了不可能有科学的形而上学,并且宣布以往一切形而上学都是独断主义。

尼采高度评价康德批判主义的功绩,他写道:"当此之时,一些天性广瀚伟大的人物竭精殚虑地试图运用科学自身的工具,来说明认识的界限和有条件性,从而坚决否认科学普遍有效和充当普遍目的的要求。由于这种证明,那种自命凭借因果律便能穷究事物至深本质的想法才第一次被看作一种妄想。康德和叔本华的非凡勇气和智慧取得了最艰难的胜利，战胜了隐藏在逻辑本质中、作为现代文化之根基的乐观主义。当这种乐观主义依靠在它看来毋庸置疑的永恒真理，相信一切宇宙之谜均可认识和穷究，并且把空间、时间和因果关系视作普遍有效的绝对规律的时候，康德揭示了这些范畴的功用如何仅仅在于把纯粹的现象，即摩耶的作品，提高为唯一和最高的实在，以之取代事物至深的真正本质，而对于这种本质的真正认识是不可能借此达到的；也就是说，按照叔本华的表述，只是使梦者更加沉睡罢了。"[1]

康德证明凭借概念不能把握世界本质，这的确给了旧形而上学以沉重打击。所以，尼采在《悲剧的诞生》中说了上述一番话，并且把批判主义看作由现代科学文化向希腊悲剧文化复归的一个契机。但是，后来尼采对康德的批判主义愈来愈不满意，谈及康德时用的语言愈来愈刻薄，因为他认为，康德对于形而上学的批判是极不彻底的，其原因则是道德主义立场仍然起着支配的作用。

这首先表现在康德仍然以"自在之物"的形式保留着"真正的世界"。尼采指出，康德对"现象"和"自在之物"的区分是"批判主义的霉点"，是与他的批判主义自相矛盾的。按照批判主义，因果性范畴仅在现象范围内有效，可是，所谓"自在之物"却正是把因果性范畴用于现象之外，从现象推导现象之原因的产物。[2] 康德之所以要保留"自在之物"，

---

1 《悲剧的诞生》。KSA，第1卷，第118页。
2 参看WM，第553节，第379页。

其用意只有结合他的道德形而上学理论来分析方能明白。作为本体界的"自在之物"世界，包括三种可能的假设，即上帝、世界和心灵，其中，上帝完全是为道德需要而假设的。所以尼采说，"自在之物"是"道德形而上需要的产物"[1]。

其次，康德认为知性运用范畴对现象所作的判断是普遍有效的和必然的知识，超出现象范围而作的判断就不是知识，而是信仰了。然而，这里可以提出一个问题：为何对现象所作的判断就一定是知识而不是信仰？对于这类判断的真理性的信念从何而来？尼采正是这样提问题的。在尼采看来，一切判断都是信仰，而非知识，信仰的必要性则源于人类生命活动的需要。康德不去追究范畴的功用性起源，却把它看作自在地普遍有效和必然，在这里，"正当性始终被假定为前提"，"道德本体论是起支配作用的成见"。这就像在他的道德学说中，道德律借"正当性"而被视为普遍有效一样[2]。尼采还指出，康德对于"先验综合判断如何可能"这个问题所作的回答，归结为一句话，就是"依靠一种能力"，即先验综合的能力。这等于什么也没有回答。事实上先验综合判断是不可能的，只是人类为了生存必须相信这类判断，所以康德的问题应该被另一个问题"为何必须相信先验综合判断"所取代。[3]

---

1 WM，第571节，第389页。
2 参看WM，第530节，第363页。
3 参看《善恶的彼岸》第11节。KSA，第5卷，第24—26页。

最后，康德的批判主义在道德哲学中暴露了其全部秘密。康德认为，现象界的人受制于欲望，没有自由，然而，我们心中普遍有效的道德律的存在使我们知道，必有不受欲望支配的自由意志存在，它是一种先天的道德能力，属于本体界的人，康德名之为"实践理性"。为了使道德与幸福相统一，使德行获得报偿，又必须假定上帝存在和灵魂不死。这样，康德"专门发明了一种理性"即实践理性，用以为道德辩护；又"发明一个超验世界，借此为'道德自由'保留一席之地"。[1]

在"纯粹理性批判"中，康德把范畴的普遍有效性和必然性设定为全部知识论的前提，对这个前提他未加任何批判，但把它限制在现象范围内，从而维护了也缩小了理性的权威。针对此，尼采讥康德为"史无前例的畸形的概念残疾人"。[2] 在"实践理性批判"中，康德同样把道德律的普遍有效性设定为全部道德论的前提，对这个前提他也未加任何批判，并且因为它在现象界得不到实现，便为之虚构了一个本体界。也就是说，为了维护道德的绝对权威，康德不得不假设现象背后有"自在之物"，现象世界彼岸有"真正的世界"。康德之前，对于上帝存在的证明，无论是安瑟尔谟的柏拉图主义的证明，还是托马斯·阿奎那的亚里士多德主义的证明，抑或近代笛卡尔从完满性观念出发的证明，都带有概念推导的性质。康德否认凭理性认识上帝的可能，但他无疑意识到了上帝信仰

1　WM，第 414 节，第 282 页；第 578 节，第 393 页。
2　《偶像的黄昏》。KSA，第 6 卷，第 110 页。

的丧失对人们道德意识所会产生的灾难性后果,因此,他直接诉诸人们的道德意识,用道德的必要性来反证上帝存在的必要性。尼采讽刺他这是以"一个狡猾的基督徒的方式"把世界分为"真正的世界"和"虚假的世界"[1],并且一再指出:道德的统治在康德哲学中也占据着优势,在一定意义上"使批判的理解力的全部工作臣服于己,为己所用";"在康德身上,神学偏见、不自觉的独断论、道德主义透视起着支配、操纵、命令的作用。"[2]应该承认,尼采的批评尽管尖刻,却是击中要害的。

然而,在康德那里,"真正的世界"(上帝、"自在之物")毕竟成了一个不可证明的假设,"被看作一个安慰,一个义务,一个命令"。[3]这就离它的完全被废除为期不远了。

尼采认为,批判主义动摇了理性的绝对权威,毕竟是巨大的功劳,而浪漫主义却是对批判主义的反动,因为它试图依靠信仰来排除怀疑论的危险。"两种倾向在黑格尔身上达于顶峰:他把德国批判主义因素和德国浪漫主义因素彻底普遍化了",由此得出"一种辩证的宿命论"。黑格尔的历史主义本是对批判主义的发展,作为"化妆为哲学的历史",它不像批判主义那样仅仅从主体能力上揭示理性权威的相对性,而且从思维内容上揭示了范畴形式本身的相对性。更重要的是,

---

1 《偶像的黄昏》。KSA,第6卷,第79页。
2 WM,第412节,第281页;第529节,第362页。
3 《偶像的黄昏》。KSA,第6卷,第80页。

它还从历史发展的角度揭示了任何权威包括道德权威的相对性。黑格尔常常谈到善恶观念的相对性和恶的历史作用，尼采对这一思想评价极高。他写道："德国哲学（黑格尔）的意义：构想出一种泛神论，在其中，恶、谬误和痛苦不被感觉为反对神性的论据。这一伟大创举被现存权力（国家等）滥用了，仿佛统治者的合理性借此得到了批准似的。""克服'道德上帝'的哲学尝试（黑格尔，泛神论）。"[1]在尼采看来，这样一种肯定世界的生成变化包括其中必然包含的恶、谬误、痛苦的泛神论世界观，同把善和理性绝对化的形而上学恰是根本对立的，而与他本人所主张的酒神世界观却相当一致。他表示，对他来说，黑格尔哲学的魅力就在于此。

可是，使尼采不满的是，从整个体系看，黑格尔哲学终究还是听命于道德权威，"把历史描绘为道德观念的向前的自我揭示和自我超越"，从而成为"从历史出发证明道德统治的尝试"，展示了"道德王国的一个可证实的发展、清晰化"。精神在罪恶的下界漫游一番之后，为了自身的荣誉，终于浪子回头，回到至善的理想境界，所以，"辩证的宿命论"又是一种非批判的浪漫哲学。[2]

与黑格尔同时，还有两种哲学是直接从康德哲学的前提引出自己的结论的，这就是孔德的实证主义和叔本华的悲观

---

[1] WM，第422节，第287页；第412节，第281页；第416节，第282页；第1节，第8页。

[2] WM，第412节，第281页；第415节，第282页；第422节，第287页。

主义。尼采把它们看作"不完全的虚无主义"的形式。

实证主义在当时主要是一种法国现象。孔德根据康德关于"自在之物"不可知的论点得出结论，宣布人类精神探索的神学阶段、形而上学阶段已经结束，从而开始了实证阶段。既然人类精神已经承认不可能得到绝对的概念，那么从此就不必再探索宇宙的本质和目的，不必再求知现象的内在原因，而只应自限于发现现象中的各种事实及其相互关系。这样，实证主义就是用科学取代了哲学，如尼采所说："孔德几乎把科学方法史看成了哲学本身。"实证主义否认形而上学问题的意义，这是在虚无主义的路上朝前走了一大步。但是，因为以往形而上学（实质上是以道德为最高价值的价值体系）的瓦解而否定一切价值观点，骨子里仍然受着道德价值为唯一价值的思想支配。尼采指出："实证主义坚持现象中'只有事实'，与之相反，我要说：不，恰好没有事实，只有解释。"对现象的解释是不可能离开价值观点的。而实证主义者却"向'事实'顶礼膜拜"，这是"一种迷信"。[1]他们实际上是在否认重建价值的必要性，因而与尼采主张的积极虚无主义旨趣迥异。

与实证主义者相反，叔本华承认价值观点的重要性，甚至认为哲学的使命就是确定价值。但是，他否认重建价值的可能性，因而也与积极虚无主义旨趣迥异。尼采认为，其原

---

[1] WM，第467节，第329页；第481节，第337页；第422节，第287页。

因在于叔本华仍受道德偏见支配。康德和一切形而上学家之所以要虚构一个"真正的世界",是因为他们在我们生活于其中的现实世界里发现了恶和不完美,于是,出于对恶和不完美的道德否定,就必须设定另一个善的、完美的世界的存在。叔本华按照同样的逻辑,否定现象世界的真实性。"我们的世界是不完美的,弊病和过错是实在的,是不可避免的,是绝对地内在于其本性的,那么,它就不可能是真正的世界:那么,认识之路恰好只通向对它的否定……这是叔本华根据康德的前提得出的看法。"在叔本华那里,"真正的世界"是什么样的呢?在这一点上,与康德不同,他"想另辟蹊径,便必然要把那形而上的根据设想为理想的对立面,为'恶的、盲目的意志':如此它才能是'显现者',在现象世界里显露自身"。但是,尼采指出,"即使如此它也并没有放弃理想的那种绝对品格"。在这个意义上,"叔本华的虚无主义仍然是基督教一神论所编造的那同一个理想的产物"。参照《强力意志》中另一处论述,这段话的含义便清楚了。在那里,尼采说:叔本华"始终还处在幸福论支配之下。这便是悲观主义的理想"。这就是说,与基督教一样,叔本华从幸福论的理想出发,把世界的生成变化看作恶和不幸,把摆脱这生成变化看作善和幸福。区别只在于,基督教把善、幸福绝对化为一神,叔本华则把恶、不幸绝对化为一神。起作用的仍然是对恶、不幸的否定的道德评价。出于这种评价,叔本华把"自在之物"(在他那里是意志)和"现象"(意志的表象即人类的生命世界)都视为绝对的恶而加以否定。所以,尼采称他为"顽固的道德家",说"为了坚持他的道德评价,他终于变成了世界否定者"。[1]同时又讥笑他:"一个悲观主义者,一个否定上帝和世界的人,却在道德面前停住了……怎么?难道这真是一个悲观主义者吗?"[2]

实证主义一笔抹杀价值问题的存在,悲观主义全盘否定世界的价值,均是虚无主义走向成熟的标记。但是,到此为止,在一切形而上学中充当最高价值的道德仍未受到真正的挑战。所以尼采认为,它们都不是彻底的虚无主义。实证主义是在回避虚无主义的最后结论。"悲观主义是虚无主义的前形式(Vorform)。"[3]唯有当尼采本人对道德本身加以否定,提出一切价值的重估之时,虚无主义才获得了其最后的、彻底的形式。

三、彻底的虚无主义

真诚意识和彻底的虚无主义

彻底的虚无主义是迄今为止形而上学价值体系由建立到瓦解的必然的历史结论和逻辑结论,然而,要正视和得出这

---

1 WM,第411节,第280页;第17节,第18页;第422节,第287页;第416节,第283页。
2 《善恶的彼岸》。KSA,第5卷,第107页。
3 WM,第9节,第12页。

个结论,必须具备尼采所说的"真诚意识"。

1864年10月,20岁的尼采入波恩大学学神学和古典语言学。半年后,尼采放弃神学,此举使笃信基督教的母亲和妹妹极为不安。尼采给妹妹写信表明自己的态度说:

"我们所寻求的是安宁、和平与幸福吗?不,只是真理而已,不管它多么可怕,多么丑陋。

"假如在童年时代,我们相信了一切灵魂的救赎来自基督以外的神明,如穆罕默德,仍然一样会受到祝福,和基督所赐予的完全相同。因为给予幸福的,只是信仰本身,而非信仰背后的客体……一切真诚的信仰都是根深蒂固、确立不移的,都能给予我们所期望的祝福。但毕竟这种态度绝非客观真理的基础。

"在这里,人类的道路可分为二:如果你想要得到心灵的安宁与幸福,那么,去信仰吧!但如果你要做真理的信徒,就应该去探索。"[1]

尼采在青年时代立下的这番誓言,可说信守了终身。后来他又说:"不顾一切地追求'真理'的激情是最高尚的——因此迄今为止是最罕见的!"[2]正是这种罕见的激情推动尼采进入了哲学领域。对"真理"的追求实质上是对根据的发问,它要求对以往一切学说和信仰作批判的考察,检查其有无可

---

1 转引自工藤绥夫《尼采——其人及其思想》,台湾水牛出版社,1984年,第48、49页。
2 遗稿。GA,第12卷,第127页。

靠的根据，或如尼采所说："对真理的信仰以怀疑一切迄今为止所信仰的真理为起点。"[1] 再者，对根据的发问本质上是无限的，因而它必然把人引向广义的形而上学，即对世界和人生的根本问题作追根究底的探索。尼采说："在我看来，善意、精纯、天才算什么呢，倘若具有这些品质的人容忍自己在信念和判断方面无所作为，倘若他不觉得对于可靠性的要求是最内在的渴望和最深邃的冲动……置身于生存整个奇特的不可靠性和多义性之中而不发问……我觉得这是令人鄙视的。"[2] 应当记住，尼采自己是一个有如此强烈形而上学冲动的人，这才促使他对以往一切形而上学作批判的考察。很显然，一个人倘若对世界和人生的可靠根据毫不关心，是想不到要对以往提出的这类根据加以审视的。

追究根据的可靠性，在信仰问题上不苟且、不作假，这样一种认真诚实的态度就是真诚意识。尼采认为，这种真诚意识是历史上一切道德包括基督教道德留下的积极遗产，它的作用终于使人们对基督教和道德本身发生了怀疑。他写道："真诚意识通过基督教高度发展，终于厌恶基督教全部世界观和历史观的虚假性和欺骗性。"彻底虚无主义的识见，即认为我们无权设想一个神圣的、至善的彼岸，"这个识见乃是训练有素的'真诚精神'的产物，因而也是道德信念的产物"。"道德所哺育的力量之一是真诚，后者终于转而反对道德，揭露

---

[1] 《人性的，太人性的》第2卷。GA，第3卷，第22页。
[2] 《快乐的科学》。GA，第5卷，第38页。

它的神学……"[1] "我们这些今日的求知者，我们这些不信上帝者和反形而上学者，连我们的火也是从几千年信仰所点燃的火种那里取来的。"[2] 道德要求人们的一切行为都以它为根据，它在根据问题上的这种严格态度就促使人们对道德本身的根据提出了质疑。凡是以最高根据自命的一切，无论"善"、上帝还是形而上学家们设想的其他终极实在，都必须在真诚意识面前提出自身的根据来，如无根据就归于虚妄，但必须以其他根据来自证的又不成其为最高根据。对根据的这种无穷追究必然使任何最高根据都站不住脚，终于达到一种认识：不存在最高根据。于是，"'上帝是真理'逆转为'一切皆虚妄'的狂热信念"。[3] 形而上学的冲动导致了反形而上学的结论。无穷追求真理的激情返身面向自己，对自己产生怀疑：既然并无终极的真理，追求岂非徒劳？对真理的信仰孕育出了一种对"非真理"的需要。如此看来，对于虚无主义的出现，真诚意识难辞其咎。那么，是否要否定真诚意识本身呢？

并不！当此之时，真诚意识方显出其本色，它敢于面对自己的结论，正视失去一切信仰的现实。

一个在信仰问题上如此认真、对信仰的可靠性如此苛求的人，结果却是失去一切信仰，这种幻灭感是可以把人逼疯的。尼采曾经这样描述他的绝望心情："天神啊，赐我疯狂！

1　WM，第1、3、5节，第7、10、11页。
2　GA，第7卷，第275页。
3　WM，第1节，第7页。

那使我终于相信自己的疯狂！赐我谵妄和抽搐，闪光和黑暗，用凡人未曾经历过的严寒和酷热、喧嚣和鬼怪恐吓我吧，让我呼号，哀哭，如禽兽爬行，只要我能在自己身上找到信仰！怀疑吞噬着我，我杀死了法则，法则使我恐惧，就像尸体使活人恐惧一样。如果我不是比法则更多，我就成了一切人中最卑劣的人了。我身上的新精神如果不是来自你们，又来自何处呢？向我证明我是属于你们的吧；唯有疯狂能向我证明这一点。"[1] 但是，疯狂没有如期到来，尼采只好把"作为欧洲第一个彻底的虚无主义者"[2]的命运承担起来。他要做一个真诚的人，不靠任何宗教的或形而上学的安慰生活。"真诚的人——我如此称呼在无神的沙漠上跋涉和虔敬之心破碎的人。"[3] 正像巴雷特所说的："如果无神论是人的命运，那么，他，尼采，就决定来当先知，以便提供必要的英勇榜样。在这个意义上，我们必须把尼采视为一个文化英雄：他甘愿以最剧烈的方式经受他的文化内部的冲突并且终于被这冲突撕裂。"[4]

这个后来终于疯狂的人，其实倒是一个过于清醒的人。正当整个欧洲文化因为丧失信仰根基而惶惶不安，不复沉思而且害怕沉思的时候，他却"袖手旁观，置身局外"，"除了沉思，别无所为"。[5] 欧洲人刚从基督教梦魇中喘过气来，只

---

1 《朝霞》第14节。KSA，第3卷，第28页。
2 WM，前言第3节，第4页。
3 《查拉图斯特拉如是说》。GA，第6卷，第150页。
4 巴雷特《非理性的人》，第8章。
5 WM，前言第3节，第3页。

求恬然安睡，他却提出："我们的任务就是苏醒本身。"[1] 当然，实际上他并非真正"袖手旁观"。他知道，作为一个欧洲人，他未能免除欧洲虚无主义病症的感染，坦白说"一直是一个虚无主义者"。[2] 在谈到他对瓦格纳的批判时，他说："和瓦格纳一样，我是这个时代的产儿，也就是说，是颓废者。不同的是，我承认这一点，并且与之斗争。""我必须有一种自我约束，以完成这样一个任务——反对我身上的一切疾病，包括瓦格纳，包括叔本华，包括整个现代'人性'。"[3] 他还说："谁攻击他的时代，就只能是攻击自己：因为他能够看到的不是自己，又是什么呢？"[4] 正视时代和自己身上的"虚无主义"和"颓废"病患，把时代批判和自我批判结合起来，又是尼采的一种真诚。所谓虚无主义或颓废的病症，一方面是指传统道德对生命的危害，另一方面是指信仰崩溃所引起的焦虑。当它们未被诊断出来时，尚处于潜伏状态，暗中发生危害，因而危害更大。尼采以他特有的敏感觉察到这种病患，加以诊断，旨在治疗。他的治疗方法是，一方面彻底否定道德，另一方面把无信仰状态公开化、自觉化。也就是把不完全的虚无主义变成彻底的虚无主义，把隐蔽的虚无主义变成公开的虚无主义，把不自觉的虚无主义变成自觉的虚无主义。然后，以毒攻毒，用积极虚无主义克服消极虚无主义，而积极虚无

1　《善恶的彼岸》序。KSA，第5卷，第12页。
2　WM，第25节，第22页。
3　《瓦格纳事件》。KSA，第11卷，第11、12页。
4　遗稿。GA，第11卷，第135页。

主义也仅是向创造新价值的一个过渡。

积极虚无主义和消极虚无主义

尼采分析虚无主义现象时的出发点是：第一，一切形而上学都不是真理体系，而是价值体系；第二，任何价值设置都由生命活动的需要所发动，因而是设置者生命力量的标记。但是，由于形而上学一开始就把否定生命的道德设置为最高价值，道德的长期统治损害了人类的生命力量，而这意味着损害了价值设置的原动力，因此，一旦旧的价值设置崩溃，新的价值设置却无能建立，便出现了普遍的无信仰状态。这时，唯有生命力依然强盛的天性才保留着创造新价值的能力，因而不但坦然接受，而且主动促成旧价值的全面崩溃。在新价值创造之前，他们暂时也处于无信仰状态，但与那种生命力乏弱的天性的无信仰不可同日而语。据此，尼采区分出两种相反的虚无主义。

"虚无主义。它是双义的：

"一、作为精神力提高的标志的虚无主义：积极的虚无主义（der aktive Nihilismus）。

"二、作为精神力的衰落和倒退的虚无主义：消极的虚无主义（der passive Nihilismus）。"[1]

"虚无主义是一种规范性状态。

1　WM，第22节，第20页。

"它可以是强大的标志，精神力可以生长到如此地步，以致对它来说，迄今为止的目标（'信念'、信条）都不相称了……另一方面可以是不够强大的标志，不足以哪怕现在也重新为自己创造性地建立一个目标，一个为什么，一个信仰。"[1]

"虚无主义作为规范性现象可以是日益坚强的征兆，也可以是日益虚弱的征兆。

"一方面，创造力、意志力如此增长，以致它不再需要这总体的解说和意义的置入了；

"另一方面，创造意义的力量削弱了，转变为对主导状态的失望。无能信仰'意义'，'无信仰'。"[2]

同样是无信仰，根源和性质截然相反。积极虚无主义源于精神力的强大，因此无需信仰。消极虚无主义源于精神力的衰弱，因此无能信仰。前者已经超于一切信仰，犹如一个窥知了偶像秘密的人，居高临下地看待偶像的倒塌。后者却始终是信仰的奴隶，仍以一个信徒的心情为失去信仰沮丧。在尼采看来，消极虚无主义者与旧形而上学家、基督徒原属"同一类型的人"，但是"更贫乏一个等级，不再拥有解释、创造虚构的能力"。[3] 如果说积极虚无主义者不需要一个"真正的世界"，敢于接受无意义的现实世界，基督徒需要并且尚能

---

[1] WM，第23节，第20、21页。
[2] WM，第585节，第404页。
[3] WM，第585节，第403页。

虚构一个"真正的世界"，那么，消极虚无主义者则是需要却无能虚构一个"真正的世界"，又没有勇气接受现实世界，陷入了绝境。叔本华的悲观主义便是这样一种消极虚无主义的典型形式。

一般来说，虚无主义是由旧信仰崩溃到新信仰建立的一种过渡状态。一方面，由于"创造力尚不够强大"，新信仰还建立不起来。另一方面，由于"颓废仍在延续，尚未找到其救助手段"，旧信仰仍发生着腐败作用。[1] 积极虚无主义便是强者在这个过渡时期所采取的立场。在信仰的空白中，弱者惶惶不安，寻觅着随便什么"理想"以安慰自己。尼采却说："我们带着嘲弄的愤恨看待号称'理想'的东西；我们只是蔑视人们不能随时抑制所谓'理想主义'的荒唐激动。"[2] 在尼采看来，"理想主义"是导致虚无主义的祸因，[3] 又岂能靠它来逃避本由它产生的虚无主义的结果？"如果说一个哲学家可能是虚无主义者的话，那么他便是，因为他在人的一切理想背后发现虚无。甚或不是虚无——而只是毫无价值、荒谬、病态、懦弱、疲惫的东西，从饮干的人生酒杯中倒出的各种渣滓……为人辩护的是人的现实——它永远为他辩护。"[4] 代表未来的自由思想家正视现实，在这个过渡阶段敢于不靠任何信仰生活下去。尼采一再说："无信仰的程度，被准许的'精神

1　参看 WM，第 13 节，第 16 页。
2　WM，第 16 节，第 17 页。
3　参看 WM，第 617 节，第 419 页。
4　《偶像的黄昏》。KSA，第 131 页。

自由'的程度，是力的增长的表现。"[1]"我们在多大程度上能够向自己担保虚幻性、谎言之必然性而不致毁灭，这是力量的尺度。"[2] 一个人可以"在多大程度上忍受住在一个无意义的世界上生活"，"这是意志力的一个尺度"。[3]"不害怕无价值的事同样可能是心灵的伟大。"[4] 如果一个满怀追求真理的激情的人，在对一切"真理"连同追求真理的激情本身都失去信任之后，仍然不失其真诚，敢于承担无信仰的后果，如果一个视生命的意义高于生命本身的人，能够忍受住绝对的无意义性，那么，仅此就证明了他的生命力和精神力足够强大，从而预示了未来创造的希望。

尼采认为，积极虚无主义的表现"有时是破坏性的，有时是讽刺性的"。[5] 所谓讽刺性是指一种精神上的优越，因为看出一切价值的无价值，所以对它们的毁灭持高屋建瓴的嘲讽态度。但是，积极的虚无主义者并不限于用判断来否定旧价值，他们还亲自动手破坏旧价值，积极投入行动。[6]

积极虚无主义包括几个相续的阶段。首先是否定一切价值，揭示一切价值都不是真理，都没有根据。其次，在此基础上对一切价值进行重估。最后的归宿是新价值的创造。

1　WM, 第14节, 第16页。
2　WM, 第15节, 第17页。
3　WM, 第585节, 第403页。
4　《偶像的黄昏》。KSA, 第148页。
5　WM, 第14节, 第17页。
6　参看WM, 第22、24节, 第21、22页。

"一切皆虚妄！一切皆允许！"

积极虚无主义本身还不是新价值的创造，而只是通往新价值创造的必由之路。在这条路上，决定性的第一步就是否定一切价值。为了克服虚无主义，尼采把虚无主义推至极端，提倡一种彻底的或称最极端的虚无主义。这是一种置之死地而后生的战略。

"彻底的虚无主义（die radikale Nihilismus）就是在涉及人们所承认的最高价值之时，确信生存是绝对没有根据的；包括这一识见：我们毫无权利设想一个似乎'神圣'、似乎是真正道德的彼岸或物自体。"[1]

"不存在真理；不存在绝对的物性，不存在'自在之物'。——这无非就是虚无主义，而且是最极端的虚无主义（der extremste Nihilismus）。它恰好把事物的价值置于这一境地：过去和现在均无实在与此价值相对应，相反，事物的价值无非是价值设立者方面力量的标记，简化成为生存的目的。"[2]

"虚无主义最极端的形式就是认为：任何信仰、任何信以为真都必然是错误的，因为根本不存在一个真正的世界。于是，一种透视的假象，其根源是在我们身上。"[3]

1　WM，第3节，第10页。
2　WM，第13节，第16页。
3　WM，第15节，第17页。

用一个简短的公式来表达，就是："一切皆虚妄！一切皆允许！"[1]（Alles ist falsch! Alles ist erlaubt!）前一句话针对世界而言，后一句话针对人而言。

形而上学的大前提是存在着一个"真正的世界"，它被视为现实世界和人生的根据。"一切皆虚妄"从否定这个大前提开始，确认了世界和人生的没有根据。由此必然得出结论：一切关于世界和人生的解释都不是真理，而是信仰，是并无实在与之相对应的价值设置，其根源只能从主体方面去寻找。尼采把认识归结为价值，又把价值归结为透视的假象，其用意是要把一切世界解释，包括形而上学和基督教的世界解释，置于平等的地位：不是在真理面前平等，而是在"不存在真理"这一点上平等。然后便可以立足于生命树立新的价值尺度，提出尽管也是"虚妄"的然而有利于生命的新的世界解释了。他的透视主义认识论的形成，委实包含着这一番反形而上学的苦心。

尼采把他的彻底虚无主义看作是对悲观主义的深化和进一步发展。"我的革新。——悲观主义的进一步发展：理智的悲观主义；道德的批判，终极安慰的取消。"[2] 这可从两方面见出。其一，叔本华继承康德，仍把世界分成现象和"自在之物"。他否定人生和世界，是因为人生和世界的根据——作为"自在之物"的意志——是恶的。尼采取消了"自在之物"，

1　WM，第602节，第414页。
2　WM，第417节，第483页。

人生和世界的无意义不是因为有一个恶的根据,而是因为绝对没有根据。这是更深刻的悲观主义。其二,叔本华悲观主义的出发点仍是历来的道德偏见,以善和幸福为最高价值,所以才对充满恶和不幸的世界及人生加以否定。可是,由彻底虚无主义的眼光看来,终极根据的丧失使善与恶、幸福与不幸的区分也归于虚妄,包括善、幸福在内的一切价值都丧失了价值。叔本华的悲观主义是乐观主义的孪生兄弟,是寻求善和幸福而不得者的哀鸣,失意者的厌世。尼采的悲观主义却与乐观主义有着全然不相干的血缘,它否弃了一切道德论,无论是理想主义的还是幸福主义的。然而,正是从这种发展到了极致的悲观主义里面,生长出了全盘肯定人生包括其中必然包含的恶和不幸的超悲观主义——酒神世界观。

由"一切皆虚妄"引出的必然结论是"一切皆允许"。在尼采看来,这是一种彻底解放的感觉。由于否定了一个"真正的世界"的存在,"无信仰"就获得了一种新价值:"价值感借此重新变得自由,而迄今为止它都被浪费在那存在着的世界上了。"[1] 这里所说"存在着的世界",与生成着的世界是反义词,即指"真正的世界"。"地平线对于我们仿佛终于重新开拓了,即使它尚不明晰,我们的航船毕竟可以重新出航,冒着任何风险出航了,求知者的任何冒险又重得允许了……"[2] 面对一切终极根据的丧失,只有那些宁要一把"确

1　WM,第585节,第405页。
2　《快乐的知识》,第343节。GA,第5卷,第272页。

定性"、不要满满一车可能性的形而上学家才会灰心丧气。[1]真正的哲学家却因之感到从未有过的轻松。"一位哲学家以与众不同的方式和手段休养：例如，他在虚无主义中休养。相信不存在真理，这虚无主义信念，对于那不断与十足丑陋的真理作战的认识界战士来说，是伸了一个长长的懒腰。"[2]他曾经和一切形而上学家一样苦苦追究终极根据，曾经为寻找不到这种根据而焦虑不安，现在他终于发现，这整座形而上学迷宫原属人工伪造，不禁哑然失笑了。既然"一切皆虚妄"，一切目的和意义都是人自己设立的，那么，他就获得了"一切皆允许"的彻底自由，既可以自己给自己一个目的，也可以暂时什么目的也不给，满足于无目的和无意义。他一面快意于旧价值的崩溃，一面快意于自己所体验到的自由的价值感。虚无主义改变了基调和风格，脱去悲观色彩，给人以解脱的狂喜，尼采名之为"狂喜的虚无主义"（ekstatischer Nihilismus）。[3]

"一切皆虚妄"，尼采从中引出的进一步结论是："应当珍视造型、简化、塑造、虚构的能力"[4]，也就是珍视人类美化世界和人生的能力，由此发展出了尼采的审美世界观和人生观。既然对世界的道德解释和审美解释皆属"虚妄"，那么，人就完全可以从生命的利益出发决定取舍，以"艺术形而上学"

1　参看《善恶的彼岸》第10节。KSA，第5卷，第23页。
2　WM，第598节，第412、413页。
3　WM，第1055节，第689页。
4　WM，第602节，第414页。

取代道德形而上学。

由此可见,"一切皆虚妄"的本意是要揭露旧价值之"虚妄",道德之"虚妄";"一切皆允许"的本意是要"允许"创造新价值,"允许"对世界的审美辩护。彻底虚无主义是尼采"用来粉碎和扫除蜕化衰亡的种族,从而为新的生活秩序开辟道路"的"强大的锤击力和铁锤"。[1]

一切价值的重估

卢卡奇对尼采作过许多过头的批评,但他的这一评论倒不失为公正,他说:在尼采活动的时代,颓废意识(即虚无主义)愈来愈成为资产阶级知识分子自我认识的中心,尼采则是"对这种颓废的自我认识的最聪明、最有才华的解释者"。尼采的更深刻的意义还在于,"在承认颓废是他那时代资产阶级发展的基本现象之时,他指出了这种颓废自我克服的道路"。[2]

这一自我克服的道路就是一切价值的重估。

尼采认为,彻底虚无主义是一切价值的重估的前提和基础,一切价值的重估又是克服虚无主义的必由之路。如果说,最高价值由建立到崩溃,终于导致"消极虚无主义"或"不完全的虚无主义",是一个不依人的意志转移的自然历史过

1　WM,第1055节,第689页。
2　卢卡奇《理性的毁灭》,山东人民出版社,1988年,第274页。

程，那么，由"积极虚无主义"或"彻底虚无主义"到一切价值的重估，再到新价值的建立，则相反是一个由人的意志发动的过程，它一环紧扣一环，终于导致虚无主义的克服。唯有这后一个过程才改变了虚无主义的性质，使之由历史的困境转变为历史的进步。

尼采给他计划中的《强力意志》一书加了个副标题"重估一切价值的尝试"，他在解释这个标题时写道："'强力意志。重估一切价值的尝试'——这一公式表达了关于原则和任务的一个相反运动；一个在某种前景下将取代彻底虚无主义的运动；但它在逻辑上和心理上以前者为前提，它无论如何只有在前者基础上并从前者出发才能发生。"[1] 一方面，"我们必须先经历虚无主义，才能参透"迄今为止的"'价值'究竟有何价值"[2]；另一方面，"试图不对迄今为止的价值做出重估就避开虚无主义"，则是"适得其反，问题更尖锐了"。[3] 由虚无主义而揭露出迄今为止的价值的无价值，再由价值重估而揭露出虚无主义本身也无自在的价值，如此步步推进，尼采充满信心地宣告："我们有朝一日必有新价值。"[4]

要进行价值重估，首先必须正视价值危机，保持危机的张力感。价值危机"在欧洲造成了空前未有的颇为壮观的精

1　WM，前言第4节，第4页。
2　WM，第4节，第4页。
3　WM，第28节，第23页。
4　WM，第4节，第4页。

神紧张，如今用这张绷得如此之紧的弓，可以射向最远的目标"。[1]不过，倘若像多数欧洲人那样只图摆脱紧张感，不从根本上重估价值，危机就会无限期延续下去。虚无主义的二难困境是典型的危机状态，但解决危机的出路也正寓于其中："我们所认识的东西不足珍视，我们想骗自己的东西又不允许再珍视，两者的对抗提供了一个解决途径。"[2]这解决途径就是价值重估。

所谓二难困境就是，一方面，对"真正的世界"的信仰已丧失，另一方面，现实世界却又毫无价值。发生这种情况的原因何在？这就要分析当初产生"真正的世界"信仰的根源了。首先，这是出于一种形而上学需要，为了替现实世界寻找根据，赋予现实世界一种终极的价值、意义、目的。就此而论，"这一切价值，从心理学上看，都是为了维持和提高人的统治构成而做出的一定透视的结果，它们只是被错误地投射到事物的本质中去了"。[3]也就是说，形而上学本身仅是人由强力意志发动而设置的价值。其次，本欲赋予现实世界价值的形而上学，随着它的崩溃，反使现实世界丧失了价值，其原因在于它一开始就蕴含着对现实世界的否定，即把现实世界的本质特征即生成、痛苦等视为无价值，而这又是因为强力意志衰弱，惧怕生成、痛苦等等。所以，以往的形而上

1　《善恶的彼岸》序。KSA，第5卷，第12、13页。
2　WM，第5节，第11页。
3　WM，第12节，第16页。

学是哲学家们由衰弱的强力意志发动而设置的价值。由此尼采得出两点认识：第一，一切形而上学都是价值设置；第二，一切价值设置都是强力意志的产物。价值重估便是依据这两点认识，从价值角度去考察形而上学，又从强力意志角度去考察价值。

既然形而上学是价值设置，那么，形而上学的崩溃就只是一定价值设置的崩溃，而不是世界本身的崩溃。形而上学范畴"被证明不适用于大全，就不再是剥夺大全的价值的理由了"。[1] "'事件无意义'：这一信念是看到迄今为止的解释的谬误性而产生的结果，是怯懦和软弱的泛化——而不是必然的信念。"它只表明"人的狂妄无礼：他在哪里看不见意义，他就否认意义"。[2] 当然，世界本无自在的意义，就此而论，虚无主义是"真理"。"但是，真理并非被看作最高的价值标准，更不用说最高的强力了。"[3] 没有能力和勇气为世界设置一个意义、一个目的，正是强力意志衰弱的表现。"现代悲观主义是现代世界——而非世界和人生——的无用性的表现。"[4] 颓废者说："没有什么东西有价值，生命毫无价值。"其实他们应该说："我不再有任何价值。"[5]

另一方面，既然强力意志是价值设置的原动力，那么，

---

1 WM，第12节，第15页。
2 WM，第599节，第413页。
3 WM，第853节。
4 WM，第34节，第27页。
5 《偶像的黄昏》。KSA，第6卷，第134页。

能否克服虚无主义,建立新价值,关键就在意志的力度。在尼采看来,可悲的是,"恰好在现在,这亟需最有力的意志的时代,意志最薄弱,最怯懦"。[1] 这使得虚无主义不可避免地要长期延续下去。尼采寄希望于一种属于未来的"新型哲学家",他们清醒地洞察迄今为止在人的未来问题上嬉戏的巨大偶然性,认识到人的巨大可能性尚未耗竭,人的未来取决于人的意志,因而敢于"在培育和训练方面做伟大冒险和总体试验"。他们是尼采心目中从事一切价值的重估的主体。[2]

价值重估是价值基础和价值标准的根本变革。关于这一点,海德格尔的解释颇为中肯:"价值重估不只是指在迄今为止的价值的老位置上安上新价值,而且首先和永远是指重新确定位置本身。"[3] 老位置是指超感性世界,自在的真、善、美等超验价值的栖身之地。重新确定位置则是要把一切价值建立在现实世界的基础上。过去,"我们为了给世界以最高解释,也许还不曾给过我们的人类生活以一种平凡卑微的价值"。[4] 现在要把立足点移过来,为了肯定人类生活的价值,不妨抛弃对世界的最高解释。由于一切形而上学都直接间接地把道德树为最高价值,因此,重估的重点是道德。尼采相信,废除了"真正的世界"及其逻辑和心理前提——道德,"一种新的

1 　WM,第20节,第20页。
2 　参看《善恶的彼岸》第203节。KSA,第5卷,第126、127页。
3 　海德格尔《尼采》,第2卷,第282页。
4 　WM,第32节,第26页。

价值秩序就必定会应运而生"。[1]实际上也就是恢复了生命作为最高价值的权利,在某种意义上向柏拉图之前的希腊世界观复归。如果说柏拉图主义完成了欧洲历史上第一次价值重估,用道德化过程毁灭了异教世界,那么,尼采的价值重估就是要反其道而行之,通过非道德化过程来重建他心目中的希腊异教世界——酒神世界。

就形而上价值与生命价值的关系来看,可作如下小结:

旧形而上学肯定形而上价值而蕴含着否定生命价值,消极虚无主义否定形而上价值且公开否定生命价值,积极虚无主义(彻底虚无主义)否定形而上价值而蕴含着肯定生命价值,价值重估否定形而上价值且公开肯定生命价值,酒神世界观肯定生命价值且在某种意义上肯定一种新的形而上价值。在这过程中,逐步完成了生命价值的肯定和形而上价值的转换。

1　WM,第461节,第322页。

第二章　逻辑和语言批判：形而上学的心理分析

尼采确认形而上学是虚无主义的根源，因此，为了克服虚无主义，他便对西方形而上学传统进行了深刻的反省，力求把哲学思考从这一传统下解放出来。他常常谈到"形而上学的心理学"。对形而上学作心理学的分析，揭露形而上学虚构的心理根源，确是尼采的形而上学批判的特色所在。当然，所谓心理分析是广义的，实际上是要阐明逻辑和道德，形而上学的这两个主要基础，是通过怎样的心理过程形成而后又被实体化的。

在尼采看来，西方形而上学实质上既是道德本体论，又是逻辑本体论。就逻辑而言，同一律和因果律这两个基本定律是尼采注意的重点，因为他认为，它们在形而上学虚构中起了关键作用，哲学家们囿于同一律而寻求世界持存不变的本质，囿于因果律而寻求现实世界背后的终极原因，结果都导致"真正的世界"的虚构。然而，所谓"同一"和"因果"，本身即是知性的虚构。尼采从两个方面揭露了二者的根源。一方面，它们根源于对内心世界的错误解释，由"意识"

的虚假统一性造成"同一"观念,由"意志""自我""主体"发动行为之错觉造成"因果"观念。另一方面,逻辑虚构深深植根于语言之中,语词的凝固化、一义化导致概念的"同一"规定性,因果关系则是语法上主谓结构支配思维的产物。

由今日的眼光看来,尼采的语言批判尤其值得注意,可说是尼采哲学中最富于现代特点的内容之一。他步步深挖形而上学的根源,终于发现已经化作种族心理结构的语法结构是形而上学最重要的一个心理根源,从而把语言问题作为一个重大哲学问题提了出来。对于语言问题的重视,是本世纪西方哲学的显著特点。不同流派的哲学家在反省西方形而上学传统的过程中殊途同归,都认识到了形而上学与语法之间的密切关系,从而以不同的、有时甚至是截然对立的方式,致力于把语言从语法中解放出来,借此把哲学从形而上学传统中解放出来。其中,德国解释学、法国结构主义和后期维特根斯坦哲学与尼采的思想亲缘关系尤为明显,大大拓展了尼采开辟的方向。如果说西方哲学在本世纪发生了"人学的转向"和"语言的转向",那么,在这两个相关的转向中,尼采在某种意义上都起了奠基者的作用。

一、内心世界的现象论

驳"意识事实"

逻辑对于哲学的支配,与心理学研究的落后状况有关。作为一门独立学科的心理学,事实上在尼采的时代即19世纪中叶刚刚诞生,远未进展到深层心理的领域。多数哲学家把意识视为人的全部心理生活,把人看作理性动物,由此出发从事哲学思考,就难免要落入理性主义的轨道了。尼采认为,正是这种心理学上的浅见构成了近代理性主义哲学的错误出发点。"近代哲学批判:错误的出发点,仿佛存在'意识事实'似的——并且仿佛在自我观察时不存在现象论似的。"[1]

尼采常常谈到"内心世界的现象论"[2],其主要含义是:我们缺乏观察内心世界的任何较为精微的器官,通过所谓"内感官"观察内心世界不可避免地会发生错觉,所谓"意识"不是事实,而是现象,是"把一个极其纷繁的复合体感觉为统一体"[3]的结果。其实,意识的"统一"纯属外表,它附属于一个广阔得多的无意识领域,在那里起作用的是躯体、本能、冲动,但我们无法观察到这些作用,只能感知其结果。对于无意识作用的机制,尼采多有论述,不愧为弗洛伊德之前西

---

[1] WM,第475节,第332页。
[2] WM,第479节,第334页。
[3] WM,第523节,第359页。

方第一位深层心理学家。

在这里，我们感兴趣的是尼采关于"意识"形成过程的见解，因为他正是试图从这过程中揭示逻辑和形而上学发生的秘密。尼采认为，"意识"同本能并非根本对立，相反，它是本能的一个工具。人要满足本能，必须与外部世界包括他人发生关系，而"意识"即在此关系中形成，就是此关系本身。"根本说来，人们并未弄错'意识'的作用：它是我们同产生出意识的'外部世界'的关系。"[1]一方面，这种关系取决于生存的需要，我们仅仅选择那些对于我们生存必不可少的知觉。"只有当意识有用之时，意识才存在。"[2]"何种东西被我们意识到，其尺度完全取决于被意识之显著效用。"[3]另一方面，作为"传达手段"，意识"在交往中产生，并且与交往的利益有关"。[4]无论是为了采取必要的行动以维持生存，还是为了传达以寻求同类的帮助，我们都需要知道自己的意思和想法，即需要"意识"。而要形成"意识"，唯一的手段是逻辑，即通过虚构同一性和因果性来对我们的内心过程加以整理、解释、简化、图式化。关于同一性，后面再谈，这里先谈因果性。

尼采认为，"原因"的虚构是"内在经验"的基本事实，是我们整理内心过程以形成"意识"的关键一着。我们的内

1　WM，第524节，第359页。
2　WM，第505节，第347页。
3　WM，第474节，第331页。
4　WM，第524节，第360页。

心状态,无论是感觉、知觉还是思想,其真正的原因深藏在无意识之中,不被我们所知。我们总是为一定的内心状态另外发明一个原因,它与真正的原因绝对不相符合,但唯有在此之后,我们才意识到这状态。"只是简单地确认我们处于某某状态的事实,这从来不能使我们感到满足。只有当我们给这一事实提供一种动机说明之时,我们才容忍它——即意识到它。"[1]"'内在经验'的基本事实是,原因是在结果产生之后被想象出来的……而且,只有当为之发明的因果性系列进入意识之后,一种状态才会被意识到。"[2]尼采喜欢举梦的例子来说明这个道理。譬如说,睡梦中,远处传来一声炮击,刺激了我的听觉,它便以回响的方式延续着,直到我给它追加了一个原因,差不多是由我担任主角的一部小型长篇小说,随后我才听到这一声轰响。许多梦境实际上都是在用幻想的原因解释身体的感觉。另一个例子是痛觉。"疼痛是知性性质的,依赖于'有害的'这一判断,是后者的投影。"[3]虚构的原因"甚至可以把疼痛投射到身体上并无痛点的部位"。[4]由此可见,"原因"的虚构其实是一种知性行为,它通过"理由"的解释而批准一定状态进入意识。

在尼采看来,有意识的思想,甚至包括哲学思想,也是

---

1 《偶像的黄昏》。KSA,第6卷,第92页。
2 WM,第479节,第335页。
3 WM,第490节,第341页。
4 WM,第479节,第335页。

隐秘地受本能指引，不得不走上一定轨道的。[1] 但是，这里同样发生因果关系的伪造，哲学家们把观念的相继发生安排为因果系列，抹杀了观念之间种种不可知的情绪冲动的作用。"思想、知觉的依次衔接无非是使它们在意识中变得一目了然罢了。说这种依次衔接与一种因果锁链有某种关系，乃是完全不足信的：意识绝不能向我们提供一个因果实例。"[2] 然而，意识中因果关系的假象却直接导致了逻辑的虚构，又进而导致了形而上学的虚构。"我们关于精神、理性、逻辑等的全部观念都建立在这个假象的基础之上……我们又把它们投射到事物之中、事物背后！"[3]

为种种无意识作用的结果寻找一个可知的原因，由此虚构出"意识事实""思维""理性"，这仅是因果关系虚构的一个方面。另一个方面是进一步颠倒结果为原因，把"意识""思维""理性"奉为全部内心世界的主宰，全部心理行为的原因，由此而虚构出了"意志""精神""自我""主体"等等。这后一方面更加重要，因为逻辑此时已由插足内心世界进而取得霸权，只要再把这霸权扩展到外部世界，就是形而上学了。

---

1 参看《善恶的彼岸》第3节。KSA，第5卷，第17页。
2 WM，第523节，第359页。
3 WM，第524节，第360页。

"不存在所谓意志"

尼采认为，在内心世界的领域中，有三个所谓"事实"被视为因果关系的保障，这就是：第一，意志是一切行为的发动者；第二，行为的动机在意识（精神）中；第三，自我是思维的主体。三者之中，意志最基本。"在这三个似乎作为因果关系的保障的'内心事实'中，第一个且最有说服力的事实是意志即原因；意识（'精神'）即原因的观念以及更后面的自我（'主体'）即原因的观念纯粹是派生的，是在意志确定因果关系为既定事实、经验之后产生的。"因为行为由意志发动似乎是一个最显而易见的事实，"我们相信自己在意志的行为中是原因；我们认为至少在这一场合当场捕获了因果关系"。[1] "意志发动行为"提供了一个基本模式：一切行为必有行为者。精神、自我无非是运用这一模式的产物，是从不同角度替行为设置一个行为者。

"意志"是"原因"概念形成的关键。"'原因'概念批判。——我们绝对没有关于一个原因的经验；从心理学上看，我们这整个概念都来自一种主观信念：我们是原因，也就是说，我们使胳臂运动……但这是一个错误。我们把自己——行为者——与行为区分开来，并且到处使用这个模式——我们对每个事件都寻找一个行为者。我们究竟做了什么？我们把一种力感、紧张、抵抗，一种已经是行为之开端的肌肉感

1　《偶像的黄昏》。KSA，第6卷，第90页。

觉,误解成了原因,或把做这做那的意志,因为随之而来的是行动,理解成了原因。""我们把我们的意志感、我们的'自由'感、我们的责任感以及我们的行动意图综合为'原因'概念……"[1]

更进一步,我们把我们对意志的误解解释进了外部世界中。"我们相信意志是原因,以至于我们往往按照我们的个人经验把一个原因置入现象中(即把意图当作现象的原因)。"[2] 把一切事件看作行为,相信一切行为均有一个行为者,在一切事件背后寻找一个持有意图者,古老的万物有灵论就是由此而来。因此,对因果关系的信仰实质上是"对意志、意图的信仰"。[3] 这种信仰已经以主谓结构的形式固定在语言中,甚至在我们不再相信万物有灵论之后,它仍然支配着我们。形而上学家们把一切现象视为"偶有""属性"等等,相信它们依附于"实体",实质上就是"意志"信仰的变种。"逻辑—形而上学的假设,对实体、偶有、属性等的信念,因为我们习惯于把我们的行为看作我们的意志的结果而有了其说服力。"可见"意志"信仰对于形而上学的发生也起着关键作用。所以,首先必须弄清究竟有无"意志"的事实。尼采的回答是——

"不存在所谓意志。"[4]

1　WM,第551节,第373页。
2　WM,第478节,第333页。
3　WM,第550节,第372页。
4　WM,第488节,第340页。

"'内心世界'充满着幻影虚光,意志便是其中之一。"[1]

一个被后世称作唯意志论者的哲学家,却坚决否认意志的存在,这实在是惊人的。弄清尼采在什么意义上否认意志的存在,对于把握尼采哲学尤其他的强力意志论的真义,乃是至关重要的。

尼采否认意志,是否认意志之作为实体。意志不是实体。个体并不具有一个同一的、不变的、可以不断发动其行为的意志。和意识一样,意志也是一个复合体。具体地说,意志包括以下因素:第一,感觉。"每个意愿都包含许多感觉,即对要摆脱的状态的感觉,对要进入的状态的感觉,对这'摆脱'和'进入'本身的感觉,以及伴随而生的一种肌肉感觉。"第二,思想。"每个意志行为都包含一个支配着的思想;——确实无法相信,从'意愿'中除掉了这个思想,还能有什么意志!"第三,情绪冲动。"意志不但是感觉和思想的复合体,它尤其还是一种情绪冲动,且是那种起支配作用的情绪冲动。"在意志行为中,我们一身二任,兼为命令者和服从者,各种情绪冲动之间形成了一种"支配关系"和"社会结构"。[2] 所以,意志实际上是极为复杂的心理过程的一个缩略语。它不是事件的原因,相反本身即是事件。[3] 作为各种感觉、思想、情绪冲动彼此冲突和消长的产物,它伴随着过程,

---

1 《偶像的黄昏》。KSA,第6卷,第91页。
2 《善恶的彼岸》第19节。KSA,第5卷,第32、34页。
3 参看WM,第550节,第373页。

成为这过程的表征。"意志不再推动什么,所以也不再说明什么"[1],相反,它本身需要被说明。它不再是行为的发动者,而仅是行为的一个组成因素。

一般来说,我们对于导致一个意志行为的种种情绪冲动及其冲突过程毫无所知。由于"我"这个综合概念,我们对于意志行为所包含的命令和服从的二重性也熟视无睹。由此而产生了"意志自由"的错觉,相信意志足以导致行为。现在,既然不存在意志,也就无所谓"意志自由"了。它只是"一个用来表达意欲者的多重快乐状态的词",即表达命令的快乐,战胜对命令的反抗的快乐,服从和执行命令的快乐,简言之,表达"一切成功都会带来的权力感的增长"的快乐。[2]

尼采出于批判基督教伦理的目的,一贯着力反对"意志自由"说。他写道:"意志学说实质上是为了惩罚,即为了寻找罪恶的愿望,而被发明的。整个古代心理学,即意志心理学,其前提是它的创始人,即古代社会上层僧侣,想要给自己造成一种给人以惩罚的权利——或者说想要给上帝造成这种权利……人被认为是'自由'的,以便可以加以判决和惩罚——以便可以成为有罪的。结果,每件行为必须被看作自愿的,每件行为的根源必须被看作是有意识的(心理学中最基本的伪币制造借此而被树为心理学原则本身……)。"[3] "那种

---

1 《偶像的黄昏》。KSA,第 6 卷,第 91 页。
2 《善恶的彼岸》第 19 节。KSA,第 5 卷,第 33 页。
3 《偶像的黄昏》。KSA,第 6 卷,第 95 页。

形而上学的超级知性不幸始终支配着一知半解者的头脑，它要求'意志自由'，要求为自己的行为承担全部的和终极的责任，免除上帝、世界、祖先、偶然、社会的责任……"[1]否认"意志自由"，也就是肯定"生成的无罪"，人的内心世界和全部行为均属于其意志不能自由支配的生成的自然过程，因而不能以"意志自由"为理由加以判决。

然而，既然不存在意志，则所谓"非自由意志"也不存在了。"假如有人如此进窥'自由意志'这个著名概念的乡巴佬式愚昧，从而将它逐出了自己的头脑，那么，我现在要请他再接再厉，进一步'彻悟'，将'自由意志'这个非概念的反面也逐出自己的头脑：我是指'非自由意志'，它导致因果的滥用。"[2]这就是说，意志既非原因，又非结果，既非决定者，又非被决定者。这种非此非彼的意志究竟是什么东西呢？

在尼采关于意志的论述中，我们常常会发现自相矛盾之处。例如，他说："愿望只是一种弄得非常巧妙的机械装置而已。"[3]这似乎在主张"非自由意志"。他又说："意愿使人自由：这是意志与自由的真义。"[4]这似乎在主张"自由意志"。可他却又既反对"非自由意志"，也反对"自由意志"。不过，矛盾仅是表面的。这里的关键是弄清"意志"的含义。尼采

1　《善恶的彼岸》第 21 节。KSA，第 5 卷，第 35 页。
2　《善恶的彼岸》第 21 节。KSA，第 5 卷，第 35 页。
3　《快乐的科学》第 127 节。GA，第 5 卷，第 166 页。
4　《查拉图斯特拉如是说》：《在幸福岛上》。GA，第 6 卷，第 125 页。

97

认为，意志不是实体，而是一种内在的支配关系，其秘密在于命令和服从的二重性。"意志就是支配"[1]，所谓支配，也就是对自身命令的服从。人的内心过程和行为均属于必然的领域，并不受意志支配。"意志不能向后意欲；不能割断时间和时间的贪欲——这是意志的最孤独的苦恼。"[2]意志的支配仅指向它自身，即意志的自我命令和自我服从。这取决于意志的力度。在这个意义上，意志就是强力意志。意志坚强者敢于承担非他意志所能支配的一切，爱必然，爱命运，而这便是实现了意志的自我支配，获得了自由。应当在这个意义上来理解"意愿使人自由"。意志愈坚强，就愈能承受必然，也就愈自由。所以尼采说："'非自由意志'是神话，在实际生活中，问题仅在于意志的强弱。"[3]在某种意义上，尼采是要超越于意志自由论和机械决定论的对立，主张强力意志基础上的必然与自由的统一。

尼采否认意志实体的存在，尤其是针对叔本华的。[4]叔本华把个体意志的存在看作一个自明的事实，他正是由此出发而推论世界意志的存在，把意志说成世界表象背后的自在之物。现在，既然个体并无意志的实体，那么，由此外推意志为世界本体也就失效了。事情不止于此，在尼采看来，一切形而上学实质上都是意志实体的变相外推。让我们记住这一

---

[1] 《反基督徒》。GA，第8卷，第264页。
[2] 《查拉图斯特拉如是说》。GA，第6卷，第206页。
[3] 《善恶的彼岸》第21节。KSA，第5卷，第36页。
[4] 参看《快乐的科学》第127节；《善恶的彼岸》第19节。

点，不要把尼采本人主张的"强力意志"理解为叔本华式的"作为意志的世界"。

析"我思"

笛卡尔的著名命题"我思故我在"把人的本质确定为思维，从而为近代理性主义哲学奠了基。要推翻理性的专制，就必须清算笛卡尔的这个命题。从叔本华、尼采到海德格尔、萨特，许多现代哲学家都以不同的方式从事了这一清算工作。

笛卡尔的用意是要把哲学建立在具有直接可靠性的真理的基础之上，他从怀疑一切出发，推论出这怀疑着即思考着的"我"的必然存在，于是得出了"我思故我在"这个命题。他认为，正是这个命题具有无可怀疑的直接可靠性，可用作哲学的第一原理。尼采的批判集中在这个命题的前项"我思"上，因为只要阐明了"我思"并无直接可靠性，整个命题也就不能成立了。

尼采指出，当我们分析"我思"这个命题所表达的过程时，我们就会发现它已经包含了一系列冒昧的论断。例如，第一，存在着被称作"思"的活动，并且我知道什么是"思"；第二，"思"有一个作为其原因的思考者；第三，"我"就是这个思考者。这三个论断都不具有直接可靠性，均是无法证明的假设。首先，要知道什么是"思"，其前提是拿我从自己身上得知的诸如"意愿""感觉"等其他状态同我目前的状态进行比较。"由于对别的'知识'的这种回顾，它对于我就绝非直接的'可靠性'。"[1] 其次，说"思"有一个"某某"作为其原因，"这个'某某'就已经包含了对过程的一种解释，而并不属于过程本身"。[2] 也就是说，已经引入了因果关系的逻辑解释。第三，断定这个"某某"就是"我"，同样是一个假设，以虚构的意识的自我同一性为其前提。总之，在"我思"这个命题中，"我""思"以及二者之间的关系都不是自明的，需分别加以分析。

首先来看看"思"的情况。尼采说："把命题还原为'我思故我在'，得到的是纯粹的同义反复，而恰好要问的东西——'思的现实'——未被触及，也就是说，思的'假象'不可能被解除。"[3] 在尼采看来，"思维"只是"假象"，并无"自在的现实性"。"认识论专家们所认定的那种'思维'全然没有发生，这是完全任意的杜撰，靠突出过程中一个因素，排除其余一切因素而造成，是为了理解而人为做出的整理。"[4] 根据内心世界的现象论，"思维"乃是按照因果关系的模式把观念与观念相联结，但观念与观念之间还有种种可能的情绪冲动发生作用，它们才是造成观念联结的真正原因，只是由于其运动过于迅速，所以不为我们所知。如此看来，"思"的真实过程并不受"我"支配，毋宁说它有一个深藏在无意识之中的运行机制。在这个意义上，尼采"不厌其烦地强调一

---

[1] 《善恶的彼岸》第 16 节。KSA，第 5 卷，第 30 页。
[2] 《善恶的彼岸》第 17 节。KSA，第 5 卷，第 31 页。
[3] WM，第 484 节，第 338 页。
[4] WM，第 477 节，第 333、334 页。

个简单明了的事实":"一个思想是在'它'自己愿意、而非'我'愿意的时候来临的。"[1] 也正是因为这个原因,尼采一贯反对"制造思想",而主张让思想自己突袭,即主张一种灵感式的思维。

其次来看看"我"即"主体"的情况。尼采坚决否认思维有一个"思维着的某物"作为其"主体"。"'主体'绝非实有的东西,而是虚构出来的、安插进来的东西。"[2] 尼采认为,所谓"自我""主体""精神"等观念的产生,有以下几方面的根源:

第一,按照因果关系的模式,为行为设置一个行为者。"自我"观念是"意志"观念的派生物,由"意志发动行为"的假设,进而设想"意志"有一个承担者,即"自我","于是把自我当作实体,当作一切行为的原因,当作行为者"。[3] 这样,在"我思"的命题中,"首先虚构了一个根本没有发生的行为——'思维',其次虚构了一个主体—基质,它是每个思维行为的根源,而非任何其他东西的根源。于是,行为和行为者都被捏造出来了"。[4]

第二,"认为思必有'思者',这纯粹是我们那种为一行为设置一行为者的语法习惯的表述"。[5] 语言的"主语—谓语—

1　《善恶的彼岸》第17节。KSA,第5卷,第31页。
2　WM,第481节,第337页。
3　WM,第488节,第340页。
4　WM,第477节,第333页。
5　WM,第484节,第338页。

宾语"结构造成对语法主语的迷信，于是相信主语"我"是一个具有某种特性包括"思"这个特性的实体，是谓语"思"的前提。[1]

第三，把内心世界种种相异状态削齐拉平，整理成"相同状态"，然后为之设置一个基质。"'主体'是虚构，仿佛我们身上许多相同状态是一个基质的产物似的；然而是我们创造了这些状态的'相同性'。"[2]换句话说，也就是把意识这个复合体"变成一个统一体，一种本质"，即"精神""灵魂""某种感知、思考、意欲着的东西"了。[3]

第四，"主体""自我"概念是我们在观察事物和观察自己时必不可免的局限性的产物。在观察事物时，"躯体、事物、眼睛所造成的'界限'，都使人区分行为和行为者；行为者，行为的原因，被愈来愈精细地把握，最后就剩下了'主体'"。这是"'主体'概念的心理史"。[4]也就是说，我们只能在自己的视界范围内以透视的方式观察事物，于是我们给这种透视的方式安上了"主体""自我"的名称。"看时的一种透视又被当成了看的原因：这便是发明'主体''自我'时耍的把戏！"[5]在观察自己时，由于我们无法深入观察内心世界的真相，于是，"我们在自己开始无知之处，在自己不能继续观

1　参看《善恶的彼岸》第17节；WM，第549节。
2　WM，第485节，第339页。
3　WM，第529节，第381页。
4　WM，第547节，第371页。
5　WM，第548节，第371页。

察之处，便放入一个词，例如'自我'这词……也许这是我们认识的地平线，但不是'真理'"。[1]

总的来说，尼采认为"自我""主体"是对内心世界错误观察的产物，是依据虚假的同一性和因果性得出的概念。因此，与其说"我"是"思"的前提，不如说"思"是"我"的前提。作为不变的实体和"思"的原因的"自我"这个概念，恰是凭借"思"的知性逻辑构造出来的。在这个意义上，尼采说："'我'凭借'思'而成立"[2]，"'思'是前提，'我'是派生的东西；因此，'我'是由思本身构成的一个复合体"。[3]"主体"概念是"表象着、思考着、愿望着、感觉着的人的作品"，是"一种简化"，其用处仅在于"描述设置、发明、思考的能力"。[4]

以上是就"自我""主体"的概念而言。那么，"自我""主体"的现实情形如何呢？尼采认为，对"我"的观察，应以躯体为出发点。真实的"我"是由无数本能冲动组成的，它们彼此冲突和斗争，按力量强弱形成某种等级秩序，达于动态的平衡。从这一认识出发，尼采提出了"多元的、流动的主体"的假说（尼采本人强调仅仅是假说）。他写道："不存在主体'原子'。一个主体的范围不断扩大或缩小，该系统

---

[1] WM，第 482 节，第 337 页。
[2] WM，第 483 节，第 337 页。
[3] 《善恶的彼岸》第 54 节。KSA，第 5 卷，第 73 页。
[4] WM，第 556 节，第 381 页。

的中心点不断移动；如果它不能组织所占据的量，它就会一分为二。另一方面，它能够把一个较弱的主体改造为它的功能，在某种程度上还能够与之组成一个新的统一体，而不将之消灭。"[1]这里的"主体"实际上是指各种本能的和情绪的冲动，其中某一冲动成为主宰，把其他冲动变成它的臣民，这才是形成"主体统一性"的方式。"但最重要的是：我们把主宰及其臣民看作相同的类型，两者都在感觉着、意欲着、思考着。"[2]也就是说，所有的冲动都是主体，"其共同作用和冲突构成了我们思维的基础"。[3]同时，"正如同活生生的统一不断产生和消灭一样，'主体'并不永恒；正如同在服从和命令中也表现出冲突一样，生命之权力界限的确定是流动的"。[4]结论："我的假设：主体是多元体……主体的不断流动和昙花一现。"[5]

通过对"我思"的分析，尼采要我们认识到，无论真实的"我"，还是真实的"思"，都是由诸多冲动构成的复杂的流动的过程，实际存在的只是这个过程，"我"与"思"本是一回事，都是这个过程本身，两者之间不存在什么因果关系。在这个意义上，"我思"命题就是纯粹的同义反复。不止于此，上述过程同时也就是"我在"的"在"的本质所在，因此

1　WM，第488节，第341页。
2　WM，第492节，第343页。
3　WM，第490节，第341页。
4　WM，第492节，第342页。
5　WM，第490节，第341、342页。

"我思故我在"命题更是双重的同义反复。如果撇开这个过程来谈"我"和"思",那么,"我"便成了空洞的概念,"思"便成了抽象的活动,按照因果关系模式把二者联结起来乃是一种逻辑虚构。笛卡尔认为,"我"的本质是"思","思"的根源是"我"。尼采则认为,"我"的本质和"思"的根源都在躯体之中,在于各种本能冲动和情绪冲动的彼此作用及其支配关系,简言之,在于强力意志。

"主体"派生出"实体"

尼采对"意识""意志""自我""主体"等观念的现象论分析,具有明确的反形而上学的目的。他认为,这些观念在形而上学的虚构中起着重要作用,是"理性运动建立于其上的前提"[1],"我们的理性信仰的心理根源"[2]。形而上学的基本范畴,包括"实体""存在""自在之物"等,均由这些观念派生而来。

相信我们身上有一个历经变化而始终如一的"主体""自我",这种信念本身即已包含着对一个先验的"实体"概念的信仰。尼采在谈到笛卡尔的"我思故我在"命题时写道:"这意味着我们已经相信实体概念是'真正先验的'……简言之,这里已经有一种逻辑—形而上学假设被制造出来——而不仅

---

1 WM,第487节,第339页。
2 WM,第488节,第340页。

是被诊断出来……"[1]当然，对于"自我""主体"的信仰并不自笛卡尔始，它是一种"最古老的'实在论'"，自古以来的灵魂迷信实质上都是把"自我"信奉为实体，为唯一的实在，据之而判断万物是否实在。[2]然后，人们又按照"自我""主体"的形象塑造和理解其余一切存在物，得出了"实体""存在""物"等范畴。

海德格尔在论及尼采与笛卡尔之间的内在联系时曾批评道："在尼采对笛卡尔'我思'命题的最尖锐的拒斥背后，仍然存在着同笛卡尔所奠定的主体性的密切联系，两位思想家在冥冥中保持着历史的，即决定其基础的本质关系。"[3]海德格尔认为，尼采只是用躯体意义上的主体取代了笛卡尔的"思考着的自我"意义上的主体，却并没有离开笛卡尔所奠定的"主体性"这一特殊的形而上学立场，相反是这一立场的彻底发挥。可是，受自己的强力意志形而上学的遮蔽，尼采误解了自己与笛卡尔形而上学基本立场之间的关系，一般来说也误解了形而上学的本质。在海德格尔看来，这种误解集中表现在尼采的下述命题中[4]：

"实体概念是主体概念的产物，而非相反！"[5]

在海德格尔看来，旧形而上学的本质在于人神同形同质

---

1 WM，第484节，第338页。
2 参看WM，第487节，第339、340页。
3 海德格尔《尼采》，第2卷，第174页。
4 参看海德格尔《尼采》，第2卷，第129、173、182、187、189页。
5 WM，第485节，第338页。

论，即从人这个特殊的"存在者"出发理解"存在"。在这个意义上，他把尼采哲学看作旧形而上学的完成和终结。关于这一点，在适当的地方再予评论。这里仅想指出，海德格尔在揭露尼采与笛卡尔立场的共性之时，至少对于两者的差异强调得不够。按照尼采的认识论基本观点，人对一切事物的认识是无法摆脱人的"自我"的，就此而论，尼采确实继承和发展了笛卡尔的"主体性"原则。但是，重大的分歧就出在对这"主体性"的理解上。让我们来看看尼采的两段札记。

"如果对于我们来说，我们的'自我'是我们据之塑造和理解一切存在的那唯一存在，那么很好，合当提出一个疑问：这里岂非有一种透视的错觉——一种虚假的统一，如同一条地平线，万物在其中连成了一体。"[1]

"如果'只有唯一的存在，即自我'，而其他一切'存在者'都是按照它的形象塑造的，——最后，如果对'自我'的信念依赖于对逻辑的信仰，即对理性和范畴形而上真理的信仰；另一方面，如果自我被证实是某种生成着的东西：那么——"[2]（原文到此中断）

在这两段札记中，尼采表达了以下几点重要看法：第一，"自我"是我们一切认识的界限，我们必定按照它的形象塑造和理解其他一切"存在者"；但是，第二，我们应当恰如其分地把"自我"这个"统一体"看作透视的错觉，切不可

1　WM，第518节，第355页。
2　WM，第519节，第355页。

把它绝对化为实体；第三，对作为实体的"自我"的信念依赖于对逻辑的信仰，是用"同一""因果"等逻辑观念整理内心世界的产物；第四，"如果自我被证实是某种生成着的东西"，那么——尼采没有继续往下说，但我们可以把他的意思补全——我们理应据此也把外部世界看作生成着的东西，而不是看作实体。

如果说，尼采和笛卡尔一样，把"自我"看作认识的出发点，那么，他们至少有两个重大区别：第一，对于笛卡尔来说，"自我"是一个无可怀疑的自明事实，对于尼采来说，"自我"却是一个无法摆脱的认识界限；第二，对于笛卡尔来说，"自我"是一个实体，他正是由之推出了"精神""物体"这两个"相对实体"和"上帝"这个"绝对实体"，对于尼采来说，"自我"不是实体，所以也就不能由之推出"物""存在""上帝"等世界实体。尼采认为，把"自我"实体化为"主体"，正是"实体"概念形成的心理根源。应当从这个意义上来理解他的"实体概念是主体概念的产物"这一命题。

实体化的"自我"概念包含两层意思：第一，内心世界有一个不变的、"同一"的基质；第二，这个基质是我们一切行为包括思维行为的"原因"。尼采指出，我们正是"按照其类比而理解了其余一切因果关系"[1]，由此而养成一种习惯，要在一切变动不居的事物背后寻找一个充当原因的不变基质，即实体。所以，"'实在''存在'概念是由我们的'主体'感觉

---

[1] WM，第483节，第338页。

派生的"。[1]而一旦我们放弃了"主体"概念,"实体"概念及其种种变种,例如"物质""精神"和其他假想的本质,"质料的永恒性和不变性",等等,都丧失了其前提。[2]"我们得到了存在者的等级",即处于生成变化中的事物,"失去了存在者本身"。[3]

实体概念大致可分为两类。一类是物质性的实体概念,例如"物""物性""原子""自在之物",等等。尼采认为,所有这些概念均是"自我""主体"概念的外推。"物本身,物的概念,仅是自我即原因的信念的一个反映罢了",[4]是人"把对于'自我—实体'的信仰投射于万物"的结果。[5]"我们只是按照主体的原型发明了物性,并把它阐释进了混沌的大千世界中去。"原子论的前提"始终是对主体的需要"。而"自在之物"归根到底也无非是一个"自在之主体"的观念。[6]尼采对于"物"的概念的批判,并非反对世界的客观存在,而是反对用某种实体性的物质始基去解释这一客观存在,他的这一立场已经得到现代自然科学日益有力的支持。另一类实体概念是精神性的,例如"绝对精神""世界意志""上帝",等等。尼采认为,这类概念除了同样是"主体"概念的外推

---

1 WM,第488节,第340页。
2 参看WM,第552节,第377页。
3 WM,第485节,第338页。
4 《偶像的黄昏》。KSA,第6卷,第91页。
5 《偶像的黄昏》。KSA,第6卷,第77页。
6 WM,第552节,第376页。

之外，还缘于对意识的过高评价："把意识看作可获得的最高形式，看作最高类型的存在，看作'上帝'"；"把'真正的世界'，看作精神世界，看作借意识事实得以成立的世界"。[1]在这里，实体概念不但具备机械论意义上的"主体"品格，即作为发生着作用的原因，而且具备目的论意义上的"主体"品格，即作为有意识的行为者。因而，它们是"主体"概念的全面外推。

尼采认为，随着"主体"概念的放弃，我们不仅要放弃"实体"概念，而且也要放弃与"主体"相对应的"客体"概念。如果说"主体"是把意识实体化的产物，那么，"客体"就是把被意识到的那一部分外部世界实体化的产物。"主体"一方面把自己设置为原因，另一方面又把原因观念投射到事物中，把事物设置为施于"主体"的原因，"客体"概念即由此形成。"我们把主体、'行为者'阐释进了事物中，因此才产生一种错觉，似乎一切事件都是施于主体的一种强制的产物——谁的强制？仍然是一个'行为者'的。"[2]事实上，"外部世界的真正作用总是不知不觉地进行的"，其中哪些作用以何种方式被我们意识到，完全取决于效用，即满足我们生命需求的可能性，因而，"被我们意识到的那一部分外部世界是在我们受到外来作用之后产生的，是事后才被投射为此种作用

---

[1] WM，第529节，第361页。
[2] WM，第552节，第375页。

的'原因'的"。[1]我们不能感知外部世界的真正作用,却把由我们生命需要所决定的感知方式设定为这种作用的原因,即"客体"。尼采叹道:"意识的这种一孔之见如何允许我们以种种方式谈论'主体'和'客体',并以此来建构实在呵!"[2]在尼采看来,"客体"的虚构是由"主体"的虚构过渡到"实体"的虚构的一个中间环节:由"主体"即原因,推出作用于"主体"的原因即"客体",再进而推出作用于一切事物的原因即"实体"。我们或许可以举费希特的体系为这一推导过程的典型表现:自我设定自身(主体)——自我设定非我(客体)——自我设定自我和非我的统一(实体)。当然,尼采本人既然主张认识不能超越躯体意义上的"自我",他也就同样没有摆脱这"自我设定"的逻辑,区别仅在于,他反对把"自我"的这种设定作用看作"真理",而是把它看作生存所必需的"伪造",对主客体关系问题提出了一种透视主义的解释。

---

[1] WM,第479节,第334页。
[2] WM,第474节,第331页。

二、知性发生学

知性不能自我批判

康德把人类运用逻辑范畴对现象进行综合的能力称作知性，以区别于作为直观能力的感性和作为终极关切的理性。他的批判哲学的重点就是要划定知性的界限。其主要结论有二：第一，范畴是知性固有的纯粹形式，其来源仅是知性，而非世界本体；第二，知性范畴仅适用于现象界，倘若理性要借用知性范畴去规定世界本体，便会陷入二律背反。这样，康德从来源上和适用范围上划定了知性的界限，实际上也就是剥夺了逻辑充当形而上学的权利。就此而论，尼采是走在康德开辟的路上，因为尼采同样从人类身上寻找逻辑范畴的来源，反对把它们虚构为形而上学的实体。

但是，在尼采看来，康德的批判哲学撇开经验内容，囿于逻辑本身考察逻辑，以知性批判知性，并不能揭示逻辑的真正根源，因而也并不能为形而上学批判提供可靠的基础。他在1886年为《朝霞》一书写的序言中指出："柏拉图以来的欧洲所有哲学建筑大师都徒劳地营建，他们真诚严肃地目为钢铁般不朽的一切都濒于崩溃或已经夷为废墟，其原因究竟何在？人们对此问题至今仍抱住不放的那个回答，'因为他们全都疏忽了前提，即对基础的检验，对全部理性的批判'——康德的这个灾难性的回答，是多么谬误呵，康德借此并未真正把我们现代哲学家引到一个较为坚固、较少谎骗的基础上来！（追问一下，要求一件工具批判它自身的卓越性和合用性，要求知性自己'知道'自己的价值、自己的能力、自己的界限，岂非有些奇怪？甚至岂非有些荒唐？）"[1]

知性不能自我批判，这是尼采批评康德时再三重申的一个论点。康德自己承认，一切知识的形成必有知性的参与。也就是说，认识与作为认识能力的知性本是不可分离的。既然如此，当康德把知性作为对象加以批判即进行纯粹认识论的分析时，这种对知性的认识本身仍然不可避免地要有知性参与，批判的对象在批判之前已经悄悄地充当了批判的前提。这就出现了尼采所说的工具自己批判自己的效用的荒谬情形。要批判认识能力，其前提是要把认识与认识能力截然分离，即要知道没有我们的认识能力参与的"自在的认识"是什么样子的，但这是不可能的。在此意义上，尼采说："必须知道何为存在，才能决定某种东西是否确实存在（例如'意识之事实'）；同样，也必须知道何为可靠性、何为认识，等等。——如果我们不知道这些，那么，对认识能力的批判是毫无意义的：如果工具只能运用自身来批判，它又如何能够批判自身？它从来不能自己界定自己！"[2]

认识不是一个自在的事实。凡有认识，必有我们的认识能力参与。康德的自相矛盾之处在于，他一面承认一切认识必有知性的参与和受知性的限制，因而均非自在的认识，一

---

[1] KSA，第3卷，第13页。
[2] WM，第486节，第339页。

面却把具有必然性和普遍有效性的先验综合知识看作自在的认识,当作他的全部批判工作的毋庸置疑的前提,殊不知这前提本身也是需要接受批判的。"康德相信认识之事实;他天真地要求:认识的认识!"[1]这种对自在的认识的相信,乃是"自在之物"观念在康德认识论中的延伸。

按照尼采的透视主义观点来看,知性是人类不可摆脱的透视方式。如果我们要在认识论范围内批判知性,则途径唯有两条:或者把我们的知性与别种类型的知性进行比较,这就要求我们摆脱我们固有的透视方式而进入别种透视方式;或者把我们的知性与某种不受知性限制的绝对理性相比较,这就要求我们摆脱任何透视方式而成为类似于上帝的超级生灵。但两者都是不可能的。尼采写道:"知性不能自我批判,正是因为它无法同别种类型的知性进行比较,因为它的能力唯有面对'真正的现实'才能显露而被认识,也就是说,因为要能批判知性,我们必须是具有'绝对认识'的更高生灵。这一点的前提则是,除了各种透视的观察以及感官和精神的获得之外,还存在某种东西,一种'自在'。——然而,对物的信念的心理推导禁止我们谈论'自在之物'。"[2]既然在认识论范围内无法批判知性,尼采就另辟蹊径,从发生学的角度揭示知性的功用性起源。也就是说,以透视主义取代康德的先验逻辑,跳出纯粹认识领域,进入人类生命活动领域,从

---

[1] WM,第530节,第362页。
[2] WM,第473节,第331页。

中探寻逻辑的非逻辑起源。

逻辑的非逻辑起源

论及"逻辑的来历"时，尼采直截了当地指出："我们头脑中的逻辑从何而来？当然来自非逻辑，这非逻辑的范围本来必定是极其广阔的。"[1] 所谓"非逻辑"，主要是指生命活动的需要。

尼采认为，人的全部认识活动都服从于其生命活动的需要。一种生物要能生存下去，先决条件是在涉及食物、天敌等场合必须当机立断，迅速作出判断和决定。为此就有必要对事物作简化的处理。那些过于谨慎、观察太精确、推论太迟缓的生物不适于生存，往往遭到了毁灭。为了生存，宁肯决定而不必正确，宁肯错误而不愿等待，如此养成习惯而终于演为逻辑。

逻辑就是对事物作简化处理的习惯。"逻辑一开始被看作化难为易，被看作表达手段——而不是被看作真理……后来它才作为真理起作用……"[2] 化难为易的主要手段是运用概念、范畴来整理感性材料，"把现象排列在确定的范畴上"。[3] 尼采认为，概念、范畴是在蒙昧时代形成的，是我们最早祖先的遗

1　《快乐的科学》第111节。KSA, 第3卷, 第471页。
2　WM, 第538节, 第368页。
3　WM, 第517节, 第354页。

产。当时，我们头脑蒙昧的祖先绝没有所谓认识"真理"的冲动，他们完全是从生存需要出发，对现象进行归纳、图解的。"在理性、逻辑、范畴的形成中，需要起着决定性作用：不是'认识'的需要，而是归纳、图解的需要，为了彼此传达，为了计算……"[1]这种归纳、图解因为其实际的效用，渐渐获得了规范的意义。于是，人们开始忘却它们的来源，而把它们看作先验的，超越于经验的，看作普遍有效的和必然的，一句话，看作"自在的真理"。[2]

在逻辑起源问题上，尼采有一个重要看法，就是认为逻辑（知性）来源于"图像"（Bildern）。他写道："首先有图像……然后有语词，它们被运用于图像。最后有概念，有了语词才可能有它们——它们是用某种可闻而不可见的东西（词）来概括许多图像。"[3] "我们的知性不是用来把握生成的，它致力于证明普遍静止，因为它来源于图像。"[4]据基尔西霍夫解释，"图像"指"相对不变性的视觉印象"[5]，也就是表象。所以，知性范畴并非如康德所说是与感性材料无关的纯形式，而恰恰是在感性材料基础上形成的。我们的视觉器官就其本性来说不能感知事物的永恒生成即绝对运动，而仅能

---

1 WM，第515节，第351页。
2 WM，第514节，第350、351页。
3 WM，第506节，第347页。
4 WM，第506节，第347页。
5 J. 基尔西霍夫《尼采哲学中的认识问题》。*Nietzsche Studien*（《尼采研究年鉴》），Berlin/New York，1977年，第6卷，第20页。

感知各个相对静止的形态，唯其如此，才可能形成视觉印象即"图像"。知性正是以视觉的"图像"为模型来制造概念和范畴的。

最能说明逻辑的非逻辑起源的，是同一律这个逻辑公理的发生史，尼采视之为全部逻辑的基础，对之进行了重点剖析。

同一律的来历

同一律规定，每一个概念（或事物）与它自身同一（A=A）。这个规定是全部逻辑思维的前提和基础。因为倘若舍弃这个规定，概念就不成其为概念，思维就会陷入自相矛盾。一切概念本身必须是自我同一的 A，如此才有其确切的规定性。概念就是从许多不同的个别中抽象出的相同的一般，而当我们运用概念进行判断、推理时，也就是确认在不同的个别场合遇到了相同的东西。所以，"逻辑离不开这一前提：假定有完全相同的事态。事实上，为了逻辑地思考和推理，就必须假定这一前提已得实现"。[1]

然而，尼采认为，这个前提是伪造的，现实中并不存在自我同一的 A。所谓"同一"，乃是削齐拉平的结果。在我们对"自我"的信念中，我们已经习惯于把内心世界种种相异状态削齐拉平，从而获得了虚假同一性的观念，我们又将之

1　WM，第 512 节，第 349、350 页。

应用于对外部世界的认识。这一削齐拉平的过程是在感觉和思维两个层次上进行的。

首先,"我们的感官知觉已经是把我们身上一切过去经验加以相似化和等同化的结果"[1]。在感觉内部就已经包含着一种同化功能,它自在地把不同事态拉平,造成一般来说存在着相同事态这一信念。因为感觉本身即是判断,如果我们对于对象不作任何判断,我们就根本不可能感知对象;判断的前提则是凭记忆进行比较,而记忆只有靠对已有经验的不断强调才是可能的,这种强调,实质上就是用已有经验来同化新经验。[2] 尼采称这种同化功能为"感官的能动性"[3]。

其次,在感觉把不同事态拉平的基础之上,思维又进而把不同感觉拉平,把它们加工成相同的感觉。"在我们的思维中,本质的东西是把新材料纳入旧框架(=普洛克路斯忒斯之床),是把新东西拉平。"[4]"一切思想、判断、知觉,作为比较,都以一种等量齐观为前提,更早些以一种削齐拉平为前提。"[5]

例如,从概念的形成过程看,为了形成概念,首先要有图像,而图像本身已是"视觉假象",是把变动不居的对象静止化、相似的对象等同化的产物。然后,又必须把一些相

---

[1] WM,第500节,第345页。
[2] 参看WM,第532节,第366页。
[3] WM,第521节,第357页。
[4] WM,第499节,第345页。
[5] WM,第501节,第345页。

似的图像等同化,方能用一个词来概括它们,从而形成概念。由对象到图像、由图像到概念,是一个不断同一化的进程,借之才有自我同一的 A 产生。所以,"同一律是以具有相同之物这一'视觉假象'为基础的"。[1]"把相似物当作相同物处理这种占优势的癖好,这种非逻辑的癖好——因为本来并无相同之物——最初创造了逻辑的全部基础。"[2]

尼采认为,发生于感觉和思维中的这种同化作用,本质上与原生质、有机体同化所占有的物质是一回事。在这里,躯体现象同样也为理解精神现象提供了引线:精神把感官印象纳入一个现成序列,正相当于躯体之同化无机物。[3]

作这一类比,是要指出同一律的功用性起源。人类在其生命活动中为了彼此传达和为了支配周围世界,就必须在一定限度内把事物削齐拉平,等量齐观。"这里起作用的不是一种先在的'理念',而是这种需要:如果我们粗略地、平均化地看事物,它们对于我们就会变得容易估算,便于使用……"[4] 对同一律的需要意味着"我们需要为自己整理出一个世界,使我们的生存在其中成为可能——我们借此创造了一个世界,它对于我们是可计算的、简化的、可理解的,如此等等"。[5] 自我同一的 A 实际上是一种"缩写手段",

---

1　WM,第 520 节,第 355、356 页。
2　《快乐的科学》第 111 节。KSA,第 3 卷,第 471—472 页。
3　参看 WM,第 500、501、502、510 节。
4　WM,第 515 节,第 351 页。
5　WM,第 521 节,第 357 页。

是为安全的需要、迅速领悟信号和声音之缘由的需要服务的。[1]当然，同化的倾向不是毫无限制的，效用的本能会把它限制在适当程度内，使之对生命有益而无害。[2]总之，"求相同的意志是求强力的意志"[3]。在此意义上，尼采说同一律是一种"生物学定律"[4]。

对同一律的需要又是由认识的本性所决定的。尼采认为，世界是绝对的生成，而认识与生成必互相排斥，一个生成着的世界严格说来是不可能被认识的。因此，为了认识，就必须相对地否定生成，建立对"存在""物"等不变实体的信念。[5]同一律中那个自我同一的A无非是这种信念的逻辑符号："'物'是A的真正基础；我们对物的信念是对逻辑的信念的前提。逻辑的A如同原子一样，是物的派生结构……"[6]

生命的需要迫使我们认识，认识的需要又迫使我们虚构相同之物。巴门尼德说："人不思考不存在之物。"尼采针锋相对地说："可被思考之物必是一虚构。"[7]又说："谬误是思维的前提。在被'思考'之前，必已先被'创作'；与认识相同物相比，适当构造相同事态和相同物假象更为本原。"[8]"如果

---

[1] 参看WM，第513节，第350页。
[2] 参看WM，第510节，第349页。
[3] WM，第511节，第349页。
[4] WM，第515节，第352页。
[5] 参看WM，第517、518、520节。
[6] WM，第516节，第353页。
[7] WM，第539节，第369页。
[8] WM，第544节，第370页。

思维不是首先替自己把世界这样改造为'物'、自我同一的东西，就绝不会有所谓认识。是思维能力首先造成了不真。"[1] 当然，从生命的需要看，思维对同一性的虚构是无可非议的，问题是要如其本然地把它看作虚构，而不要看作对现实的认识，更不要把它绝对化为形而上学真理。针对同一律是不依赖于一切经验的纯粹认识这种见解（这几乎是所有近代哲学家的见解），尼采说："但这根本不是认识！而是用作规则的信条。"[2] 是我们自己孜孜于把事物削齐拉平，置同一律于事物之中，然后才在事物中发现了它。"世界对我们显现为逻辑的，是因为我们事先把它逻辑化了。"[3]

尼采仅仅从生命需要的角度对同一律和同化作用的功用有所肯定，但断然否认其真理性。他有一个用意，就是要反对形形色色的还原论。他写道："一切简单的东西都纯属虚构，都不是'真的'。相反，现实的、真的东西都既不是一，也不能哪怕仅仅还原为一。"[4] 反对还原，要求保护世界的多样性和每一感官印象的个别性，这正是对世界的审美把握方式的特征。与此相反，基于同一律的种种还原论则是对世界的逻辑把握方式，其中包含着生存欲望和社会生活的强制作用，所以尼采轻蔑地写道："欲望的土壤，逻辑从中滋生：背景中

---

[1] WM，第574节，第391页。
[2] WM，第530节，第364页。
[3] WM，第521节，第358页。
[4] WM，第536节，第368页。

的畜群本能。接受相同的事态的前提是'相同的灵魂'。"[1] 在尼采看来，如果说一般人由于日常生活的逼迫不得不接受同一律，那么，哲学家的使命恰恰是要打破同一律的束缚，如此才能对世界有真正哲学性的洞察。在这一点上，他预示了阿多尔诺的旨在认识非同一性的"否定辩证法"。

因果律的来历

原因与结果是一对重要的逻辑范畴。休谟指出，一切关于事实的推理都是建立在因果关系上面的。他还指出，原因与结果之间并无必然联系，因果关系仅是以经验为基础的习惯性联想。康德把因果范畴视为知性所固有的用以整理经验材料的纯形式。尼采基本上赞同休谟的见解，但他强调因果联想不仅是个人的习惯，而且是人类最古老的习惯。在探究这一习惯的来历时，他也不满足于休谟所说的来自经验中事件的依次发生，而试图说明其形成的种族生物学和心理学根源。尼采所论述的这类根源包括以下四个方面：

第一，对因果关系的信念来自所谓"内心事实"领域，是对"内心世界"中现象的错误解释的产物。其中，尤以意志即原因的错误观念所起作用最大。已如前述。

第二，逻辑上的因果关系来自语法上的主谓结构。由谓语必有主语，而相信作用必有作用者，结果必有原因。因此，

---

[1] WM，第509节，第349页。

对因果关系的信仰实际上是对语法的信仰。[1]

第三，因果观念来自古老的万物有灵论。"我觉察某事，并为之寻找一个根据，这归根到底意味着：我在其中寻找一个意图，尤其是寻找一个持有意图者，寻找一个主体，一个行为者；一切事件都是行为——从前人们在一切事件中看到意图，这是我们最古老的习惯……我们之所以异常坚定地相信因果性，并非因为事件依次发生的牢靠习惯，而是因为我们除了用意图来解释一个事件外，无能以其他方式来解释一个事件。这是把有生命者和思想者当作唯一的作用者来信仰，是对意志、意图的信仰……"[2] "从心理学上看，因果观念实际上只是从下述思想方式得出的：相信无论何时何地都是意志在作用于意志——只相信活物，归根到底只相信灵魂。"[3] 可见万物有灵论是意志即原因之观念的外推。

第四，"所谓因果性本能不过是对于陌生之物的恐惧心，是在其中发现某种熟悉之物的企图——不是对原因，而是对熟悉之物的寻求"。[4] "原因冲动是由恐惧感决定和引起的。"未知之物使人感到危险、不安、忧虑，只有把它归结为某种已知的东西，才能获得安全感。因此，被找来当作原因的往往是某种已知的、经历过的、铭刻在记忆中的东西，是一种精

---

1 参看WM，第550节，第373页。
2 WM，第550节，第372页。
3 WM，第554节，第380页。
4 WM，第551节，第375页。

选的、受偏爱的解释。[1]

尼采得出结论:"既没有原因,也没有结果","因果性解释是一种欺骗"。[2]当然,这种"欺骗"并非毫无效用。作为一种公式和符号,因果范畴尽管不能说明事物,却能描述、标记事物,这是其认识论上的效用。作为获得安全感的手段,因果关系如同一切"真理"一样,是"一种业已成为生存条件的信念"[3],这是其生物学上的效用。尼采承认人类在解释事物时实际上不可能摆脱因果范畴,但他不像康德那样把因果关系看作人类知性中的一种先天形式,而是看作人类生命活动中一种后天形成的种族习惯。

黑格尔和马克思的辩证法都强调因果范畴的空洞性,认为它仅是从事物普遍相互作用中任意截取的一个片断。在这一点上,尼采达到了相似认识,指出因果范畴"毫无实质内容","科学实际上抽空了因果性概念的内容,留下它当作一个譬喻式,在其中,立足于原因还是结果,完全变得无所谓了"。不过,其间又有区别。在尼采看来,根本不存在"事物",只存在作用,"一个'事物'就是它的作用的总和"[4]。因此,问题不在于事物之间的普遍相互作用,而在于世上根本就只存在作用及其总和,在这总和之外并无作用者即"事物"存在。指出这一点是重要的,因为尼采认为替作用设置一个

---

1 《偶像的黄昏》。KSA,第6卷,第93页。
2 WM,第551节,第374页。
3 WM,第532节,第366页。
4 WM,第551节,第374页。

作用者恰好又落入了因果关系虚构的窠臼。"如果物'发生着作用',那么这就是说:我们把所有其余的特性,一向存在而眼下隐蔽着的那些特性,当作了原因,于是使某一个特性显露了出来。也就是说,我们把它的诸特性的总和 x 当成了某一特性 x 的原因:这完全是愚蠢荒唐的!"[1]用实体说明作用,用原因说明结果,无非就是用我们所不知的其余种种隐蔽作用的总和(物、实体、原因仅是这总和的标签)来说明我们同样不知的某一显现的作用,是用未知(但我们误以为已知)来说明未知。总之,在尼采看来,不存在原因和结果,只存在作用、事件、行为,因果范畴只是人类对它们的一种必要的错误解释,仅是我们为了获得安全感而在未知究竟的作用、事件、行为上盖上的一个自以为知的标记罢了。

逻辑与形而上学

逻辑是人类早期即已形成的一种把握世界的方式,它一方面源于人类认识能力的本性,另一方面源于人类生命活动的需要,两者均导致了以一种简化的、图式化的,亦即逻辑的方式把握世界。在长期的发展中,逻辑的真实来源变模糊了。当哲学家们误把人类认识能力的限制当成世界本身的限制,把逻辑的效用性当成实在性之时,逻辑便化身成了形而上学。

尼采一再说,逻辑本是"人类中心的特异反应",是"为

---

[1] WM,第 561 节,第 383 页。

功利目的整理世界的手段"，是"一种有条件的东西"，哲学的迷误在于把它绝对化了，当成了"事物的尺度"，"实在性的标准"，"衡量实在与非实在的准绳"，据之把我们生活于其中的现实世界判为非实在，把理性范畴设置为实在，并虚构一个超越于现实世界的形而上世界。这样，"手段被误解成了价值尺度，甚至成了对目的的审判"。仅有工具性价值的东西被赋予了最高价值。"这是旷古最大的迷误，地球上真正不祥的迷误。"[1]

对逻辑的迷信是形而上学最重要的心理根源之一。不过，在尼采看来，这个根源同形而上学另一个心理根源不可分开，概念迷信是在道德偏见的支配下形成的。所以，尼采把哲学家们如同"信奉来自神奇世界的一份神奇嫁妆"一般地信赖概念和范畴这种虔敬态度称作"认识中的道德因素"。[2] 道德偏见使哲学家们无视逻辑的功用性起源，而执意要为之设置一个非世俗的、神圣的来源。例如，概念的同一性原是人类为实践需要把相异物削齐拉平的产物，现实世界中并不存在相同之物。可是，哲学家们由于把存在看得高于生成，把确定性看得高于不确定性，便断定具有主观确定性的理性范畴必定来自"一个更高的世界"，一个与生成变化和充满不确定性的现象界根本不同的本体界。[3] 又如，哲学家们赋予因果范畴

1　WM, 第 516、584 节。
2　WM, 第 409 节, 第 279 页。
3　参看《偶像的黄昏》。KSA, 第 6 卷, 第 77—78 页。

以一种道德含义，认为原因必高于结果，"高级的东西不允许从低级的东西中生长出来"，最高级的东西必是自因，循此思路必然导致对世界的"第一因"的追究，"最后的、最稀薄的、最空洞的东西被设定为最初的东西"，"于是他们有了'上帝'这个惊人的概念"。[1]

在形而上学的建构中，一切充当形而上本体的东西，如"自在之物""上帝""自我"，无非是具备最抽象的同一性与最初始的原因性的范畴。逻辑起着双重的作用。一方面，为了给逻辑范畴寻找一个非功用性的来源，哲学家们便诉诸形而上世界，在这方面，柏拉图是显例。另一方面，逻辑范畴的推演又成了哲学家们构造形而上世界的主要手段，这一点在黑格尔哲学中表现得最淋漓尽致。把这两方面联系起来，结论是颇具讽刺意味的：逻辑自己替自己伪造了一份形而上学的谱系。

三、语言形而上学批判

语言的发生——隐喻论

迄今为止，语言的起源仍然隐藏在史前时期的黑暗之中，各种语言史的研究事实上仅限于描述语言的演化而非语言的

---

[1] 《偶像的黄昏》。KSA，第6卷，第76页。

发生。在这方面缺乏任何可靠的经验材料，既没有死的化石，因为哪怕最古的文字也是文明的产物，与最早的语言形态已完全脱离干系；也没有活的化石，因为即使今日最野蛮的部落，其语言形态也已达到不亚于文明人的成熟水平。语言学家们至多只好断言，语言是人类极古老的遗产，例如，比人类最低级的物质文化钻木取火、打制石器还要早得多。

所以，我们不能指望尼采在这一问题上提供科学性的见解。毋宁说，他在这方面的见解是哲学性质的，他就语言发生所谈的一切无非是对语言和思维本质的一种解说。

在尼采看来，语言发生于人类早期，这本身就是一件重要的事实，单凭这一事实就可以给语言的认识论价值打上问号。尼采写道："语言就其起源来说属于心理最退化的形式的时期；当我们意识到语言形而上学的基本假设——用德语说便是理性——之时，我们便进入一种野蛮的拜物生灵之中了。"[1] "概念和词是我们从人类头脑蒙昧、不求甚解的时代继承来的遗产"，是"我们最遥远的、最愚昧也最聪明的祖先的遗产"。[2] "语言是建立在最天真的偏见基础之上的。"[3] 显然，尼采强调语言发生时期人类心智的原始性，意在否定语言的认识功能。

尼采用以解释语言发生和语言本质的主要概念是"隐喻"

---

[1] 《偶像的黄昏》。KSA，第6卷，第77页。
[2] WM，第409节，第279页。
[3] WM，第522节，第358页。

（Metapher）。这里的"隐喻"不是一个语文学概念，而是一个哲学概念，尼采用它表示现实与符号世界之间所存在的根本的认识论差距。尼采认为，作为语言单位的词仅是事物的隐喻。所谓"隐喻"，与稍晚于尼采的著名语言学家索绪尔用来表示语言之本质的"符号"这一概念十分相近，其主要特征是任意性。索绪尔认为，语言符号是概念（所指）与音响形象（能指）的结合，这种结合完全是任意的，不可论证的。在尼采那里，隐喻的任意性则不仅表现在所指与能指的结合是任意的，而且表现在由此结合而成的语言符号与事物的原型是完全不相干的。

如果我们沿用索绪尔的术语，把语言符号分解为所指与能指两大要素，那么，我们可以看到，对于能指，即符号的形式方面，语言学家们的意见大致相同，多以声音表象为主要的能指。尼采也是如此。然而，涉及所指，即符号的内容方面，问题就超出语言学而进入哲学范围，从而显示出了哲学观点的分歧。索绪尔以"概念"为语言符号的所指。另一位大语言学家萨丕尔以"各种经验成分"和"印象"为符号的所指。这些提法均有含糊之处，因为"概念""经验""印象"等在认识论上都是有待界定的范畴，需要确定它们与事物原型的关系，方能说明语言的本质。尤其是在尼采看来，概念的发生要晚于词的发生，因而词的所指就不可能是概念。要弄清尼采对语言本质的看法，关键是确定在尼采那里"所指"究竟是什么。

尼采给词下过这样一个定义：词是"一个神经刺激在声

音中的摹本"。"一个神经刺激，首先转译为一个图像！第一个隐喻。"[1]尼采又打比方说，设想有一个未尝感知过声音的聋人，当他看到沙上的声形图时，会把弦的振动当作造成声形图的原因，并且以为这声形图就是人们称作"声音"的东西。我们对于语言的关系与此相仿。"当我们谈论树、颜色、雪、花的时候，我们相信自己知道了事物本身的一点东西，但除了事物的隐喻——它们与真正的实质全然不相符合——之外，我们一无所有。就像声音显现为沙形一样，自在之物的隐秘的 x 先是显现为神经刺激，然后显现为图像，最后显现为声音。"[2]由这些论述可以断定，在尼采看来，语言符号的真正"所指"是神经刺激，而非事物或事物的概念。外界事物对人的机体的作用造成了神经刺激，它是人与外部世界的唯一交接点。当人先是把神经刺激同视觉印象（图像）结合起来，随后又把一些相似的视觉印象同一个声音表象结合起来，词便产生了。这里经历了两次转译，词是第二级的隐喻。有词才有概念，"'词'以及看到一个词所对应的一些相似图像时会产生些微情绪激动，这种微弱的情绪激动乃是概念的共性和基础"。[3]

重要的是，在尼采看来，词仅仅是神经刺激的摹本。因而，人通过词所把握的并非外部事物的真正实质，而仅是它

1　转引自 W. Gebhard, *Nietzsches Totalismus*（格布哈德《尼采的整体主义》），Berlin/New York, 1983 年，第 120 页。
2　转引自格布哈德《尼采的整体主义》，第 121 页。
3　WM，第 506 节，第 374 页。

们对人体的一种作用。尼采由此得出结论："语言构成物"无关乎"自在之物"，而"仅表示物对人的关系"。"在语言产生时，事情并非逻辑地进行的，而后来真理之士、研究者、哲学家于其中并借之工作、营造的那全部材料，倘若不是来自缥缈幻境，则也绝不是来自事物的本质。"[1] 既然概念又是建立在词的基础之上的，那么概念同样也无关乎事物的本质。人类思维的链条一开始就不是系在"自在之物"上面的。我们的远祖发明了词，用以指称和传达机体所感受到的不同神经刺激，以便做出协同反应。"一些有力的因素把事物的名称造就成了法则"，这些因素就是"安全的需要，迅速领悟信号和声音之缘由的需要，缩写手段的需要"。[2] 这是人类远祖的聪明之处。但他们的愚昧——在尼采看来，也是人类不可摆脱的愚昧——使他们发明的这个符号世界与现实世界完全不相符合。他们还把符号世界同现实世界相混淆，视为现实世界的反映，从而铸成了世世代代难以摆脱的迷信。

词作为隐喻一旦形成，便有凝固下来的倾向。但是，尼采指出，借此并不能否认隐喻的任意性。"一个隐喻变得凝固、僵硬……完全不担保这个隐喻是必然的，唯一合理的。"[3] 后来索绪尔也指出了这一点：语言符号除了传统之外别无依据，

---

[1] 转引自格布哈德《尼采的整体主义》，第120、121页。
[2] WM，第513节，第350页。
[3] 转引自格布哈德《尼采的整体主义》，第123页。

恰好证明了它的任意性。[1]

语法与逻辑

仅仅把语言看作思维的外衣或工具，乃是一种皮毛之见。现代哲学家、语言学家愈来愈重视语言对于思维的潜在的决定作用。例如，萨丕尔推测，语言一开始很可能是一种在概念水平以下使用的工具，思维只是潜伏在语言的分类法和形式之中，在把语言内容精练地解释了之后它才真正兴起。因此，语言不是思维的外衣，而是思维的一条现成的路或车辙。[2] 在这方面，尼采的看法相近，且是最早揭示语言对思维的决定作用的现代思想家之一。

尼采指出："因为我们仅仅借语言形式思维——所以相信'理性'的'永恒真理'"，"如果我们不愿借语言法则思维，我们就会停止思维"；"理性思维就是依据我们无法摆脱的一种模式所从事的解释活动。"[3] 这种"无法摆脱的模式"就是指语言法则——语法。

在分析"内心世界的现象论"时，尼采还揭示了语言先于意识的事实。他写道："'内在经验'只有在找到了一种个

---

1 参看索绪尔《普通语言学教程》，商务印书馆，1982年，第111页。
2 参看萨丕尔《语言论》，商务印书馆，1985年，第13页。
3 WM，第522节，第358页。

体所理解的语言之后，即在一种状态被翻译成了个体所熟悉的状态之后，才会进入我们的意识。所谓'理解'不过是指：能够把某种新东西纳入某种旧的、熟悉的东西的语言中。"这种必须靠语言（解释）唤起意识的现象，尼采名之为"语言学方面的缺陷"。[1]

在尼采看来，正如词造就了概念一样，语法造就了逻辑。因此，理性思维实质上是语言活动。人不得不按照逻辑来思维，是因为人不得不遵循语法来说话。逻辑的底蕴就是语法。"理性"乃是对语法的信仰。

语法造就逻辑，其最典型的表现是主谓结构造就了因果范畴。尼采指出，对因果范畴的信仰，仅是对主谓结构的信仰的个别例子。"在每个判断中，都包含着对主语与谓语或原因与结果（即断定每个作用都是行为，每个行为都有行为者）的十足的、完全的、根深蒂固的信仰；后一信仰甚至只是前一信仰的个别例子，以致只剩下了这个信仰作为基本信仰：存在着主语，一切发生的事情都以谓语的方式从属于某个主语……这种对主语和谓语概念的信仰难道不会是一件大蠢事？"[2]尼采一再谈到，为"思"设置一个"思者"（"我思"），为行为设置一个行为者，乃是语法习惯在作祟。[3]事实上，"既没有原因，也没有结果。在语言上，我们无法摆脱

1　WM，第479节，第335、336页。
2　WM，第550节，第372、373页。
3　WM，第484节。

它们，但它们毫无实质内容"。[1] 实际上存在的只有事件（das Geschehen），只有生成变化，它是作用与作用者、结果与原因、属性与实体混沌不分的统一体，而当我们按照语法习惯对之进行表述，不得不为每个谓语安置一个主语（"我""物"等等）之时，我们已经在篡改事件，把作用与作用者等分离开来了。例如，我们在表述我们身上的变化时，必须把这一变化用谓语的方式表述，而为它安上一个主语。这已经意味着"我们不是如其本然地看待我们身上的变化，而是把它看作一种脱离我们，只是被我们'感知'的'自在'；我们不是把它看作一个事件，而是看作一个存在，看作'特性'——并且为之发明了一个这特性附属于其上的本质"。又如，看到闪电，我们习惯于说"电光闪亮了"（der Blitz leuchtet）或"它闪亮了"（er leuchtet），这就割离了"电光"与"闪亮"（它们本不可分），"因而就为事件设定了一个存在，这存在不是与事件一体，毋宁说是持续着，存在着，而非'生成着'"。[2]

尼采认为，人、事物、世界等无非是发生着的事件，是生成和流变，背后并没有一个不变的实体。可是，语言的主谓结构使我们习惯于把生成和流变表述为谓语，又以主语的方式为这生成和流变添加了一个不变的实体。其实，主语是语法强加的，只是毫无实质内容的内化符号、缩略套语。"我们的坏习惯：把一个内化符号、一个缩略套语当作实在，最

1　WM，第551节，第374页。
2　WM，第531节，第365页。

后又当作原因。"¹ 所以，"原因"的虚构实际上是"主语"的虚构，我们解释内在事件的"自我"概念和解释外在事件的"物"概念均是作为谓语的上下文即主语而虚构出来的。

对主语的信仰影响至深，在逻辑和形而上学的基本假设之形成中起着关键的作用。一方面，主语与谓语的对待形成了因果关系模式。另一方面，主语与宾语的对待又形成了主客体关系模式。"'主语'，'宾语'，'谓语'——这些区分是人为的，然后又当作模式套到一切表面事实上。"² 在西语中，"主语"与"主体"(Subjekt)、"宾语"与"客体"(Objekt)均是同一个词。关于主宾结构与主客体关系的对应，将在后面论述。这里先列表说明语法对于理性思维的决定作用：

  语法结构：主语—谓语—宾语
  思维模式：原因—结果
     主体————客体

有一个问题：尼采在分析因果律的形成时，曾指出多重根源，语法仅是其中之一，那么，它与其他根源的关系如何呢？考虑到尼采关于语言起源于"野蛮的拜物生灵"时代的提示，我们也许可以作如下理解：我们的远祖囿于"内心世界的现象论"，产生意志即原因的错误观念，又出于恐惧感和

---

1 WM，第548节，第371页。
2 WM，第549节，第371页。

安全需要，将这一观念外推，遂相信万物有灵。这样，在语言发生时，这种以意志为普遍始因，到处看见行为者及其行为的心理习惯便凝固在主谓语法结构之中，而得以延续下来了。对于后来的世代来说，语法的力量起了决定性作用，使人们恪守因果律，从而未能摆脱意志论的原始心理习惯。因此，语言的主谓结构乃是语言发生时代对内心事件的误解、恐惧感、万物有灵论等因素共同作用的产物，而它一旦形成，便有力地把因果模式固定了下来，使之成了支配人类思维的逻辑法则。

语言与形而上学

尼采把理性称作"语言形而上学的基本假设"，并且叹道："语言中的'理性'：一个多么欺诈的老妪！我担心我们尚未摆脱上帝，因为我们还信仰语法……"[1]这就把语法看成了"上帝"的最后避难所。所谓"上帝"是广义的，泛指一切充当形而上本体的东西，如"自在之物""灵魂""存在"等等。在尼采看来，语言中不但蕴含着逻辑法则，而且潜藏着形而上学虚构的根源。

就语言与形而上学虚构的关系而言，起首要作用的仍然是对主语的信仰。语法主语本身包含着实体化倾向。"人们

1　《偶像的黄昏》。KSA, 第6卷，第78页。

曾经信仰'灵魂',就像信仰语法以及语法主语一样。"[1]其实,一切实体观念,包括"物""灵魂""上帝"等等,无不是实体化的语法主语的产物。所以,尼采说:"实体观念的根源在语言之中,而不在我们之外的存在物之中!"[2]主语之为主语,就在于它的虚假的自我同一性,而使一切生成变化均以谓语的形式附属于它。

如果说主谓结构虚构了一个自我同一的、持存不变的"主体",那么,主宾结构除"主体"外还虚构了一个自我同一的、持存不变的"客体",作为"主体"所发生的作用的承受者。语言的主、谓、宾结构在事件(生成、作用)之外虚构了两种实体——"主体"和"客体"。不过,"客体"作为实体的一种形式,是按照"主体"的模式发明的。我们首先按照"主体"的原型发明了"物性"("实体性"),把它阐释进了各种事件复合体中去,然后才可能使某些事件复合体成其为承受"主体"作用的"客体"。也就是说,首先是语法主语使我们形成了事件(生成)背后有一作为事件之原因(生成之非生成载体)的不变本质的观念,然后我们把这一观念推及语法宾语,才由主宾结构引出了"主体"和"客体"的对立。"主体"与"客体"均具有"实体性",即持存不变的性质,而把生成歪曲成了两个不变本质之间的作用与被作用。其实,究竟何为作用者,何为被作用者,倒是次要的,两者

---

[1] 《善恶的彼岸》第54节。KSA,第5卷,第73页。
[2] WM,第562节,第384页。

的位置可以互换,正如主语和宾语的位置可以互换一样。重要的是两者共具的"实体性",而它正源自"主体"观念(对主语的信仰)。所以,尼采说:"如果我们放弃了发生着作用的主体,那么,随之也放弃了承受此作用的客体。持存、自我同一、存在既不属于所谓主体,也不属于所谓客体。"而"如果我们放弃了'主体'和'客体'概念,那么,随之也放弃了'实体'概念——及其各种变形,例如'物质''精神'和其他假设的本质,'质料的永恒性和不变性',等等。我们摆脱了实体性"。[1]

无论我们外部的世界,还是我们的内心世界,都是生成之流,事件的复合体,原则上是不可言说的。一落言诠,便势必受制于语言之网,被"主语—谓语—宾语"的模式切割成一些质块及其相互作用。这中间已经潜伏着形而上学虚构的危险,诱使人们视生成为假象,而在其后设置不变的实体。尼采有时表示,"作用"这个概念也是不确切的,因为"作用"必有"作用者"与"被作用者",仍然落入了语法圈套。[2]他在多数场合主张把世界表述为事件或事件复合体,即出于此种考虑。

当然,主、客体的划分不仅仅缘于语法习惯。尼采认为,意识也参与其事。意识本来取决于效用,但它却使我们陷入一种错觉,"认为主体与客体之间有一种相应的关系,客体

---

[1] WM,第552节,第376、377页。
[2] WM,第531节。

是主体从内部看到的东西","意识的这种一孔之见如何允许我们以种种方式谈论'主体'和'客体'并借此来建构实在啊"。[1] 在尼采看来,"主体"仅是一个表示意识的虚假自我同一性的范畴,而"客体"范畴不过是此种虚假同一性向外部的投射,这一对范畴在本体论和认识论上均无意义。

关于语言导致形而上学虚构,尼采还有一重要揭示,就是 sein 一词在这虚构中所起的作用。系词 sein(是,在)是日常语言中使用得最频繁的一个词,视其上下文而有不同的用法,分别表达相同、归属、包含等关系,或表达一个关于存在的判断。脱离上下文,它就毫无意义。当埃利亚学派把 sein 从一切表达式中抽取出来,作为一个哲学范畴,用它说明万有的本质之时,西方哲学史上第一个形而上学体系便初步建立起来了。尼采指出:"存在(das Sein)是一个空洞的虚构。"然而,"事实上,迄今为止,没有什么东西比存在的错误具有更为朴素的说服力量,一如埃利亚学派所建立的那样,因为我们说的每个词、每句话都在为它辩护!——连埃利亚学派的对手也受到了他们的存在概念的诱惑:德谟克利特便是其中一例,他发明了他的原子……"[2] 尼采始终把"存在"和"生成"(das Werden)视为相对立的范畴。在埃利亚学派那里,"存在"范畴的主要含义正在于排斥生成,而后来的形而上学家们所提出的一切本体论范畴,如柏拉图的"理念",

---

1 WM,第 474 节,第 331 页。
2 《偶像的黄昏》。KSA,第 6 卷,第 75、78 页。

德谟克利特的"原子",在排斥生成这一点上均继承了"存在"范畴的含义。可以说,把系词 sein 名词化,由于 sein 的普遍使用而把 das Sein 视为世界的普遍本质,乃是柏拉图主义的真正开端。这是现代分析哲学家们津津乐道的一个话题,而这个话题实在是由尼采首先提出来的。

尼采极其重视语言对于哲学和哲学家的影响。他说:"哲学家受制于语言之网。"[1]他甚至提出一个假说:语言预先决定了哲学的发展;哲学家所属的语言谱系或类型预先决定了他的世界观类型;语言的亲缘关系预先决定了哲学的家族类似。"正是在存在着语言亲缘关系的地方,一个不容回避的事实是:由于语法的共同哲学(我是指由于共同语法功能的无意识支配和引导),从一开始就为哲学系统的相同发展和次序做好了一切准备;同时,通往其他可能的世界观的路也就被堵死了。"[2]例如,同属印欧语系的印度、希腊、德国,其哲学就存在着奇特的家族类似现象;而与印欧语系或穆斯林语系的哲学家相比,主语概念发展得很差的乌拉尔—阿尔泰语系的哲学家多半会用另一种眼光看世界,在另一条路上探索。关于地球上不同语言结构类型的成因,迄今尚属未知。尼采仅限于指出:语言和概念系统是在"远古时代灵魂的总体事务"中产生的,"一定语法功能的魔力就是生理学价值判断和种族前提的魔力"。也就是说,确定了哲学之发展的语言谱系或类

---

1 转引自格布哈德《尼采的整体主义》,第 123 页。
2 《善恶的彼岸》第 20 节。KSA,第 5 卷,第 34 页。

型形成于远古时代,与先民生存条件的差异有关。就此而论,哲学的发展便不成其为发展,哲学家被语言的魔圈牢牢套住,"始终在一种无形魔力支配下重新兜同一个圈子",而哲学活动则成了"一种最高级的返祖现象"。[1]

在这里,令人感兴趣的是,尼采对哲学史研究提出了一个新的角度,即依据语言谱系来研究哲学谱系。不妨设想一下,是否可以建立一门以比较语言学为基础的比较哲学史呢?这项工作尚没有人真正着手去做,以往的哲学史偏于历时态研究,即使有某些局部的共时态横向比较,也只限于概念水平,而未深入到语言水平。当然,一个民族的哲学受制于经济、政治、文化等多种因素,但是,若要解释其区别于其他民族的哲学的某些稳定的、自我重复的特征,相对多变的经济、政治、文化等因素就难以称职,那么,是否可以从具有最大稳定性的语言来解开其秘密呢?

不过,总的来说,尼采对于语言问题的关心是否定性、批判性的。他指出语言给哲学设下的魔圈,目的是要破除这个魔圈。他揭示语言在本体论建构中的作用,并不是为了建立起一种语言本体论,而是为了摧毁一切本体论,直捣形而上学的老巢。他呼吁:"归根到底,应当摆脱词的魅惑!"[2] 他责问:"哲学家难道不可以超越对语法的迷信吗?人们对家庭女教师毕恭毕敬,可是,难道不是到了哲学抛弃对家庭女教

---

[1] 《善恶的彼岸》第20节。KSA,第5卷,第34页。
[2] 《善恶的彼岸》第16节。KSA,第5卷,第29页。

师信仰的时候了吗？"[1]也许这里存在一个悖论，因为作为一个著书立说的哲学家，尼采仍然是在用语言来破语言给哲学设下的魔圈。更具体地说，作为一个印欧语系的哲学家，当他仍然使用母语来批判欧洲形而上学的时候，难道他自己就能逃脱由这种语言所预定的同一条形而上学之路？

破除语言的遮蔽

尼采常常谈到语言的遮蔽作用。这种遮蔽作用既表现在对外部对象的遮蔽上，也表现在对内心体验的遮蔽上。一方面，事物的名称原是"一种任意性，像一件衣服盖在事物上面，与其实质乃至表皮完全是两回事"，却因一代代的生长而似乎"化作了事物的躯体"，取得了支配我们的威力，使我们只与它们打交道，而与事物本身愈来愈隔膜了。[2]另一方面，"我们真正的体验全然不是饶舌的。它们尽管愿意，也不能够传达自己。因为它们缺乏语词。当我们把某种体验形诸语词时，我们已经失落这种体验了"。[3]

语言之所以缺乏表达外部世界和内心世界之底蕴的能力，是因为它消灭事件的个别性，制造虚假的同一，消灭我们的感觉和体验的个别性，制造相同的思维模式。在这个意义上，

---

1 《善恶的彼岸》第34节。KSA，第5卷，第54页。
2 《快乐的科学》第58节。KSA，第3卷，第422页。
3 《偶像的黄昏》。KSA，第6卷，第128页。

尼采称语法为"民众的形而上学"[1]，并说："正是字面的统一包含着民众的偏见，一切时代的哲学家都极不审慎，受此偏见支配。"[2]

按照尼采的看法，原初语言是神经刺激的"隐喻"，即使并无认识论功能，却有生物学功能，尚能自我传达和彼此通报生命冲动，根据生存需要协调人与世界的关系以及人与人的关系。但是，随着文明的发展，一方面词与特定神经刺激之间的联系愈来愈薄弱，变为抽象概念的符号，另一方面语言中蕴含的逻辑愈来愈发达并支配语言，使之成为逻辑操作的工具。语言与生命冲动、情绪冲动、需要、感觉日趋隔膜，这是"语言的衰落"。尼采指出：在现代一切文明民族中，"语言到处都生病了，而且在整个人性发展中留下了这可怕疾病的痕迹……现在它再也不能独立做到这一点：使受需求支配的人彼此通报最简单的生命冲动。人在其需求中再也不能靠语言来自我介绍，因而再也不能真正地自我传达"。与此同时，这业已衰落、无能传达人的真实需要的语言却又"到处成为一种自为的暴力，它好像伸开鬼臂搂住人们，把他们推向他们原本不想去的地方"。人成了"词的奴隶"，独断专行的词、空洞的一般概念乃至纯粹字音的幻觉抓住了人们，强迫他们在并无情感的一致之时却要达成语言和行动的一致。[3]

---

1 《快乐的科学》第354节。KSA，第3卷，第593页。
2 《善恶的彼岸》第19节。KSA，第5卷，第32页。
3 《瓦格纳在拜洛伊特》。KSA，第1卷，第455页。

文明语言的最大疾患在于它的极端逻辑化。所谓逻辑化，就是虚假同一的强化。当然，原始语言同样也包含某种程度的虚假同一，没有一定程度的归纳（削齐拉平），就根本不会形成语言。在这个意义上，语言的遮蔽是不可能彻底破除的。但是，按照尼采的观点，概念形成于词之后，语言有一个前概念发展阶段，"那时语言几乎还不是用概念来思考，那时语言本身还是诗、形象和情感"[1]。因此，我们就有可能迫使语言回到这种原始状态，最大限度地冲破抽象概念和逻辑规则之网，复苏被文明语言扭曲的"正确的感觉"，使语言重新能传达我们的冲动、需要和情感。

在突破概念化、逻辑化语言之两方面，尼采本人是颇下了一番功夫的。这不仅表现在他反对构造体系，他的哲学保持了最大限度的开放性，从不标榜揭示了终极真理，决不容忍任何独一无二的权威解释；而且表现在他所使用的概念（词），不论是传统意义上似乎具有精确含义的概念，如"真""善""美"，还是他自己创造的概念，如"强力意志""超人"，他都赋予了多义性、不确定性。他竭力瓦解同一律，把语言带入不确定之中。他不给任何哲学概念下定义，而仅在不同语境中展现其多重含义。在语言风格上，他"以笔起舞"，"以文字起舞"，提倡和实践一种舞蹈式的写作艺术，使用了讽刺、自嘲、戏拟、质疑、譬喻、象征、断裂、跳跃等手段，旨在背离语言的逻辑化趋势，动摇和粉碎虚假的同一。

---

1 《瓦格纳在拜洛伊特》。KSA，第1卷，第486页。

尼采喜用格言的形式写作，在他看来，这不独出于爱好，更是出于哲学上的诚实。思想的真实产生过程是灵感式的、非逻辑式的，"不应当隐瞒和败坏我们的思想如何产生的事实。最深刻、最耐人寻味的书籍始终具有帕斯卡尔《思想录》那样的格言和即兴的性质"。[1]格言的片断的、非逻辑的性质更符合思想的真实。与此同时，在尼采看来，格言的特征也更符合世界的真相，因为世界就是永恒的生成、杂乱的混沌，其中并无逻辑的秩序可寻。也许是在这个意义上，尼采把格言称作"永恒"的形式。

然而，语言不仅仅是语言，语言的去蔽不能只在语言风格上下功夫。尼采认为，要突破逻辑化语言之网，首先必须改变生存方式，从社会交往中抽身退出。他要哲学家以孤独为家园，"学会沉默"。在孤独中与万物交感，方能回复到语言的原始性，从而发生一个奇迹："这里一切存在的语言和语言宝库向我突然打开；这里一切存在都想变成语言，一切生成都想从我学习言谈。"[2]这是人类祖先刚刚开始给万物命名的状态，是语言刚刚萌生的状态。一个哲学家必须在某种意义上回复到这种状态，暂时"忘却"业已规范化、逻辑化的传统语言，撇开它们，"直接与万物交谈"，便会有柳暗花明之感，收到革新语言、复活语言的效果。

---

[1] WM，第424节，第290页。
[2] 《查拉图斯特拉如是说》。KSA，第4卷，第232页。

四、尼采与哲学中的"语言转向"

"语言转向"与反形而上学主流

当代西方哲学的鲜明特征是反对柏拉图主义意义上的传统形而上学。耐人寻味的是,在这一反形而上学潮流中,不同流派的哲学家都不约而同地把注意力转向了语言问题,视语言问题为克服形而上学的突破口。

不能说尼采是上个世纪重视语言问题的唯一哲学家。奥地利哲学家、胡塞尔和弗洛伊德的老师 F. 布伦塔诺(1838—1917)也十分重视研究语言逻辑,认为一切真正的哲学研究与语言批判不可分割。他还明确地把语言批判同形而上学批判结合起来,指出柏拉图意义上的普遍本质,如存在、可能性、现实性、必然性等,均属"语言上的虚构"。[1] 布伦塔诺和尼采之间是否有过互相的或单向的影响,尚待考证。有一个事实也许并非巧合:他们两人关于语言问题的思想都是在 20 世纪下半叶通过发掘他们的遗著才逐渐受到重视的。

在语言问题上,尼采对于当代哲学家的启示主要在于,揭露了语言对于传统哲学思维的支配力量和语言在欧洲形而上学形成中的关键作用。因此,要使欧洲哲学摆脱形而上学传统,就绝不能回避对语言的研究了。在这一点上,尼采是

---

1 参看施太格缪勒《当代哲学主流》上卷,商务印书馆,1986 年,第 53、58、77 页。

一个伟大的提问者,他把语言置于问题的领域,使之成为哲学注意的焦点。当代哲学家都承认语言在形而上学形成中的重要作用,都试图从语言研究着手寻找一条摆脱形而上学的出路。然而,若要问究竟是语言中的何种因素导致了形而上学,因而通过何种语言策略来摆脱形而上学,答案就迥异了,显现了科学主义与人文主义的基本分野。

有一些哲学家认为,正是语言中的语法和逻辑因素导致了形而上学。因而,他们要求把语言从语法和逻辑中解放出来,借此把哲学从形而上学中解放出来。一般来说,这派哲学家都强调语言与人类生活世界的本体论意义上的关联,把语言看作人的生存方式而非单纯的思维工具,要把语言引回人安身立命的活的源泉中去。他们主张破除词义的确定性,破除句法规则和逻辑规则,保持和创造词的歧义性、隐喻性以及语言对于上下文的敏感性。他们更重视语言的内容,而要求形式服从于内容。他们倡导一种诗化的语言或活生生的自然语言。走在这一方向上的有海德格尔、迦达默尔、利科的解释学,以德里达、福柯等人为代表的后结构主义,以及后期维特根斯坦。这一流派的大本营是欧洲大陆。

与此相反,另一些哲学家却认为,造成形而上学"假命题"的恰恰是语言中违背逻辑句法的成分。因此,他们主张通过对语言进行逻辑分析来克服形而上学。这派哲学家构成英美哲学的主流派别,统称为逻辑经验主义或分析哲学。一般来说,这派哲学家强调语言与科学认识的关联,被他们当作哲学研究对象的语言实际上仅是科学语言。在他们看来,只有科学语言才是有意义的，其他种类的语言例如诗歌语言、宗教语言在哲学上均无意义。所谓有意义，标准有二。第一，经验标准：词（表达式）所表达的概念可被经验检验，词与词的组合所表达的判断也可被经验检验。第二，逻辑标准：词除了表达经验概念外，只许可表达逻辑或数学的形式概念；词与词的组合必须符合逻辑句法规则。与这两条标准相关的，便是要求词句的单义性而消除其歧义性。例如，石里克认为，科学概念应是对象种类的单义标记，判断应是事实（对象之间的关系）的单义标记。维特根斯坦早期曾设想建立一种理想的逻辑语言，在其中，词是原子事物的语言相关物，基本命题是原子事态的语言相关物。为了消除日常语言表达中的歧义，建立一种精确的语言，这派哲学家极为辉煌地发展了现代逻辑。由于与经验对象相联系的日常语言难于消除歧义性，不适宜用来对概念作更精确的规定，所以，有的哲学家（如卡尔纳普）便致力于建立一种形式化的人工语言系统，用数学符号取代日常的词，用公理系统取代日常语言中上下文的解释，完全切断了语言与经验对象的联系。

由此可见，尽管当代哲学家相当一致地拒斥形而上学，并从语言上寻找形而上学的根源和治疗手段，但他们所找到的东西是截然不同的。之所以会如此，一个重要原因是他们所要拒斥的形而上学并非同一个东西。海德格尔等人实际上是广义的形而上学家，深为关切人生终极意义的领域，但他们认为这是一个情绪体验的领域，不可凭逻辑手段把握。逻辑经验主义者则根本否认终极关切在哲学中的地位。两者都反对传统形而上学那种以逻辑手段把握绝对的做法，但前者所反对的是"以逻辑手段"，而要换之以别种手段，以求能真正把握绝对，后者所反对的却是"把握绝对"，而要强化逻辑手段去把握它真正能把握的东西——经验事实，于是便有了诗化语言和逻辑化语言的不同策略。两派哲学家都好谈论"意义"问题，然而，当海德格尔说意义是此在的一种生存论性质，而卡尔纳普说一个不合逻辑句法的陈述无意义之时，"意义"的含义全然不同。站在不同立场上关注语言问题的哲学家们仍在用相同的语言说着不同的东西。

尼采在总体上无疑更接近解释学、后结构主义和后期维特根斯坦，因此下面将着重探讨其间的关系。但是，应当指出，尼采与逻辑经验主义也不无共同之处。例如，卡尔纳普认为，形而上学的陈述之所以无意义，是因为：第一，使用了不能指出其经验特征的词，如"绝对""真正的存在者""神""世界的原因"等；第二，有意义的词违反句法规则结合在一起，比如说，系词"sein"、虚词"nichts"被当作名词使用，在日常语言中居于语法主语的地位。我们只要回忆一下尼采对于标记形而上学实体的一系列范畴如"上帝""物""存在""灵魂"等的否定，以及对于主语迷信在形而上学形成中作用的揭露，就足以看出，尼采的形而上学批判在一定程度上业已采取了语言分析的策略。区别在于，他并不试图通过建立一种严密的逻辑语言来排斥形而上学，因为他本质上也是一位广义的形而上学家，而正是这一点使他成为当代"语言转向"中人文方向的直接先驱之一。

追问语言的存在论基础

海德格尔的哲学思想,在其一生中发生过一个重大转折,从而有前后期之分。他对语言的思考,在前后期也相应地有所区别。但有一点是共同的,就是把语言置于人与存在的本质关系中,来追问语言的存在论基础。

"存在"(Sein)这个范畴实际上是海德格尔一生哲学思考的中心所在。只是由于他认为对"存在"不可用概念方式把握,而只能诉诸那种"以领会着存在的方式"存在着的存在者——"此在"(Dasein),即人,所以在他的前期哲学中,即《存在与时间》中,他把重心放在对"此在"的生存论分析上。也许尼采和卡尔纳普都会指责海德格尔在思考"存在"问题时因误解系词 sein 而落入了柏拉图主义的陷阱,然而,海德格尔本人已明确指出,他所使用的"存在"概念不是从诸多存在者抽象出的种概念。所以,它是不可定义的。事实上,除了偶尔借用中世纪术语说"存在"是"超越者"之外,他几乎不谈"存在"是什么,而只谈"存在"不是什么。当然,他的"存在"概念与系词 sein 不无关系,因为在他看来,作为判断的关系项,系词 sein 是一个重要的语言现象,绝不能只从逻辑上去分析,而必须把它的阐释同存在论分析联系起来。海德格尔的这一看法是同他追问语言的存在论基础的主旨相一致的。

海德格尔心目中的"存在"并非世界的某种不变本质,而是一个作为世界之意义源泉的领域。所以,哲学要把握存在就不能靠逻辑学，而必须运用现象学方法，即让存在自己显现。其实存在总是在显现自身的，因为有一种存在者，即作为"此在"的人，是"能够发问存在的存在者"，所谓"发问"，就是对存在的领悟，存在就在人对它的领悟中显现自身。[1]

在存在的显现中，语言起着重要作用。希腊人所说的"逻各斯"，按照海德格尔的解释，就是指言谈，在言谈时把"话题"所及的东西敞开出来。言谈是比语言更本原的东西，是语言的存在论基础。"言谈对此在的生存具有构成作用。"海德格尔分析此在的生存状态的出发点是"在世界中的存在"，即人与世界的关系。人总是处在与世界的关系之中，这决定了人的存在具有情境性，随之也具有情绪性。情绪是此在的原始存在方式，它构成了先于一切认识和意志的"前领悟"。然后才有领悟，领悟总是带有情绪的领悟。解释则来自领悟，它把意义展开出来，其实意义早已蕴含在"前领悟"之中了。由解释派生出陈述，陈述又通过言谈说出。情境，情绪，领悟，解释，陈述，言谈，这些环节在生存论上是同样本原的，构成了此在的生存状态，它们仅仅借助分析才能彼此分开。[2]

海德格尔强调言谈在生存论上的本原性，是为了指出"语言现象的存在论'处所'是在此在的生存状态之内"。离开人的生存状态理解语言，仅仅把它看作思维的工具，乃是

---

1 参看海德格尔《存在与时间》导论。
2 参看《存在与时间》第18、29、31、32、33、34节。

囿于逻辑化语言的一种误解。所以，追问语言的存在论基础，就是要把语言"从逻辑中解放出来"，把它引回到人的生存状态的活源泉中去。[1]另一方面，也不能仅仅把语言看作传达的工具，这种看法同样把语言同人的生存状态割裂开来了。我们应当注意到，海德格尔是在人与世界的关系的领域中，而不是在人与他人的关系的领域中，去寻找语言的存在论基础的。言谈首先是对存在有所领悟，是存在在人的领悟中的显现，舍此而传达，言谈就会蜕化为"闲谈"。所谓"闲谈"，就是听凭"公众讲法"统治，人云亦云，言不及义——言不及"存在"。言谈是存在的澄明，闲谈却是存在的遮蔽，其间的区别正相当于"在世"与"沉沦"的区别。[2]

如果说海德格尔前期以"此在的生存状态"为语言与"存在"相联系的中介，那么，后期他就直接把语言同"存在"联系起来了。在他的后期思想中，语言的本体论地位明显提高。这种地位可以用一句话来概括："语言是存在的家。"在海德格尔笔下，"存在"像一个渴望归家的游子，"总是处在来到语言的途中"。世界的意义唯有在语言中才能向人显现。换言之，人唯有在语言中才能烛照世界的意义。所以，"语言是存在的家"同时也意味着"语言是人的本质的住家之所"。语言不是与其他才能并存的一种才能，而是人得以亲近存在的居所，人住在语言之家中，在那里看护着存在的真理，

---

1 《存在与时间》第34节。
2 参看《存在与时间》第35节。

成为存在的"邻居"和"看护者"。

存在走向语言须通过"思","思"的使命就是把存在的到达时时形诸语言。这个"思"相当于海德格尔早期所说的"领悟"。"思"是存在对人的本质的关系,在"思"中,人让存在对自己说话。而后人才能说话,才有语言。但是,在西方哲学中,"思"久已消失了。"思"之消失,在于遗忘了存在,不再追问存在的真理。"思"蜕变成了逻辑,而哲学蜕变成了一种从最高原因来进行说明的技术——形而上学。若问"思"是如何消失的,则要究之语言的二重性。语言是存在的显现,但同时也包含着遮蔽存在的危险。"语言是存在本身的既澄明又遮蔽着的到来。"因为语言一经说出,便可能迫于传达的需要而遵循公众的逻辑和语法,堕落为我们统治存在者的工具,不复是存在的家。"思"把存在形诸语言,语言却得形而遗忘存在。人从此"无家可归",这个"家"就是语言,是人居于其中得以亲近存在的那种原初的语言。"形而上学很早就以西方的逻辑和语法的形式霸占了对语言的解释。"逻辑和语法对语言的支配就意味着语言失去了其存在论的基础,正是这样的语言扼杀了"思"。所以,语言的状况绝非小事,当务之急是"把语言从语法中解放出来,使之进入一个更原初的本质结构"。在海德格尔看来,这是诗的使命,因为唯有诗的语言未被逻辑和语法败坏,其中尚存留着"思"。有鉴于此,他后期便醉心于借荷尔德林、里尔克等人的诗作来阐发存在的真理。[1]

---

1 参看海德格尔《论人道主义》。

尼采和海德格尔在语言问题上有许多共同见解，择其要者便是：追问语言的存在论基础，确认存在与语言之间的本质关系（试比较尼采的"一切存在都想变成语言"和海德格尔的"存在总是处在来到语言的途中"）；对于社会性领域对语言的影响持否定评价，尤其强调语法和逻辑的支配在西方哲学上造成的恶果；试图从语言的诗化中寻找摆脱形而上学的出路。

走向语言本体论

论及当代哲学解释学的发展时，通常都把狄尔泰、海德格尔、迦达默尔视为三个基本环节。J. 费格尔公正地指出，应该重新考察尼采在哲学解释学奠基中的作用，否则不可能弄清解释学发展的决定性线索。[1]

哲学解释学的兴起基于两点重要认识：第一，一切认识都是解释，不存在纯客观的世界"本文"；第二，解释必凭借语言，语言在很大程度上决定了人的世界图景。这两点认识，尼采实际上都提出了。关于第一点，将在论述尼采的透视主义时详细讨论。关于第二点，本章前几节已论述，这里只需提示尼采的以下论点就足够了：语言是理性思维"无法摆脱

---

[1] 参看 J. 费格尔《尼采与二十世纪哲学解释学》。*Nietzsche Studien*. Band10/11（《尼采研究年鉴》第 10、11 期合刊），Berlin/New York，1982 年，第 430 页。

的一种模式";语言类型预定了哲学世界观的发展路线。

从尼采到海德格尔再到迦达默尔,对语言的重视呈渐增的趋势,而且赋予语言的重要性以愈来愈积极的意义。尼采多少是把语言看作难以挣脱的桎梏。海德格尔指出语言具有二重性,但积极的方面占主导地位。他写道:"由于语言……从根本上使我们扎根于我们的大地,安身立命于我们的世界,所以,对语言及其历史威力的思考始终是此在之创造本身的行为。"[1]在迦达默尔那里,这种对人与世界之间关系的语言性的强调以及对它的肯定评价成为基调,实现了解释学的语言本体论转折。

迦达默尔认为,对世界的语言把握是人区别于其他生物的世界关系之所在。拥有语言,使人对环境有了一种自由的、距离化的关系,从而不再像动物那样受制于环境。在这个意义上,"谁拥有语言,谁就'拥有'世界"。[2]"人之拥有世界,这一点是建立在语言之上,体现在语言之中的。"[3]所以,人有世界,而动物没有世界。

对于迦达默尔来说,语言绝非单纯的传达工具,亦非摆在人面前的某种自在对象,而是人与世界的关系的"绝对"特性,是人在世界上存在的本原方式。"因此,语言与世界的

---

1 海德格尔《尼采》,第1卷,第170页。
2 Gadamer, *Wahrheit und Methode*(迦达默尔《真理与方法》), Tübingen, 1986年,第429页。
3 《真理与方法》,第419页。

基本关系并不意味着世界成为语言的对象。"并不是说，世界是一回事，语言又是一回事，人以语言为工具去把握作为对象的世界。毋宁说，在语言之外并不存在世界，"世界本身就体现在语言中"。世界就其与人相关而言，总是包容在语言的视界之内。语言的视界就是人的视界，也就是世界的范围。[1]

在狄尔泰那里，解释学仅是精神科学的方法论。尼采和海德格尔都已经提出了作为本体论的解释学的思想，这表现在尼采把一切认识视为解释，海德格尔把"此在的现象学"命名为"解释学"。迦达默尔从"人类世界经验的语言性"的立场出发，进一步论证了解释学的本体论地位。他写道："人的世界关系完全是语言性的，从而是理解性的。就此而论，解释学是哲学的一个普遍维度，而不只是所谓精神科学的方法基础。"[2] 因此，不仅艺术作品和历史典籍，而且人类全部世界经验，都是解释学要追问其意义的"本文"。

在迦达默尔的解释学中，语言据有中心位置。迦达默尔认为，解释学的使命就是描述人类的理解行为，回答"理解如何可能"的问题。而语言是理解的实现形式，"能被理解的存在就是语言"。[3] 所以，对于理解的描述就同对于理解之语言性的揭示密不可分。例如，迦达默尔强调，理解本文就是与本文"对话"，以求重建以本文为其回答的问题。在理解中，

1　参看《真理与方法》，第426页。
2　《真理与方法》，第451页。
3　《真理与方法》，第450页。

本文的意义与解释者所赋予的意义不可分离，历史视界与解释者视界融为一体。视界是我们运动于其中而它也随着我们运动的东西，它把人类生活规定为传统。可见传统也是一种变动的东西。解释者总是与他所试图解释的传统相关联，体现着也改变着传统，使得本文的意义处在不断被确定的过程中。从历史视界与解释者视界彼此融合的角度看，这种情形叫作"视界融合"。从传统与解释者相互作用的角度看，这种情形叫作"效果历史"。其实，两者是一回事。由于"视界"的"融合"和"效果历史"的作用都是通过语言媒介进行的，所以，迦达默尔说：视界融合是"语言特有的成就"，而"理解的语言性是效果历史意识的具体化"。[1] "视界融合"和"效果历史"是迦达默尔描述理解行为的两个主要范畴，他把它们与语言联系起来，突出了语言的中心地位。在一定的意义上可以说，"视界融合"是语言视界的融合，而"效果历史"则是语言发生作用的历史。

对比迦达默尔和尼采的观点，我们可以看到，他们都承认认识即解释，解释必受制于语言，但他们从中引出的结论并不相同。迦达默尔从语言在理解和解释中的普遍作用出发，肯定了语言的本体论意义及其在解释学中的中心地位。尼采却把语言看作一种大成问题的解释工具，一面承认它是无法摆脱的模式，一面却又要求哲学家们摆脱语言之网，表现出了一种矛盾心理。迦达默尔对于语言的看法也许过于乐观了，

1　《真理与方法》，第366页。

他明显地具有将语言的作用合理化的趋向。在尼采的观点中，则保留着对于日常语言的警惕心和对于语法规则的反叛心，前者使他接近维特根斯坦，后者使他接近后结构主义者。

回到语言的日常用法

维特根斯坦在某种程度上也持语言本体论的见解。他写道："我的语言的界限意味着我的世界的界限。"[1]这一观点在后期并未放弃。不过，对于语言的性质，前后期的看法判然有别。在前期，语言是事实的相关物，语言的界限构成了作为事实之总和的世界的界限。在后期，语言仅存在于其用法之中，而用法则是我们的生活形式的一部分，语言的界限意味着作为生活形式的人类社会活动领域的界限。

像一切逻辑实证主义者一样，前期维特根斯坦试图通过建立逻辑上精确的语言来排除形而上学假命题。但是，这一做法恰恰是以一种形而上学虚构为前提的，即似乎在语言表达式与世界之间有一种同构对应关系，因为倘无此种关系，"精确"就失去了标准。后期维特根斯坦彻底抛弃了这一做法，视理想语言为逻辑神话和形而上学虚构，在批判自己前期理论的基础上建立了日常语言分析哲学。

在维特根斯坦的后期哲学中，一个中心论点是强调词句的意义在于用法。词并无对应的存在物，所以，词的意义并

---

[1] 维特根斯坦《逻辑哲学论》。商务印书馆，1962年，第79页。

不在于所指。符号只有通过使用才获得生命。把表达式从其日常使用的语境中分割出来，追问其意义（所指），这本身就是产生形而上学谬误的一个根源。前期维特根斯坦仅仅把没有所指的陈述，即超出经验界限的陈述，看作无意义的形而上学陈述，与之相比，后期维特根斯坦从根本上对所指本身加以质疑，在揭露形而上学的根源方面大大深入了一步。

引起哲学上谬误的又一根源是受语法迷惑，句子结构外观上的同一性往往容易唤起错误的图像，这些图像把我们禁锢起来了。其后果之一，便是产生形而上学的假问题。例如，当"无"（Nichts）这个表达式占据主语的位置时，便容易使人误以为"无"是一个名称。

由此可见，日常语言具有极大的迷惑作用，而哲学的首要任务便是破除这种迷惑。在这个意义上，维特根斯坦说："哲学乃是一场不让语言迷惑我们的理智而进行的斗争。"[1] 破除迷惑的主要办法是分析语言的用法。对于语词，我们要观察它的用法，而不要脱离用法去追问它的意义。对于句子，我们要探究它的"深层语法"即用法规则，而不要停留在"表层语法"即句子结构上。执着于语词的所指和语句的逻辑句法，恰是形而上学虚构的成因，这种做法使语言脱离了其真正源泉——生活形式。相反，语言的用法却是同生活形式紧密相连的。说到底，语言本身就属于生活形式，"想象一种语

---

[1] 维特根斯坦《哲学研究》，第109节。

言就是想象一种生活形式"。[1]当维特根斯坦主张"把语词从其形而上学用法重新带回到其日常用法"[2]之时,他实际上就是要我们把注意力从语言的所指和逻辑句法转移到语言的用法上来。而且,这时他已经从根本上否定了逻辑实证主义所主张的意义的经验标准和逻辑标准,因为所指无非就是经验标准,逻辑句法无非就是逻辑标准。在维特根斯坦看来,这两个意义标准仍未脱语言的形而上学用法之陷阱。由于决定语言用法的情境是多样化的,所以,表达式内涵的模糊性和歧义性不可能消除。回到语言的日常用法是对绝对精确的理想逻辑语言的彻底否定。

维特根斯坦所揭露的语言的两方面的迷惑作用,尼采都有所触及。在论述语言的起源时,尼采业已指出,语词并无现实对应物,语言无关乎"自在之物"。这实际上否定了语词的意义在于"所指"(经验对象意义上的"所指")。在他看来,语词的意义仅在于表达一种神经刺激。至于逻辑句法的迷惑作用,尼采就谈得更多了。关于去蔽之道,尼采所主张的回到诗、形象、情感的语言,海德格尔所主张的追问语言的存在论基础,迦达默尔所主张的效果历史意识,后期维特根斯坦所主张的回到语言的日常用法,其路径当然不尽相同,但在努力打破逻辑句法对于语言的束缚这一点上,方向是一致的。

---

1 《哲学研究》,第19节。
2 《哲学研究》,第116节。

恢复语言的无限能产性

把语言从形而上学和逻辑的统治下解放出来，是尼采及其现代后继者们的共同追求。这一追求在法国后结构主义者身上达于极点。他们以法国人特有的彻底性，试图用极端方式解构形而上学语言和逻辑语言，恢复语言的无限能产性，敞开意义的不确定性和多元性。

当然，重视语言的多义性并非后结构主义的特殊立场。海德格尔明确指出："现实语言的生命在于多义性。活生生的、游移不定的词转化成为一种单义的、机械凝固的符号系列的僵硬性，乃是语言的死亡，此在的冻结和荒芜。"[1] 迦达默尔强调：解释学的真理正在诗歌语言的歧义性之中。[2] 他还认为，语言的多元性包含着对同一事物做不同陈述的可能，是人的自由之所在。维特根斯坦把语言的意义归结为用法，并提出"语言游戏"的概念，表明他也十分重视语言在多样化情境中意义的差别性。然而，这些哲学家多少仍从语言之外去寻找意义的来源（"存在""世界经验""生活形式"），语言的多义性被看作是语言与某种非语言的东西相互作用的产物。对于法国后结构主义者来说，意义及其多元性均是语言本身

1　海德格尔《尼采》，第1卷，第168—169页。
2　参看迦达默尔《真理与方法》，第463页。

的产物。他们把语言的形式方面置于首位，把语言形式本身的能产性视为多义性的根源和拒斥形而上学的力量源泉，把语言本身当作解放语言的唯一场所。

后结构主义是结构主义运动内部的异军突起，在广义上仍属于这一运动。作为一个哲学运动，结构主义至少在两个方面是走在尼采的方向上的。第一，极其重视语言问题的哲学意义，以至于把语言学提升为哲学和人文科学的一般方法论。第二，强调要素的意义取决于要素在整体中的位置和功能，即一要素与其他要素的相互关系。这一基本立场具有否认实体的明显反形而上学色彩。结构主义语言学创始人索绪尔认为，符号的意义仅仅在于一符号与它符号的区别，只有区别，没有实证名词，而能指与所指之间的联结完全是任意的。由此很容易得出结论：语言不反映世界。进一步的结论是：语言创造世界，我们的世界观念依赖于我们的符号系统。结构主义重视语言学的一般方法论意义，也正是同这种反形而上学立场密切相关的：既然意义并非来自事物实体，而是来自语言秩序，那么，探索各种人类现象背后的语言秩序就成了首要的任务。

后结构主义是结构主义的反形而上学立场贯彻到底的产物。在后结构主义者看来，结构主义的反形而上学立场是不彻底的，正是在这不彻底之处，后结构主义者举起了反叛的旗帜。德里达批评说，索绪尔把能指与所指分拆开来，使所指独立于能指，在能指与所指之间设定一种整齐对称关系，表明他仍然囿于形而上学偏见。因为这种做法意味着把概念当作脱离语言系统的自在地有意义的东西，一种在能指之外存在着的"先验所指"。德里达指出，既然一个符号的意义只能通过它与别的符号的区别来确定，那么，在能指及其关系之外就不存在所指，能指与所指是不可分的。事实上，为了确定一个能指的意义（所指），我们只能举出与这一能指有关系的若干其他能指，而它们的所指又牵涉到更多的能指，这一过程是无限的，我们绝不可能达到一个本身不再是能指的终极所指。可见，语言是一种对立和区别的形式游戏，而意义则是这无始无终的符号游戏的产物。意义不是语言的基础，而是语言的产物。在语言之外并不存在某种为语言提供意义的基础。这一关于语言的自足性和意义在语言中的内在性的论点，乃是后结构主义者共通的基本论点。

后结构主义者不但否认本文之外有一个作为本文意义的承受者的客体，而且否认本文背后有一个作为本文意义的建构者的主体。相反，在他们看来，本文（语言）本身同时具有建构世界和主体的功能。福柯径直宣布："我们不是用人，而是用无作者思想、无主体知识、无同一性理论来代替神。"[1]他追随尼采认为，根本不存在主体这样一个中心，中心是系统为自己创造的，"我"仅是一种语言习惯。德里达指出，由于语言不仅是我所使用的工具，而且是一种创造了我的东西，因此，那种认为我是一个稳定的、统一的实体的思想必是一个虚构。克莉思特娃提出"本文间性"的概念，以表示任何

---

[1] 转引自布洛克曼《结构主义》，商务印书馆，1980年，第13页。

本文均非产生于一位作者的创造意识，而是产生于其他本文，是语言再分配的产物。巴尔特则干脆宣告了"作者的死亡"，强调在作品中说话的不是作者，而是具有多义复合性的语言，作品的意义至多只能在读者身上瞬时聚焦。

剥夺了客体和主体两方面对于意义的决定权，也就否定了意义的任何确定性和一元性。意义取决于符号与符号、本文与本文之间的关系，而这种关系完全是不确定的。每个符号，按照德里达的说法，一方面必然刻有其他一切符号的"痕迹"，另一方面又必然在其他一切符号上面刻下它的"痕迹"。"本文"的情形也一样，作为一组"痕迹"，它必然与作为另一组"痕迹"的另一本文发生联系，以至于无穷。意义来自区别，而区别是一个不可穷尽的过程，因此，"本文"的意义始终是悬搁着的，它不断推延着到来，永远不可能最终到来。

在后结构主义者看来，意义的不确定性和多元性本是语言所固有的，是符号的网状复杂性的产物。这就是语言的无限能产性。但是，在形而上学和逻辑中心主义统治下，语言的无限能产性被扼杀了，符号之间的复杂网状联系被逻辑上直线式的因果联系所取代，语言的多义性被逻辑上的同一性所取代。为此，有必要采取极端手段恢复语言的能产性。克莉思特娃所提倡的"生成的本文"（即能不断产生新的意义的本文），巴尔特所提倡的"健康的符号""可改写的作品"（使人注意到其任意性的符号和作品），均出于此意。德里达提出解构批评的战略，其方法是抓住作品的"症候"点，即那些使本文陷入自相矛盾困境的意义死角，以表明本文怎样妨碍它自己的起支配作用的逻辑系统。这一战略的意义在于粉碎任何自命具有逻辑一贯性的形而上学语言的可能性。他创建"书写语言学"，强调文字语言相对于声音语言、写作相对于说话的独立性和优先地位，其用意之一也在于，写作更能容许各种符号游戏，更便于发挥语言的能产性。[1]

后结构主义者往往极其推崇尼采，自觉地从尼采著作中寻找启示。事实上，在语言问题上，他们确实同尼采有着更显著的亲缘关系。他们对于"主体""客体""同一性""因果性"的断然否定，他们在解构形而上学语言和恢复语言的能产性方面所做的努力，都是同尼采的透视主义的反形而上学立场，同尼采在解除语言的遮蔽方面的努力一脉相承的。

---

[1] 本节所述参看布洛克曼《结构主义》第4章；伊格尔顿《文学理论》第4章。

第三章 透视主义：反形而上学的认识论

　　从认识论上看，传统形而上学实际上包含着一个假定，即存在着"纯粹认识"。也就是说，它假定一方面存在着摆脱一切人类特性的纯粹主体，另一方面存在着与人完全无关的纯粹世界本质。"纯粹认识"之所以"纯粹"，就在于它排除了人，主体是非人的主体，世界是无人的世界，认识成了一种表面上借人进行、实质上与人无关的活动。纯粹主体事实上类似于一位上帝，而传统形而上学就一直试图描绘出这位上帝眼中的世界图景。

　　在摧毁传统形而上学的认识论基础方面，康德迈出了决定性的一步。康德否认了非人的主体，他指出，人对世界的认识不可能摆脱人类固有的感性和知性形式。不过，康德的不彻底之处在于，他没有揭示人类固有的认识形式的实践根源，也没有放弃无人的世界——"自在之物"。

　　康德之后的西方哲学，其显著特点是在批判传统形而上学的同时，努力把人引入认识论。马克思的历史唯物主义和尼采的透视主义是这方面最值得重视的尝试。透视主义把一切认识看作人对世界所作的透视，其视界由人的生理组织、生存需要、强力意志等因素所限定，因此，进入视界的绝非与人无关的某种终极实在或世界本质，而是依人的视角转移的事物之关系。很显然，透视主义是尼采从反形而上学立场出发提出的一种认识理论，只有把它同尼采所从事的形而上学批判联系起来，才能把握其真实含义。

一、作为认识的强力意志

认识的生物学含义

尼采常常强调，在认识论研究中，在方法论上应以躯体为出发点。[1]他认为："原则上应当从躯体出发，利用它作为引线。"[2]他在谈到"认识"这一概念的含义时还写道："应该在严格人类中心论和生物学含义上把握这个概念。"[3]这些论述给尼采的认识论罩上了一层浓厚的生物学主义的色彩。不过，这里的所谓"生物学"是广义的。尼采从来不曾把认识仅仅看作生物对环境的消极反应，他是重视人在认识过程中的能动作用的。认识的"生物学含义"实际上指的是，应当把认识看作人类的生存方式，从人类的生命活动中去探寻认识的

1　参看WM，第489、491、492、500节。
2　WM，第532节，第366页。
3　WM，第480节，第336节。

原动力，从人类的生存条件中去探寻人类认识能力和认识形式的根源。

尼采着意要粉碎那种脱离人类生存方式的"纯粹认识"观念。按照这种观念，认识的动力似乎来自某种超功利的"认识冲动"或"求真理的意志"，人类的全部认识器官似乎是上帝特意为认识安排的，人类特有的认识形式似乎是某种与人类生存条件无关的"先天纯形式"。

在论及认识的动力时，尼采猛烈批判了割裂理论与实践的做法，指出这是一种"灾难性的区分"，"仿佛有一种固有的认识冲动似的，这种冲动不考虑一下利害问题，就盲目地冲向真理；而另一方面，与之漠不相干，有一整个实践利益的世界……"[1] 相反，在尼采看来，根本不存在纯粹的认识冲动，一切理论的形式都受某种"本能"的支配，在这里，所谓"本能"与"实践利益"是同义词。尼采谈到认识的原动力时使用过种种不同的表达，包括"本能""效用本能""自我保存的利益""实践利益""强力意志""占有冲动""征服冲动"等等，这些表达原则上都应视为同义词。也就是说，在尼采那里，所谓"本能""自我保存"等等，甚至包括"生物学"这个概念，其含义都非狭义生物学意义上的。对于尼采来说，生命意志本质上就是强力意志。人类"自保"的方式不是消极地适应环境，而是能动地占有和征服环境，在一定的意义上也就是改造环境。

1　WM，第423节，第287页。

例如，尼采强调以躯体为引线，他所说的躯体就不是指纯粹生物性的本能，而是指效用本能。"效用本能深植于我们的躯体之中，我们几乎就是这一本能……"[1]这段话是在说明逻辑定律（同一律、矛盾律）的实质时说的。尼采说，这些逻辑定律是一种"生物学定律"，其根据就在于它们源自"效用本能"，即"必须像我们正在推理这样地推理"。可见"生物学定律"也不是指纯粹生理性质的规律，而是指带有实践性质的效用法则。

"所谓认识冲动应当追溯到占有冲动和征服冲动，跟随在这些冲动之后，感官、记忆、本能等才得以发展。"它们作为满足"占有冲动和征服冲动"的手段，起到以下作用："现象的尽可能快的简化，所获得的认识财富的节约、积聚（即被占有了的、被弄得称手了的世界）……"[2]很显然，尼采在这里不是在生物学和社会学意义上（社会达尔文主义），而是在实践和认识论意义上谈论"占有冲动和征服冲动"的，它们涉及的不是人与人的关系，而是人与周围世界的关系。其基本含义即是"实践利益"，也就是"占有"世界，把世界"弄得称手"即便于使用，以适合于人在其中生存的需要，在尼采看来，这便是"认识冲动"的真正根源。我们也应该在这一层含义上理解尼采的下述论断："认识是作为强力的工具而工

1　WM，第515节，第352页。
2　WM，第423节，第288页。

作着的。"[1] 作为认识的强力意志，实际上就是实践意志。尼采以不同表达方式反复说明一个道理：认识根源于实践，且服务于实践。也是在这个意义上，他把"认识者"定义为"一个对我们的生存条件作实践思考的种类"。[2]

当然，尼采所说的"实践"，与马克思所说的作为"环境的改变和人的活动的一致"的"革命的实践"仍是两回事。如果说尼采也谈"环境的改变"，那也多半是指对世界的简化、图式化，而在他那里，"人的活动"实质上仅限于人的生命活动，主要不是社会生产活动。所以，尼采所说的"实践"不是马克思主义含义上的社会实践，而更接近于实用主义含义上的生存实践。

综上所述，尼采把生存实践的需要（"自保的利益""实践利益""占有冲动和征服冲动"）视为认识的原动力。不止于此，尼采还认为："自保的利益是认识器官发展的动因。"[3]"我们的认识装置并不是为'认识'安排的。"[4] 它们"不是用来认识，而是用来强占事物"。[5] 人类的全部认识器官，包括感官、神经和大脑，都是"依据营养的难度而发展的"，也就是说，是依据人类为保存种族生命所必须克服环境阻力的程度，简言之，依据生存实践的需要而发展的。在此意义上，尼采

---

1   WM，第 480 节，第 336 页。
2   WM，第 594 节，第 411 页。
3   WM，第 480 节，第 336 页。
4   WM，第 496 节，第 344 页。
5   WM，第 503 节，第 346 页。

说："我们的'认识'不可能超出刚够保存生命的限度。"[1] 例如，我们为了能够生存，必须为自己创造出一个简化的、可计算的世界，正是这种需要使得我们的感官获得了一种"由知性支持的感官能动性"，一种简化、粗糙化、强调和浓缩的能力，感官的这种粗糙化能力恰恰精确地表达了我们的上述需要。[2] 我们的知觉也是按照生命实践的需要而发展的。事实上，我们并非拥有一切知觉（例如并不拥有对电的知觉），而仅仅"选择那些对于我们的自我保存必不可少的知觉"，对这些知觉的意识"对于我们以及我们整个有机过程是有用的和重要的"。"只有当意识有用之时，意识才存在。毫无疑问，一切感官知觉都彻底渗透着价值判断（有用或有害——从而接受或拒绝）。"[3] 我们的知性能力同样"也是生存条件的产物——如果我们不是必须有它，我们就不会有它，而如果我们不是必须以此种方式有它，如果我们以别种方式也能生存，我们就不会以此种方式有它"。[4] 康德把知性范畴看作先天纯形式，尼采却认为，知性创造范畴的能力是为生存的需要服务的[5]，"范畴仅仅在它们是我们的生命条件的意义上才是'真理'"，它们仅仅表达了"一定物种、种族的合目的性"[6]。总之，无论

1　WM，第494节，第343页。
2　参看WM，第521节，第357页。
3　WM，第505节，第346、347页。
4　WM，第498节，第345页。
5　参看WM，第513节。
6　WM，第515节，第351页。

认识器官（包括感官、神经、大脑），还是认识能力（知觉、意识、思维）和认识形式（范畴），都是生存条件和实践利益的产物。

即使是最抽象的理论——哲学，同样也是一定本能作用的产物。尼采说：所谓"纯粹理论家"全都"在其本能不可抗拒的作用下命定要冲向那对于他们是'真理'的东西"。[1]"应当把绝大部分有意识的思想，甚至包括哲学思想，算作本能活动……一位哲学家的大部分有意识的思想都隐秘地受本能指引，不得不走上一定的轨道。"[2] 在尼采看来，本能强弱的差异造成了生存条件的不同，由此才导致哲学主张的不同以及哲学上的体系之争。

既然在一切认识背后真正起作用的是本能、冲动、需要，而这些因素是心理学研究的对象，那么，尼采认为，一种认识理论就绝不应该撇开心理学，相反是以心理学为向导的。他宣布，心理学应当"重新被承认为科学的女主人"，为"通往根本问题的路径"。他称这种心理学为"一种真正的生理心理学"，其任务是研究人的种种本能、冲动如何在包括道德、哲学在内的一切认识领域内起支配作用。[3] 我们知道，马克思也是重视人类历史的生物学前提的，他把"有生命的个人的存在"，"这些个人的肉体组织，以及受肉体组织制约的他们

1　WM，第423节，第288页。
2　《善恶的彼岸》第3节。KSA，第5卷，第17页。
3　参看《善恶的彼岸》第23节。

与自然界的关系",当作任何历史研究的出发点。[1] 不过,在马克思那里,生物学前提通过社会生产方式而对人的社会认识发生作用,政治经济学充当了生物学与认识论之间的中介。在尼采这里,充当这一中介的是心理学。不待说,这表明尼采在历史领域内是个唯心主义者。但是,加强对认识过程中生理心理因素的研究,无疑也是深化认识论的一个必要步骤。

强力意志和对世界的图解

尼采把认识看作从实践需要出发对世界所作的图解。他写道:"不是'认识',而是图解——使混乱呈现规则和形式到这一程度,恰足以满足我们的实践需要。"[2] 通过图解来征服混乱,正是强力意志在认识活动中的集中体现。

在尼采看来,世界本身是生成(Werden),是混乱(Chaos),并无规则和形式可言。但是,"生命建立在对持存物和有规则地重复之物的信念的前提上"。[3] 生命需要世界呈现出一定的规则和形式,这完全是一种实践性质的需要。人是这样一种"特定类型的动物,它仅凭借其知觉的某种相对准确性,尤其是规则性(使它得以把经验变为资本)而生长……一定物种为了自保和增加其强力,它在解释现实时必

---

[1] 《马克思恩格斯选集》,第1卷,第24页。
[2] WM,第515节,第351页。
[3] WM,第552节,第377页。

须把握适当数量的可预测的恒定素材,以便在此范围内建立其行为图式"。[1]为了生存,必须建立一定的行为图式。为了建立行为图式,又必须把世界图式化。图解是"解释现实"的一种特定方式,通过这种方式,人为自己的行为图式确定了相应的根据。

所谓"图解"的解释方式,就是指逻辑(知性)。"逻辑是按照我们所设定的存在之图式来掌握现实世界的尝试,更确切地说,是使之可为我们表述和计算的尝试……"[2]世上并无同一之物,逻辑却以同一律为前提。世上只有普遍的相互作用,逻辑却从中抽象出因果关系。逻辑把现象排列在范畴的网络上,如此制定了"存在之图式",实现了对世界的图解。康德视为"先天纯形式"的东西,在尼采看来,完全是人类为功利目的(表述、传达、计算)整理世界的手段。对于人类来说,重要的是使世界可被表述、传达、计算,即可被我们使用。

尼采认为,人的生命本能天然地厌恶混乱,寻求秩序,因为混乱不利于生存。所以,通过简化、图式化来排除混乱,建立秩序,乃是由生命本能直接派生的一种能力。"我们身上有一种从事整理、简化、伪造、人为分离的力量。"[3]这种力量就是化身为求知欲的强力意志。整个认识装置是一个"用来强占事物"的"抽象化和简化装置"[4],抽象化和简化便是"强

---

1 WM,第480节,第336页。
2 WM,第516节,第354页。
3 WM,第517节,第354页。
4 WM,第503节,第346页。

占事物"的方式，是强力意志在认识领域的表现形式。当我们身上的这种强力意志指向外部世界时，便有了科学。"科学（例如今天所从事的科学）就是力图给一切现象创造一种共同的语言符号，其目的是为了更加方便地预测自然和支配自然。"[1]"迄今为止，科学就是运用'说明'万物的假说，来清除全盘的混乱——因而是源于本能对混乱的反感的。"而当作为认识的强力意志指向我们的内心世界时，就有了道德。"在观察我的'自我'时，这同样的反感也支配着我：我也想运用一个图式形象地表现内心世界，摆脱直觉的混乱。道德便是这样的简化：它作为已知的、熟悉的东西给人以教诲。"[2] 总之，从认识角度看，科学是对外部世界的图解，道德是对内心世界的图解，它们都是强力的工具。在这里，图解虽然只是一种逻辑上的征服，却具有实践上的效用。

二、透视主义

认识的人类中心论含义

尼采强调要从严格"人类中心论"含义上把握"认识"这一概念。他还把认识称作"人类的特异反应""人神同形同

---

1 遗稿。KSA，第 7 卷，第 207 页。
2 WM，第 594 节，第 411 页。

质论"等等，这些提法都是"人类中心论"的不同表述。

认识论中的人类中心论是一种相对主义观点，这种观点认为，认识必定以人类特性为转移，不可能有超越于人类特性的纯客观认识。在哲学史上，这种观点源远流长，可以追溯到普罗塔哥拉的"人是万物的尺度"的著名命题。在近代，无论洛克、休谟的经验主义，还是康德的先验主义，都在不同程度上立足于人类中心论。彻底的经验主义认为，一切认识都受制于人的感官，仅限于感觉，而用以整理感觉材料的理性法则完全是任意的，在人性和客观实在两方面均无根据。先验主义进一步断定，人用来整理感觉材料的理性法则也存在于人类意识的先验结构中。对于两者来说，进入认识的东西都不是某种"自在之物"，而只是人的感觉，或者再加上人类意识中的某种先天形式。

要在认识论领域内贯彻人类中心论观点，关键在于，不但在认识内容（感性材料）方面，而且在认识形式（理性范畴）方面，从人类的种族组织中找到根据。康德确定这一根据在于人类某种先天的心理组织，无疑对于推进人类中心论观点起了决定性作用。不过，从康德到尼采，朗格是一个重要的中介。据考证，尼采曾钻研过朗格的著作。对比尼采和朗格的认识理论，我们不难发现尼采受过朗格的重大影响。作为新康德主义生理学学派的代表人物，朗格的显著特点是，一方面旗帜鲜明地主张康德式的人类中心论观点，另一方面把它与某种生理学观点结合起来。他把自己的哲学命名为"感官生理学"，并声称："感官生理学是发展了的和纠正过的康德哲学。"朗格认为，我们的感性知觉的性质完全取决于我们器官的结构，而我们借以把感性知觉联结为经验的理性范畴，尤其是因果性范畴，则由我们的心理组织所决定。因此，我们的全部认识都是由心理生理组织决定的。"世界不仅是表象，它同时也是我们的表象：它是种族的组织的产物……"[1]尼采把认识的人类中心论含义与生物学含义结合起来，显然来自朗格。此外，朗格认为现象与自在之物的对立是按照因果关系所作的类比，"理性世界"是虚构的世界，虚构是从种族生命根源中成长起来的必然产物，这些观点对于尼采的影响也是显而易见的。

尼采认为，就像不存在"自在之物"一样，根本不存在"自在的认识"。一切认识都打上了人类的种族烙印。认识一个事物，也就是把该事物置于与我们的某种关系之中。超越于与人类的任何关系的事物根本不可能成为认识的对象。所以，理性主义者所宣扬的检验真理的自明性标准是荒谬的，因为"一件自明之物不再与我们有丝毫关系"[2]。无论以何种方式认识世界，都是把世界"人化"。"把世界'人化'，即愈来愈觉得我们是其中的主人。"[3]可见，对于尼采来说，认识的人类中心论含义是与认识以生存实践的需要为基础这一"生物学"含义紧密相连的。

---

[1] 朗格《唯物主义史》，第2卷。转引自巴克拉捷《近代德国资产阶级哲学史纲要》，中国社会科学出版社，1980年，第161、162页。

[2] 《善恶的彼岸》第80节。KSA，第5卷，第88页。

[3] WM，第614节，第147页。

人类中心论含义贯穿于认识的一切形式。例如，自然科学："全部自然科学仅是理解人和人类事务的一种尝试，更确切地说，是兜着大圈子向人复归的尝试。人膨胀为宇宙，为了最终可以说：'你终于是你之所是。'""'人是万物的尺度'也是支配科学的思想。一切自然规律归根到底是一堆人神同形同质关系。"[1]哲学："哲学是那一冲动的继续，我们始终带着这一冲动，借人神同形同质的幻想，与自然打交道。"道德："我们在何处遇到一种道德，我们便在那里发现对人类冲动和行为的一种估价和排位。这种估价和排位始终是一个社团和人群的需要的表达。"[2]美："归根到底，人把自己映照在事物里，他又把一切反映他的形象的事物认作美的：'美'的判断是他的族类虚荣心……人把世界人化了，仅此而已。"[3]

在尼采看来，人类中心论是人认识世界时不可摆脱的一种幻想。"人是最爱幻想的动物，自以为他的一切属性都如此重要，仿佛世界的门轴插于其中似的。"是自然把人置于这种幻想之中的，它是"人的本真要素"。[4]除去这种幻想，人就会无法生存。然而，幻想毕竟是幻想。"这始终是人的夸张的幼稚病：把自己设立为物的意义和价值尺度。"[5]一旦我们省悟这病症，摆在我们面前仍有一条路，就是自觉地从人的需要

---

1 转引自格布哈德《尼采的整体主义》，第112、115、113页。
2 《快乐的科学》第116节。KSA，第3卷，第474页。
3 《偶像的黄昏》。KSA，第6卷，第123页。
4 转引自格布哈德《尼采的整体主义》，第122页。
5 WM，第12节，第16页。

出发，但不再把人的需要夸大为世界的本质。"倘若人们无须永远听取那一切夸张中的夸张，那个词：世界，世界，世界；那么，每个人应该诚实地仅仅谈论人，人，人！"[1]也就是说，应该如实地从人类中心论含义上看待认识，而不要再把它看作绝对真理。

情绪冲动的透视学

在一则题为"原理的革新"的札记中，尼采列出了他革新哲学的五点计划，其中之一是："用情绪冲动的透视学（Perspektiven Lehre der Affekte）取代'认识论'。"[2]"情绪冲动的透视学"也就是"透视主义"（Perspektivismus），尼采常常用后者来命名他自己的认识理论。透视主义实际上是尼采从人类中心论和生物学双重含义的结合上把握"认识"而提出的一种认识理论。

尼采自己对于透视主义的基本论点有过一个概括的说明："世界的价值存在于我们的解释中（也许在别的什么地方，可能有不同于纯粹人类解释的其他解释）；迄今为止的解释都是透视的评价，我们借之而在生命中，即在求强力、求生长的意志中自我保存；人的每一提高都导致对较狭隘的解释的克服；第一达到的强化和力之扩展都开辟了新的视角，唤起

---

1 《历史对于生命的利弊》。KG，第3卷，第1分册，第308页。
2 WM，第462节，第323页。

了对新的地平线的信念——这些论点贯穿于我的著作。这个与我们有点关系的世界是虚假的，也就是说，不是事实情况，而是一个虚构，是给观察的可怜结果划个圆圈；它'在流动中'，是生成着的东西，是一个不断变化而永远不会接近真理的谬误：因为——'真理'并不存在。"[1]

按照这个说明，透视主义包括以下几个基本论点：第一，认识即评价，即解释，对世界的解释是多元的，人类的解释只是可能性之一；第二，解释即透视，"透视"这个概念与"视角""地平线"（视界）概念相关，表明认识脱不开一定的角度和范围；第三，透视的发射中心（主体）是生命本能、强力意志、情绪冲动；第四，透视所得的世界图景不是"真理"，而是虚构、外观；第五，透视不是凝固的，而是流动的，其视界依强力意志的提高而拓展。

在德语中，Perspektive一词有透视、远景、看问题的角度等含义。"透视"是绘画术语，用它来说明认识的实质，有两方面的意思。一方面，它表示认识取决于认识者的生存条件、实践需要等等，正如透视画面取决于画家的位置、视角等等。因而，它突出了认识者本身的状态在认识中的决定作用。另一方面，它强调了认识的相对性。这种相对性既表现在范围上认识是有界限的，就像透视画面是有地平线的一样；也表现在性质上认识如同透视画面一样是错觉，而不是对现实的镜子式反映。尼采有时也用"光学"一词揭示认识的实

---

[1] WM，第616节，第418页。

质，例如他说，"存在物"（不变之物）属于我们的"光学"，审美是"近景光学"，[1]这里"光学"的含义与"透视"相仿。正如透视主义是反对平面式反映论的一样，"光学"是反对力学的、机械论的认识论的。

尼采认为，透视主义是人类中心论的合乎逻辑的结论。既然我们是依据我们的"自我"来塑造和理解一切存在，从人出发来认识世界的，那么，我们对世界的认识就不能不是一种"透视的幻觉"，万物必定以我们为中心形成一种虚假的统一，在我们视界所造成的地平线上联成一体。[2]

透视主义与尼采对"主体"的看法密切相关。尼采认为，"主体"绝非统一不变之物，所谓"纯粹的、无意志的、无痛苦的、无时间的认识主体"，所谓"纯粹理性""绝对精神""自在认识"，都是概念虚构。[3]真正的认识主体是由许多情绪冲动组成的多元体，是"情绪冲动的竞争以及某一情绪冲动对于本能的支配"[4]，是各个冲动此消彼长的流动过程。每一个情绪冲动都是一个力的中心，都是透视的主体。"每个冲动都是一个支配欲，都有其透视，它想把这种透视作为标准强加于其他一切冲动。"[5]"每个力量中心都有它对于其余一切的透视，

1　WM，第517、804节。
2　参看WM，第518节。
3　参看《道德的谱系》。KSA，第5卷，第365页。
4　WM，第613节，第417页。
5　WM，第481节，第337页。

即它整个确定的评价,它的行为方式,它的反抗方式。"[1] 由情绪冲动出发对世界的观照不能不是一种价值观照,一种"透视的评价",而"透视的评价即'强力意志'"[2]。可见透视主义也是尼采式"生物学"观点(强力意志学说)的贯彻。在尼采看来,认识论必须从生理心理的层面上阐明认识的动力结构,即阐明"情绪冲动的等级系列,变形了的情绪冲动,它的高级秩序,它的'升华'"[3]。这是他给他试图建立的"情绪冲动的透视学"所规定的基本任务之一。

透视主义突出了认识中主客体之间的价值关系,它把认识看作从主体出发的意义设置。既然认识不可能摆脱价值关系,那么,一切认识现象就必然是透视现象。"一切价值……从心理学上看,都是为了维持和提高人的统治构成而做出的一定透视的结果,它们只是被错误地投射到事物的本质中去了。"[4] "意义"本身是"关系的意义和透视"。[5] "目的是透视形式。"[6] "'实质''本质'是某种透视现象",因为"这是什么"的问题始终是以"这对于我(我们,一切生命,等等)是什么"的问题为基础的。[7] 尤能表明认识的透视性质的是"质"

1　WM,第567节,第386页。
2　WM,第608节,第416页。
3　WM,第462节,第323页。
4　WM,第12节,第16页。
5　WM,第590节,第410页。
6　WM,第490节,第342页。
7　WM,第550节,第381页。

这个范畴。尼采指出:"质是一种属于我们的透视真理",是"我们不可超越的界限","我们真正的人性特质"。[1]我们的生存条件决定了我们的感觉范围,使得我们的感官具有确定的功能阈。如果我们的感官敏锐十倍或迟钝十倍,我们就会完蛋。我们把那些严重关系到我们生存可能性的量的差异感受为质。换一种与我们有全然不同的生命条件的生物,就会有一种全然不同的透视眼光,从而把另一些量的差异看作质。假如世上根本没有生物和透视的眼光,那么也就无所谓质了。反过来说,"在一个纯粹量的世界上,万物便都会死寂,僵化,静止"[2]。所以,我们对质的感受鲜明地表现了我们的认识是一种由生存价值支配的透视。

尼采认为,世上只要有从事认识的生灵存在,属于生存本身的透视眼光便不可超越。"不存在自在之物,也不存在绝对认识;透视的、制造幻觉的特性属于生存(Existenz)本身。"[3]我们甚至无法设想一种认识能力在撇开了透视之后会是什么样的,正因为如此,康德式的认识论,即对认识能力的批判,在尼采眼中仅是嘲笑的对象。康德试图撇开透视考察人的知性的纯形式,可是,"在这样分析时,人的知性不得不在其透视形式之下和之中来看自己"[4],得到的仍然不是知性的纯形式。尼采不承认他自己的"情绪冲动的透视学"是一种

---

1 WM,第563、565节,第384、385页。
2 WM,第564节,第385页。
3 遗稿。GA,第14卷,第40页。
4 《快乐的科学》。GA,第5卷,第332页。

"认识论"，就是为了同康德划清界限。当然，对透视现象的认识同样不可能摆脱掉透视的眼光，不过尼采本人也无意建立这样一门纯客观的"透视学"，他的用意只是要揭示一切认识现象均属透视现象。

认识即解释

尼采在解释学史上的地位愈来愈受到重视，多半是因为他的透视主义。在某种意义上，透视主义就是尼采的哲学解释学理论。事实上，尼采本人也把透视主义同他关于解释的观点画了等号。他写道："就'认识'一词一般来说是有意义的而言，世界是可知的；但另一方面它是可解释的，它不是蕴含着一种意义，而是无数种意义。——'透视主义'。"[1]认为世界（本文）的意义寓于解释之中，依解释而转移，这正是典型的解释学观点，而尼采就把这一观点称作"透视主义"。

尼采认为，一切认识都是解释。"认识只能是什么？——'解释'，置入意义，——而不是'说明'（在大多数场合，是对一个已经变得不可理解、现在仅成为符号的旧解释做出的新解释）。"[2]针对实证主义认为现象中只有事实这一观点，尼采说："不，恰好没有事实，只有解释。"[3]科学的发展不断推

1　WM，第481节，第337页。
2　WM，第604节，第414页。
3　WM，第481节，第337页。

翻我们过去所认为的确凿的事实,恰好证明了一切认识都只是解释,绝不存在非解释性质的"自在的认识"和摆脱一切解释的"自在的事实"。[1]在这个意义上可以说:"最持久的还是我们的意见。"[2]

尼采常常用语言学术语"本文"与"解释"来说明认识现象。他认为,无论是外部世界,还是我们的内心世界,真正的"本文"(Text)都是不可触及的,或者毋宁说,它们对于我们是不存在的,如果存在,也仅仅存在于我们的"解释"(Auslegung, Interpretation)之中。关于外部世界,例如:"自然的合规律性"是"解释,而不是本文"。[3]关于内心世界,例如:"能够把一个本文作为本文来读,而不把一种解释混入其中,乃是'内在经验'的最后形式——也许是一种近乎不可能的形式……"[4]"我们整个所谓意识是对于一个未被意识到、也许不可能被意识到、但被感觉到的本文的一种或多或少是幻想的解释。"[5]

那么,什么是解释呢?解释就是"置入意义",或者说置入价值。"置入一个意义——这个任务始终有待完成,假如事物中本无意义存在的话。"[6]事物中的确本无意义,因为唯有在

---

1 参看WM,第608节。
2 WM,第604节,第414页。
3 《善恶的彼岸》。GA,第7卷,第35页。
4 WM,第480节,第336页。
5 《朝霞》。GA,第4卷,第123页。
6 WM,第605节,第415页。

与他物的关系之中才谈得上一物的意义。"我们的价值被解释进了事物之中。难道有自在的意义吗？！意义岂非必然是关系的意义和透视？"[1]问一物是什么，就是把该物置于同他物的关系之中，归根到底是同"我"（人类）的关系之中，问它对于"我"是什么，而这也就是向它置入了意义。"不存在'自在的事实情况'，相反，总是先要将一个意义置入，借此才可能有一个事实情况。"[2]所以，"人最终在事物中找出的东西，无非是他自己塞入其中的东西——找出，就叫科学，塞入，就叫艺术、宗教、爱、骄傲"。[3]也可以换一种说法：找出，就叫"认识"，塞入，就叫"解释"，认识到的东西无非是解释进去的东西。

尼采认为，解释乃是出于生存的必需，"我们的需要是解释世界"[4]，"随便哪个解释总比没有解释好"[5]。他问道："一种没有解释、没有'意义'的生存岂不会变成'荒谬'"，而同时"一切生存在本质上岂不是一种从事着解释的生存"？[6]一方面，生命本身需要获得解释，被赋予意义，否则会归于荒谬。另一方面，生命又从自身出发对世界进行着解释，为自己创造一个有意义的世界。"解释本身作为强力意志的一种形式，

---

1 WM，第590节，第410页。
2 WM，第556节，第381页。
3 WM，第606节，第415页。
4 WM，第481节，第337页。
5 《偶像的黄昏》。KSA，第6卷，第93页。
6 《快乐的科学》。GA，第5卷，第332页。

为作为一种情绪冲动的生存所固有。"[1] 生命，强力意志，乃是解释的原动力。

依据强力意志的强度，在解释问题上有三种情况。一种是虚无主义者，由于强力意志的衰弱，"不再拥有解释、创造虚构的能力"，[2] "撇开透视的评价"，从而贯彻"一种敌视生命和造成崩溃的原则"。[3] 叔本华以及印度教、佛教就属于此种情况。另一种人，强力意志也已衰弱，但尚没有衰弱到丧失解释能力的地步。他们的特点是，没有勇气承认自己是在解释，而是把解释当作认识，把虚构的世界当作"真正的世界"。这就是传统形而上学哲学家们的情况。尼采认为，形而上学家们用以解释世界的范畴，诸如"目的与手段""因与果""主体与客体""自在之物与现象"等等，作为"保存手段"，在某种程度上也许是必要的解释。[4] 问题出在形而上学家们不是把它们当作解释，而是当作事实情况。"执着于'真'与'非真'，一般来说，执着于事实情况，是根本不同于创造性的置入的……"[5] 不敢正视自己对世界的认识所具有的解释性质，妄图一劳永逸地抓住绝对真理，害怕"世界的无限可解释性"，一般来说，害怕解释，这些都表明了强力意志的衰弱。第三种人，也就是尼采所赞颂的新型哲学家，自由灵魂，有

---

[1] WM，第556节，第381页。
[2] WM，第585节，第403页。
[3] WM，第608节，第416页。
[4] 参看WM，第589节，第410页。
[5] WM，第605节，第414页。

充沛强力意志的人，则不但有解释的能力，而且有正视认识的解释性质的勇气。这两者并存不是一件易事，因为倘若知道自己的解释仅是一种解释，而不是"真理"，解释的能力便会疲软，如虚无主义者所表现的那样，而为了保持解释的能力，则往往需要讳言其解释的性质，自信获得了"真理"，如形而上学家之所为。明知仅是解释，仍保持解释的兴致和能力，敢于正视"世界的无限可解释性"，并且勇于尝试多元的解释，正如尼采所说，这是"有力量的标志"。[1]

由此可见，种种解释并不是等价的，"每个解释都是生长或衰退的一个表征"[2]。解释的价值取决于强力意志的强度，取决于对生命的利弊。也正因为此，解释不是一劳永逸的，曾经被解释过的东西，又会重新成为解释的对象。尼采的早期著作《论历史对于生命的利弊》颇受后世解释学家重视，狄尔泰、海德格尔都对之作过评论，该文即以生命为尺度，对历史的三种解释，即纪念碑式、古董商式和批判式的解释，作了重新解释。尼采还曾谈到"许多空洞的、痴人说梦式的解释""迄今为止被乱涂乱画在那永恒的基本本文——人性——上面了"[3]，从而指出了对人性作重新解释的必要性。"人的每一提高都导致对较狭隘的解释的克服"[4]，可见解释本身是一个与

1　参看 WM，第600节。
2　WM，第600节，第413页。
3　《善恶的彼岸》。GA，第7卷，第190页。
4　WM，第616节，第418页。

人的改变相伴随的变化过程。

尼采不承认有形而上学意义上的"真理",他对他自己的哲学也作如是观。他把他的哲学看作对世界的一种新的"解释",把强力意志学说称作"对一切事件的解释"。[1]他说:"我的新解释为作为大地主人的未来哲学家提供了必要的坦然胸怀。"[2]在他看来,他的新解释的价值即在于此。

透视的多元性和关系世界

透视主义的题中应有之义是透视的多元性,或曰"解释的多元性"。从世界(本文)那方面说,也就是"世界的无限可解释性"。

其实,说认识是"解释",而不是对"事实"的"说明"(Erklären,亦可译为"澄清"),本身就已经包含了解释的多元性的意思。说世界是"可解释的",也就是说"它不是蕴含着一种意义,而是无数种意义"。既然认识是透视,那么,从不同的视角出发,就会有不同的透视。既然本文的意义唯有通过解释才能确定,那么,对同一个本文当然就允许作不同的解释。尼采一再阐述这个道理:"同一个本文允许无数种解释,不存在一种'正确的解释'。"[3]"根据我的经验,认为一般

---

1 参看KG,第7卷,第3分册,第349、354、355页。
2 遗稿。GA,第14卷,第31页。
3 遗稿。GA,第13卷,第69页。

来说存在着一种正确的,即唯一正确的解释,这个基本前提是错误的……事实上,在许多事例中,不正确的东西是确定的,而正确的东西则几乎都不确定……总之,老语言学家说:不存在唯一正确的解释。"[1]

为了说明透视的多元性,尼采设想在人类之外还可能存在其他认知的生灵。当然,我们永远无法确证有哪些这样的生灵存在,它们又具有何种透视方式。"想要知道对于别种知性和透视可能会存在什么,这是一种无望的好奇心。"[2] 但是,我们今天已经不再有那种可笑的自高自大心理,胆敢宣称只有从我们的角度才许透视。当我们明白我们的认识无法摆脱人类中心论之时,我们实际上也已经明白,人类仅是无数可能的透视中心之一,至少在理论上我们已经无法拒绝其他中心存在的可能性。透视主义是人类中心论的逻辑引申,但它又打击了人类中心论的乐观信念。人类出于种族生存的需要,把对已具有规范意义的评价视为"真理",可是,"且假定一下,倘若'万物的尺度'不是人",则一切都会变样。[3] 总之,我们已经无法回避"认识的多类型性"[4]问题。我们不得不承认:"知性的普遍现象是我们所不知道的,我们只具有特殊场

---

[1] 尼采致富克斯,1888 年 8 月 26 日。转引自 K. Jaspers, *Nietzsche. Einführung in das Verständnis seines Philosophierens*(雅斯贝尔斯《尼采哲学导论》),Berlin,1950 年,第 293 页。
[2] 《快乐的科学》。GA,第 5 卷,第 332 页。
[3] 参看《善恶的彼岸》第 3 节。KSA,第 5 卷,第 18 页。
[4] WM,第 496 节,第 344 页。

合","从每一种知性类型出发都必有一种世界观",[1]我们的感性和知性形式只是"一定种类动物的一种纯粹特异反应,与之并存的还有许多别的特异反应"[2]。

在整个宇宙的生成过程中,人类的认知方式纯属偶然。这首先是因为,人类的存在本身是偶然的,"没有人会认真主张必定有人类存在"[3]。其次,"认知和认识型式本身即已包含在生存条件之中",是生存条件的产物,而人类"事实上的生存条件也许只是偶然的,也许绝非必然的"[4]。尼采如此假定:"假如生存的性质会是谬误的,假如这是可能发生的,那么,真理、我们的全部真理会是什么呢?……是谬误的不负责任的翻倍?是谬误的更高乘方?"[5]他断言:"在更高类型的生灵那里,认识也将有新的形式,这种形式目前尚是不必要的。"[6]尼采之所以要这样一而再、再而三地极言人类认识型式的偶然性和狭隘性,是为了打击形而上学家的自负。既然人类是大自然的偶然产物,又因偶然的生存条件而形成了一种偶然的认识方式,那么,这样的人类就无权把自己的任何一种认识宣布为具有绝对和终极性质的形而上学真理。

这里有一个问题:从宇宙间存在许多认知生灵和认识

1　遗稿。GA,第12卷,第21页。
2　WM,第515节,第351—352页。
3　WM,第516节,第351页。
4　WM,第496节,第344页。
5　WM,第542节,第369页。
6　WM,第615节,第417页。

型式的可能性看，透视是多元的；但我们实在知道的认知生灵只有人类，那么，对于人类来说，是否只有单一的透视方式？我们只要回忆一下尼采关于每个情绪冲动都有其透视的论述，就可知道答案是否定的。毋宁说，人如同一个小宇宙，身上有许多情绪冲动，因而有许多透视中心。即使仅仅对人来说，世界也是无限可解释的。

由透视、解释、认识的多元性必然引出"真理""本文""世界"的多元性的结论，又进一步引出不存在"绝对真理""最后本文""真正的世界"的结论。"有许多眼睛。甚至斯芬克司也有眼睛：因而有许多种'真理'，因而也就不存在真理。"[1] 作为透视现象，"实质""本质"也是多元的。[2] 形而上学家主张在我们生活的这个世界背后有一个"真正的世界"（"世界 x"），尼采在批判"世界 x"之后接着写道："如果主张有 x 个世界，即在这个世界之外还有每个可能的世界，则是另一回事了。可是这一点从未被主张过……"[3] 所谓"世界 x"是指超越了一切透视眼光的世界，这样的世界是不存在的。"如果撇开透视，岂有一个世界剩得下！撇开了透视，也就撇开了相对性！"[4] "把握全（Alles）——这意味着废除一切透视关系：这意味着什么也不把握，误解认识的实质。"[5] 实际

1　WM，第 540 节，第 369 页。
2　参看 WM，第 556 节。
3　WM，第 586 节，第 408 页。
4　WM，第 567 节，第 386 页。
5　遗稿。GA，第 13 卷，第 64 页。

存在的是"x个世界",即许多个透视世界,其中哪一个都撇不开透视,都无权充当"真正的世界"。

那么,有没有可能对一个事物乃至整个世界作客观的描述呢?尼采在理论上不排除这样的可能性。不过,在他看来,所谓"客观"并不是超越一切透视,相反是综合了一切透视,是一切透视的总和。

例如,"这是什么?"这个问题的"客观"答案乃是一切生灵对它的"主观"答案("这对于我是什么")的总和。"只有一切生灵都向一个事物提出了自己的'这是什么?'的问题并作出了回答,这个事物才得到了描述。假如缺少某一个生灵连同它自身对一切事物的关系和透视,这个事物就仍然未被'定义'。"[1]注意,尼采在这里说的是"对一切事物的关系和透视",而不是"对这个事物的关系和透视"。也就是说,某一个生灵对这个事物的认识是由它对一切事物的透视关系所决定的。透视是由一个中心出发对世界的总体把握,一切事物都按照与此中心的关系而确定彼此间的关系。回答"这对于我是什么"的问题,实际上就是回答:"从我的角度看,这个事物与其他一切事物处于怎样的关系中?"所以,对一个事物的客观描述牵涉到一切生灵对它的关系,而其中每个生灵对它的关系又牵涉到这一生灵对一切事物的关系。结果,触一发而动全身,一物的"本质"牵涉到一切生灵对一切事物的关系。

---

1 WM,第556节,第381页。

尼采认为，世界上有无数"力的中心"（即"生灵"），每个中心都有它对世界的透视，即它对其他一切中心采取的行动，或者说，对于其他一切中心对它所采取的行动做出的反应。透视产生"外观世界"。就人类来说，"别的'生灵'对我们采取行动；我们整理过的外观世界乃是对它们的行动的一种整理和制服，是一种防御措施"。"问题是，难道不会还有许多种创造这样一个外观世界的方式？"[1]尼采在这里实际上是把透视作用普遍化，把相互作用的万物都视为主体了。正是在这个意义上，尼采说："只有主体是可证明的：假设只有主体——'客体'仅是主体对主体的一种作用……"[2]从这里可以看出，透视主义与尼采本人对世界的总体解释有着紧密联系。按照这一总体解释，世界的本质就是强力意志，万物都是强力意志的特殊形态。正因为此，万物都是主体，都是透视中心，都有其行动和反应方式，而"'世界'仅是表示这些行动的总和的一个词"[3]。这个作为每一个中心对于整体的透视之总和的世界，就是"关系世界"。

尼采写道："世界，撇开我们在其中生活的条件来看，这个我们不曾把它归结为我们的存在、我们的逻辑和心理偏见的世界，并非作为'自在'的世界存在的。它本质上是关系世界：如果可能，从每个点出发，它有其不同的面目；在每

1　WM，第569节，第389、388页。
2　WM，第569节，第389页。
3　WM，第567节，第386页。

个点上,它的存在本质上是不同的;它印在每个点上,它的每个点都承受了它——而在每一场合,其总和是完全不一致的。"[1]

前提是:第一,撇开人类特殊的透视,人类仅仅是无数透视中心("点")之一;第二,万物均是透视中心,"生灵"与"事物"、"主体"与"客体"的区分消失了。在此前提下,才谈得上对世界的客观描述。从每个点出发都可得到一个透视世界(即外观世界),它是这个点对其余一切点的关系之总和。在每个点上,这个总和是不同的。所有这些总和的总和,即一切点对一切点、一切事物对一切事物、一切主体对一切主体(都是一个意思)的关系的总和,才是世界的"客观"面目。

不难看出,尼采的"关系世界"同莱布尼茨的"单子世界"有某种相似之处。在莱布尼茨那里,世界由数量无限多的单子组成,每个单子都是一个具有能动性的中心,它对一切事物的关系使它成为一面以自己的方式反映宇宙的活镜子。有无数面这样的活镜子,因而有无限多的不同的宇宙。与尼采的区别在于,莱布尼茨把这些不同的宇宙看作唯一宇宙依据每个单子的不同观点而产生的种种景观。也就是说,在无数外观世界(不同的宇宙)背后有一个"真正的世界"(唯一宇宙)。这一点正是尼采所竭力反对的。在尼采看来,根本不能把各个外观世界看作某个"真正的世界"的显现,因为在

---

[1] WM,第568节,第387页。

一切外观世界背后并不存在这样一个"真正的世界",正像在一切事物对一切事物的关系背后并不存在一个无关系的世界一样。

我们还可以在尼采与胡塞尔之间作一比较。胡塞尔把"世界"看作现象的多样性和投影的多样性的总和,这一观点与尼采相似。不过,他相信这个总和可以被投影在纯粹意识中,形成客观的世界观念。对于尼采来说,却并不存在这样的纯粹意识。我们可以在理论上把"世界"界说为一切透视的总和,但我们实际上不可能获得这个总和,因为我们归根到底摆脱不了人类特殊的透视。所以,严格说来,对世界的客观描述在事实上是不可能的。

不过,在人类透视的界限内,我们对世界的认识仍可达到某种程度的客观性。尼采所理解的"客观性"是指对事物、对世界的尽可能多元的透视。我们无法知道其他一切"生灵"的透视方式,但是,在人类身上,由于并存着多样化的情绪冲动,透视也是多元的,人类所能达到的"客观性"的根据即在于此。尼采写道:"非自我化和'客观性'崇拜在认知领域里也造成了一种错误的等级秩序,在此之后,让我们为认知者重新争得巨量情绪冲动的权利!"[1]"客观性"并不是"无利害关系的直观",相反是要"善于恰好使透视和情绪冲动解释的差异性有利于认识","只有透视的看,只有透视的'认识';而我们对于一件事情愈是允许诸情绪冲动得以表

---

[1] WM,第612节,第417页。

达，我们对于这件事情就愈善于设置更多的眼睛，不同的眼睛，我们关于这件事情的'概念'、我们的'客观性'就愈是完善"。[1]有一点是尼采始终坚持的："客观性"不是撇开透视，而是增加透视的角度，用解释学的术语说，也就是扩大"视界的融合"。我们身上的各种情绪冲动愈是得到充分表达，我们与事物之间的关系（价值关系、实践关系）就愈是丰富，我们对事物的把握就愈是"客观"。所以，"客观性"并不是排斥"主观性"的，反是以充分发挥"主观性"为前提的。

尼采认为，能否充分表达各种情绪冲动，实现透视的多元性，取决于强力意志的强度。"一元性（一元论）是惰性的需要；解释的多元性是有力量的标志。世界不想否认它的令人不安的、暧昧的性质！"[2]真正的强者"深深厌恶一劳永逸地停留在任何一种总体世界观上"，充分领略"对立思想方式的魅力：非让自己受一受暧昧性质的诱惑不可"。[3]他不会因为超人类透视多元性的不可企及，而放弃实践人类透视多元性的努力。

透视的产物——外观

"外观"（Schein, Scheinbarkeit）是尼采的透视主

1　《道德的谱系》第3章，第12节。KSA，第5卷，365页。
2　WM，第600节，第413页。
3　WM，第470节，第330页。

义的一个重要概念。尼采说:"透视产生了'外观'的性质!""'外观世界'可以归结为从一个中心出发的、对世界的一种特殊的行动方式。"[1] 可见"外观"是透视的产物,"外观世界"即"透视世界"。

既然透视是从生命本能、情绪冲动、强力意志等出发的对世界的价值观照,那么,外观就是人与世界的价值关系的产物。"外观世界,即一个按照价值来看的世界;按照价值来整理、选择,在这一场合也就是按照对于一定物种的保存和强力提高的利害观点。"[2]

Schein,在德语中又有"光""假象"等含义。所以尼采常常把它与"谬误"(Irrtum)、"虚假"(Falsch)、"幻觉"(Illusion)、"欺骗"(Täuschung)、"谎言"(Lüge)等概念并提,并且认为:"一切生命之中"均有"欲求谬误的力量"。[3]"我们今天称作世界的东西是一大堆谬误和幻想的产物,这些谬误和幻想是在有机体的整个发展中逐渐产生的"[4];"如果不是建立在透视评价和外观的基础之上,就根本不会有生命"[5];"事物的真正性质如此有害于生命的前提,如此与之相对立,因此必须造成外观,才能生存"[6]。尼采甚至说:"只有一个世界,

---

1　WM,第567节,第386页。
2　WM,第567节,第386页。
3　WM,第544节,第370页。
4　《人性的,太人性的》第1卷。GA,第2卷,第32页。
5　《善恶的彼岸》第34节。KSA,第5卷,第53页。
6　WM,第583节,第397页。

这个世界虚伪、残酷、矛盾、有诱惑力、无意义……这样一个世界是真实的世界。为了战胜这样的现实和这样的'真理',也就是说,为了生存,我们需要谎言……"[1]在这里,尼采为了论证"外观""谬误""谎言"对于生存之必要性,预先设定了一个前提:"真实的世界"是有害于生命的。那么,这个"真实的世界"是"外观世界"背后的"真正的世界"吗?如果是的,岂不是与尼采否定任何非透视世界的观点相抵牾了吗?这个问题将在下面讨论,暂时按下不谈。现在我们先从尼采的结论谈起:生命以外观为必要条件。

纵观尼采对于外观的论述,至少可以把外观分成两大类别。一类是理性、逻辑、科学,另一类是感性、美、艺术。两者都是生命的必要条件。

第一类外观是我们为实践需要而加以整理和简化了的世界。世界本是永恒的生成,并无持存和同一之物。"唯有通过外观,某一个可计算的同一事件的世界才被造就……'外观'是一个经过整理和简化的世界,我们的实践本能创造了这个世界……"[2] "'现象'界是被整理过的世界,我们把它感觉为实在的。'实在性'在于相同、熟悉、类似之物的不断重复,在于它们的逻辑化了的性质,在于相信我们在这里能估计、计算。"[3] "如果思维不是首先替自己把世界这样改造为'物'、

---

1 WM,第853节。
2 WM,第568节,第387页。
3 WM,第569节,第388页。

自我同一的东西,就绝不会有所谓认识。是思维能力首先造成了不真实。"[1]

如果说第一类外观是把世界逻辑化的产物,它要消除的是世界的混乱,以求获得实践的效用(传达、计算等等),那么,第二类外观则是把世界审美化的产物,它要消除的是世界的无意义性,以求获得生命的信仰。尼采在《悲剧的诞生》中提出的日神精神,就是以创造这一类外观为鹄的的。尼采还写道:"这个透视世界,这个视觉、触觉、听觉世界,对于一种精致得多的感觉器官来说,是虚假的……概括得愈肤浅、愈粗糙,世界就显得愈有价值,愈确定,愈美,愈充满意味。看得愈透,我们的价值估价就消失得愈多——无意义性近在眼前了!"[2]可见逻辑化外观是一个工具价值世界,而审美化外观是一个目的价值世界。

当然,在尼采看来,这两类外观不是等值的。他曾谈到外观有等级之别:"是的,有什么东西迫使我们非要假定存在着'真'与'假'的根本对立?假定外观有等级,就像光的总色调有明暗之别一样(用画家的行话来说,即不同的明暗度),这岂不够了?"[3]这里所说的外观的等级也许有更广的含义,例如,可能包含生命类型和强力意志强度的差异造成外观等级之别的意思,而不单指上述两大类外观。不过,这不

---

[1] WM,第574节,第391页。
[2] WM,第602节,第413—414页。
[3] 《善恶的彼岸》第34节。KSA,第5卷,第53、54页。

妨碍它适用于上述两类外观。尼采在许多地方确实表现出了抑逻辑扬艺术的强烈倾向。即使在肯定第一类外观对于生命的积极作用的时候，他也总是把它看作从第二类外观派生出来的东西。他晚期在谈到《悲剧的诞生》一书时说："求外观、求幻想、求欺骗、求生成和变化（求客观的欺骗）的意志，在这里看得比求真理、求现实、求存在的意志更深刻，更本原，'更形而上学'，后者纯粹是求幻想的意志的一个形式。"又说：为了信仰生命，人"必须是个艺术家。他的确是的。形而上学、宗教、道德、科学，这一切只是他追求艺术、追求谎言、逃避'真理'、否定'真理'的意志的产物"。[1] 很显然，第一类外观（"真理""存在""科学"）被当作第二类外观（"艺术""幻想""谎言"）的派生物，放到了从属的地位上。

尼采认为，不论何种外观世界，就它构成我们的生活条件而言，"它对于我们完全是真的。也就是说，我们生活着，我们能够在它之中生活，这就是它对于我们的真理性的证明"。换一种说法，"外观"是"实在"的"存在形式"，[2] "实在精确地存在于每一个中心对于整体的这种个别的行动和反应之中"[3]，即存在于每个外观世界之中。在"外观"之外别无"实在"，根本不存在一个超越一切透视关系的世界。尼采不

1　WM，第853节。
2　WM，第568节，第387页。
3　WM，第567节，第386页。

遗余力地抨击了形而上学对"外观的世界"与"真正的世界"的划分以及对"真正的世界"的虚构，并且把这种形而上学虚构本身也判为透视的外观。

可是，问题仍然存在：危害生命的前提、迫使我们需要谎言的那个"无意义的世界"同外观世界究竟是何关系？我们从中整理出一个逻辑化现象世界的那个混沌世界又是什么？它们难道不是"真正的世界"吗？

尼采在谈到被整理过的现象世界时写道："这个现象世界的对立面不是'真正的世界'，而是无形式的、不可表达的混沌大千世界——因而是另一种类的现象世界，一个我们'不可知的'世界。"[1] 这段既令人困惑，又给人启示的话值得认真分析一下，也许可以从中找到澄清问题的路径。令人困惑之处在于，尼采在这里又一次确认了在我们的"现象世界"彼岸还存在着一个我们"不可知的"混沌世界，就像在前面引证过的那段话中承认在我们的"谎言"世界背后还存在着一个残酷的无意义的世界一样。"现象世界"（即逻辑化世界）和"谎言"世界（即审美化世界）均属我们的外观世界。我们可以把它们背后的那个混沌世界、无意义世界视为同一个世界，即一个在我们的透视之外的世界，在某种意义上是我们的解释所触及不到的"本文"。那么，尼采岂不是悄悄撤回了他对"两个世界"论的否决，自己也投了一份赞成票？然而，只要读得仔细，这一困惑是可以解除的。尼采说得明白：那个世

---

[1] WM，第569节，第388页。

界不是"真正的世界",而是"另一种类的现象世界"。所谓"真正的世界"是指超越一切透视关系的世界,而那个世界并非超越一切透视关系,仅仅是超越我们人类的透视关系,正因为如此,它对于"我们"是"不可知的",它不是"我们"的现象世界,而是"另一种类的"现象世界。这仍然是尼采所说的那个"关系世界",即有着无数力的中心的强力意志世界,仅仅由于我们未曾将它整理,即未曾同它发生透视关系,所以它对于我们来说是"无形式的、不可表达的混沌大千世界"。这个世界在广义上仍是透视世界即外观世界,因为它充满由各个中心发出的行动和反应,而并不是"一个没有行动和反应的世界"。[1] 从不同的中心出发,这个世界的面目各不相同,变幻无穷,所以它不具备本体意义。任何一个点都有对它的透视,即都可以以自身为中心赋予它一种形式,可是,一旦撤开这种透视,在这个点上,这同一个世界就化为一片混沌。所以,从根本上说,只有一个作为无数透视的总和的关系世界,当我们以人类为中心去透视它时,它就是属于我们的外观世界,当我们撤开人类的透视去设想它时,它就成了一个无意义的混沌世界。尼采说:"也许只会有一个外观世界,但不仅是我们的外观世界。"[2] 此话说的正是这个意思。

外观世界本是在同"真正的世界"相对立的意义上说的。"外观"即"假象",令人想象"假象"之下还掩盖着"真

1　WM,第567节,第387页。
2　WM,第583节,第397页。

相"。可是，既然并不存在"真正的世界"，外观是唯一的实在，那么，我们也就无权称其为外观了。在这个意义上，尼采又说："这里不再有丝毫权利谈论外观"[1]，"随同真正的世界一起，我们也废除了外观的世界"[2]。"让我们废除物，以及与之相联的最模糊的一个概念，即现象概念。"[3]

关于"自在之物"

尼采始终把康德的"自在之物"观念当作传统形而上学的近代形态，当作"真正的世界"的最后一种形式，对之作了大量批判。在康德哲学中，"自在之物"范畴至少有两层含义。其一，是指作用于感官、使感觉得以产生的原因，因而是认识的前提，认识即是知性运用范畴把感觉材料整理为经验的过程。其二，是指认识的界限，康德用这个范畴为认识划界，指出感性和知性以及作为两者的结合的经验都不能触及事物的本体，从而否定了形而上学作为科学的可能性。我们从这两个方面来讨论尼采的看法。这里先谈第一个方面。

按照尼采的透视主义，物即关系，根本不存在脱离一切关系的"自在之物"。可以把关系相对地分为两个方面，一是认识者对事物的透视关系，一是由此关系制约的事物之间

1　WM，第567节，第386页。
2　《偶像的黄昏》。KSA，第6卷，第81页。
3　遗稿。GA，第13卷，第49页。

的关系。这两方面的关系对于决定事物的性质都具有本质的意义。

"自在之物"观念的形成，首先就根源于无视透视关系的本质意义。尼采写道："认为物具有一种自在的性质，根本无视解释和主观性，这种见解乃是一个完全无益的假说。其前提是，解释和主观性似乎是非本质的，一物脱离一切关系似乎仍然是物。"[1]康德承认主观性在认识范围内的本质作用，但是，他在认识与实在之间划了一条鸿沟，否认主观性对于实在有任何作用。在尼采看来，主观性的本质意义恰恰在于是它构成了实在。也就是说，在"物"的诸关系中，它是本质的一维，一旦把它抽去，"物"便不成其为"物"。康德把"物"与"特性"分开，认为"物"在主体之外，作用于主体，而"特性"则是主体所产生的感觉和知性对这感觉加工的产物。尼采对此评论道："自在之物与属于我们之物之间的区分建立在一个古老的、朴素的知觉的基础之上，这个知觉把能量加于物身上。但是，分析表明，力也是被虚构进去的，实体也是如此。"[2]也就是说，不但"特性"，而且"物"，即"实体"及其对于主体的作用（"力"），都是主体的产物。所以尼采又说："'自在'之物如何可能，这个问题完全无视我们感官的感受性和理智的能动性，应当用下述问题来抵制它：我们缘何能知道物存在？'物性'是我们造出来的。问题是，

1　WM，第560节，第382页。
2　WM，第562节，第383页。

难道不会有许多种创造这样一个外观世界的方式——而这样的创造、逻辑化、整理、伪造难道不就是最可担保的实在本身：简言之，那'设置''物'的东西难道不就是唯一实在的；而'外部世界对我们的作用'难道不也仅仅是如此意欲着的主体的产物……"[1]

看起来尼采似乎在主张一种极端的主观主义，只承认主体，否认认识的任何客观源泉。其实，尼采在这里已经不仅仅在谈论认识论问题，而且也在谈论本体论问题了。正是在上面引证的这段话之后，尼采紧接着写下了前面曾经引证过的那段话，谈到"别的'生灵'"对我们采取行动和我们做出反应，然后说："'客体'仅是主体对主体的一种作用。"所以，尼采确实只承认"主体"，否认"客体"，但仅仅是在这一意义上：万物都是力的中心，都是主体，都有其透视，世界是无数透视关系的总和。用这个观点看，认识就是我们从自身的透视出发对其余一切关系加以组织。当然，即使没有我们的参与，其余一切力的中心及其相互作用仍然是客观存在的，但是它们对于我们不构成为关系。万物之间的关系是在我们对它们的透视关系中组织起来的。透视关系是一种实践关系，如果没有相应的实践需要，任何外部事物都不会进入我们的透视之中，也就是说，不会对我们发生作用。与我们无关的东西，我们是感觉不到的。所以，与其说某物对主体的作用是感觉的原因，毋宁说主体对该物的实践关系是感

---

[1] WM，第569节，第388、389页。

觉的原因。正是在这个意义上,尼采说"外部世界对我们的作用"也只是意欲着的主体的产物。

如果撇开主体与物的透视关系,物与物之间的关系便不复存在。如果撇开物与物之间的关系,物也就不复存在。尼采一再写道:"'自在'完全是一个悖理的观念,一种'自在的性质'是荒谬的:我们所拥有的'存在''物'等概念始终只是关系概念……"[1] "一物之特性乃是对他'物'之作用;撇开他物,一物便无特性,即不存在无他物之物,即不存在'自在之物'。"[2] "'自在之物'是荒谬的。如果我撇开一物的全部关系,全部'特性',全部'活动',就不再剩有该物了。"[3]尼采这方面的论述,令人想起黑格尔关于"自在之物"是抽去一切关系之后的"空洞的抽象"的论述,其相似之处是一目了然的。

康德把"自在之物"规定为知性所不能触及的先验客体,尼采认为,恰恰相反,"自在之物"同样是知性的产物。具体地说,第一,它是"出于逻辑上的需要,即为了描述和表达(为了联结多重的关系、特性、活动)",而虚构到这些关系、特性、活动中去的。[4]第二,思维的本性是要虚构出自我同一的绝对之物。第三,寻求原因的需要。"'认识'是一种回溯:按其实质是一种向无穷倒退。使之停下(停在一个所谓第一

1 　WM,第583节,第397页。
2 　WM,第557节,第382页。
3 　WM,第558节,第382页。
4 　WM,第558节,第382页。

因上，停在一个绝对物上，等等）的是懒惰、疲倦。"[1] 当我们把"物"当作它显露出的某些特性的原因时，我们实际上是"把所有其余的特性，一向存在而眼下隐蔽的那些特性，当作了原因"，"这完全是愚蠢荒唐的"。[2] 可见，正是知性逻辑造成了"自在之物"观念，而且，由于康德强调知性不能用于超验领域，这是知性的一次越权行为。不过，按照尼采的看法，这又恰好证明"自在之物"观念乃至一切形而上学观念同样也是人的透视，是人的需要的产物。"人把他的冲动投影为真理，把他的一定感官中的'目的'向身外投影为存在着的世界，形而上世界，'自在之物'，业已存在的世界。他的需要作为动力业已虚构了这个供他工作的世界；他事先就接受了它；这种事先接受（这种对真理的'信念'）是他的支柱。"[3] 当然，既为透视现象，就谈不上"自在"，也无权称作"形而上学"真理了。

关于认识的界限

我们接下来谈"自在之物"观念的第二个方面，即认识的界限问题。这个问题也就是世界的可知或不可知问题。

一般来说，尼采仅仅在世界是"可解释的"这一含义上

1　WM，第575节，第391页。
2　WM，第561节，第283页。
3　WM，第552节，第378页。

承认世界是可知的,[1]超出这一含义,涉及世界"本体",即在我们的透视和解释之外的世界,他似乎持不可知论立场。例如,他说:我们无法追溯思维和感觉的根源,"因为我们除了思维和感觉就别无所有"[2]。又说:"一个我们的器官可以达到的世界也被理解为依赖于这些器官的",而"我们当然不具备认识一个真正的世界的器官"。我们也"没有据以区分真正的世界和外观的世界的范畴"。[3]从这些话看,尼采似乎赞同康德的意见,人类受自身的认识能力(感觉和思维,器官和范畴,亦即感性和知性)的限制,不能认识现象界背后的"自在之物"。

但是,这仅仅是表面的相似。康德意义上的不可知论假定了"自在之物"的存在,而尼采却是否认"自在之物"的存在的。既然不存在"自在之物",那么,关于"自在之物"是否可知的问题也就无从谈起,成了一个虚构的问题。根本不存在一种不可知的世界本质,世界仅仅存在于透视中。问世界在透视之外是什么样的,就等于要在认识之外去认识世界,乃是荒谬的。"自在之物"之所以不可认识,是因为它一旦被认识,就不是"自在之物",而是与人相关之物了。可见"自在之物"这个概念本身即意味着排除认识,在认识论领域内纯属一个虚构的概念。

---

[1] 参看WM,第481节。
[2] WM,第574节,第391页。
[3] WM,第583节,第396、397页。

尼采写道:"关于认识的虚构是一个最大的虚构。人们想知道自在之物是怎么回事,却发现并不存在自在之物!不过,甚至可以假定,存在着一种'自在',一种绝对物,那么,正因为它是不可认识的!绝对的东西不可认识,否则它就不是绝对的!但认识始终'有条件地关涉某物';这样一个认识者却要求,他想认识的东西与他毫无关系,也与任何人毫无关系。在这里,第一,在认识的愿望与认识应当与他毫无关系这个要求之间存在着矛盾(究竟要认识什么?);第二,因为与任何人无关的东西根本就不存在,所以也就根本不可能认识。——认识意味着'有条件地关涉某物':因某物而感到自己是有条件的,同样也从我们方面限制某物本身。所以,在任何情况下,它都是条件的确认、描述、领悟(而不是本质、物、'自在'的探究)。"[1] 尼采在这段话里清楚地说明了一个道理:"自在之物""绝对""本体"等形而上学范畴本身就是与认识相矛盾的。所以,我们在认识论含义上应否认它们的存在。

然而,这里理当提出一个问题:我们在本体论含义上也应当否认它们的存在吗?难道认识的界限就是存在的界限,不可知就等于不存在?在人类认识的界限之外究竟是否存在着一个不以人类认识为转移的世界?

我们不妨回忆一下前面引证过的尼采关于存在着一个我们"不可知的"混沌世界的论述,便知尼采对这个问题的回

---

[1] WM,第555节,第380、381页。

答并非断然否定的。我们还有更多的证据,证明尼采承认在我们的透视世界背后还有一个我们不可知的世界,他常常称这个世界为"生成着的世界":"生成着的世界的性质被认为是不可表述的,'虚假的','自相矛盾的'。认识与生成互相排斥。结果,'认识'必须是某种不同的东西:求可认识性的意志必须领先,一种生成甚至必须制造存在物之错觉。"[1] "假如一切是生成,那么,认识唯有在对存在的信念的基础上才是可能的。"[2] "一个生成着的世界严格说来是不可能被'把握'和'认识'的,只要'把握着''认识着'的本能从纯粹的但永远变化的外观中发现、制作出一个业已加工过的粗糙的世界,只要这种外观维持了生命——只要有'认识'这样的东西存在……事情就是如此。"[3] 这里所说的"生成着的世界",也就是那个"不可知的"混沌世界,或那个在每个点上其总和都不同的"关系世界"。这个世界也是外观世界、现象世界,即尼采所说的"另一种类的现象世界",或"纯粹的但永远变化的外观"。它之所以不可知,并非因为它是"自在"的世界,绝对的本体,因而同我们不能发生任何认识的关系,而是因为认识以某种同一性为前提,为了认识,我们必须给自己制造出一个"存在着的世界",即与"永远变化的外观"性质相反的外观世界。

---

1 WM,第517节,第354、355页。
2 WM,第518节,第355页。
3 WM,第520节,第356页。

可是，矛盾依然存在。既然"生成着的世界"不可认识，我们又缘何知道它存在？如果它在我们的透视之外存在着，它与"自在之物"究竟有何区别？卢卡奇曾指出：关于存在和生成的观点支配着尼采的全部认识论。[1]此话有一定道理。尼采的本意是要说，世界是永恒的生成，存在仅是知性的虚构。在他看来，"自在之物"以及一切形而上学家所虚构的"真正的世界"，其实质均是以存在为世界的本质，从而把知性的虚构绝对化了。但是，如果生成本身绝对不可知，我们就没有资格谈论它。因此，为了维护自己的观点，尼采不得不诉诸感官的证据："只要感官显示生成、流逝、变化，它们就没有说谎……但赫拉克利特在这一点上始终是对的：存在是一个空洞的虚构。'外观'的世界是唯一的世界，'真正的世界'只是编造出来的……"[2]在这里，生成、流逝、变化被看作唯一的世界，并且是"外观"世界而非"真正的世界"，它由我们的感官而得显示。尽管尼采也曾强调过感官具有把事件同一化的能动作用，但他同时就指出，这种能动作用是由知性支持的。[3]比较起来，感性显示生成，而知性则虚构存在。尼采还把求外观的意志同求生成的意志并提，而同求真理、求存在的意志相对立。[4]前面我们曾谈到，尼采把"外观"分作两类，即逻辑化外观和审美化外观。现在我们可以进一

1　参看卢卡奇《理性的毁灭》，第343页。
2　《偶像的黄昏》。KSA，第6卷，第75页。
3　参看WM，第521节。
4　参看WM，第853节。

步论断，在尼采看来，这两类"外观"同那个在其背后的唯一的外观世界，即生成着的世界，是有着完全不同的关系的。逻辑化外观（知性透视）倾向于虚构存在，掩盖生成。审美化外观（感性透视）则显示生成，从而成为那个生成着的世界的征兆。所以，尽管生成着的世界处于我们的透视，尤其是知性透视之外，但是，它在我们的感性透视之中却显示了某种征兆，从而可以被我们猜测或感悟到。其中，尤能显示生成的是那种由所谓酒神冲动发动的感性透视。

我们可以把尼采的观点归纳如下：只有一个世界，便是生成着的世界；它是知性所不可认识的，知性只能把握存在，康德在知性的界限之外设置一个不可知的存在着的世界——"自在之物"，这乃是知性的虚构；生成着的世界可在感性中显示某种征兆，但由于我们无法将它整理和表述，在此意义上它仍是不可知的。

那么，何以世界是生成而非存在呢？凭什么相信感性的显示而不相信知性的建构？由感性透视中的征兆而推断透视之外的世界状态，岂非和由知性透视出发的推断一样，也是一种越界？生成着的世界就其不以人的认识为转移而言，难道不也是一种"自在"和"绝对"？无论如何，一种认识论倘若不想陷入彻底的怀疑主义，是不可缺少某种本体论前提的。尼采以透视主义为武器摧毁传统形而上学的基础，但是，当他要重建某种普遍价值之时，实际上对透视主义做了相应限制。不管他如何把透视的含义泛化，从而把超于人类透视的那个世界仍然称作外观世界、现象世界等等，然而，站在人类的立场上看，它当然不成其为透视世界了。我们必须承认，对尼采来说，以生成反对存在乃是一个先于他的认识理论的形而上学信念，是他的总体价值立场。尼采本人有一段话最清楚地表明了这一点："生成中不可能有自在的认识，那么，认识如何可能？作为超越自身的谬误，作为求强力的意志，作为求欺骗的意志。"[1]很显然，尼采是从他所理解的世界本质——生成——出发，得出他对认识之性质的看法的。

三、真理问题

真理的诸定义

尼采的真理观是由他的透视主义基本立场所决定的。在他看来，就像不存在"自在的认识"一样，也不存在与人无关的"绝对真理"。要问什么是真理，必须首先问一下什么是"求真理的意志"。长期以来，哲学家们都恭敬地谈论着这个"求真理的意志"，即所谓"真诚"。"真诚"是不容亵渎的。"哪怕只是远远地触动一下真诚问题，他们全体就掀起一阵道德的大喧嚣。他们全都装模作样，仿佛他们是靠了一种冷静的、纯粹的、神明般无动于衷的辩证法的自我展开，揭示和得出

---

[1] WM，第617节，第419页。

他们的看法的。"[1] 与这种纯而又纯的"求真理的意志"相对应的，必是一种黑格尔式的"绝对真理"观念，似乎真理是一种早已存在于宇宙间，只待人去发现的东西。尼采则对古老的"真诚"提出了质疑，他问道："究竟是我们身上的什么想要'追求真理'？"[2] 他认为这个问题乃是解开真理的斯芬克司之谜的关键所在。他的结论是："求真理的意志"的根源不是纯粹的"认识冲动"，而是人类的生命本能、种族保存的需要、强力意志，既然如此，那么"真理"也就不是某种自明之物，而是与人相关之物，是人类关系、信仰、价值，等等。

具体地说，对于"真理是什么"的问题，尼采提出了以下答案——

第一，真理是一堆人类关系。

"真理是什么？是数量变化不定的一大堆隐喻、转喻、拟人化表述，简言之，是一堆人类关系，它们被用诗意的、修辞的方式提高、翻译、修饰，一个民族在长久使用之后，便觉得它们是牢固的、有约束力的规范。真理是人们业已忘记它们是幻觉的幻觉，是失去了感性力量的用旧的隐喻，是图像已经磨灭的硬币，因而只被当作金属看，不复被当作硬币看了。"[3] 其实是"人把他的冲动投影为了真理"[4]。

第二，真理是强力意志。

---

1 《善恶的彼岸》第5节。KSA，第5卷，第18、19页。
2 《善恶的彼岸》第1节。KSA，第5卷，第15页。
3 《论非道德意义上的真理与谎言》。KSA，第1卷，第880—881页。
4 WM，第552节，第378页。

"真理意识是获取强力以按照我们的爱好塑造事物的手段",它"作为人的保存手段,作为强力意志",才有其权利。[1]"求真理的意志"是"强力意志的一种形式"。[2]"'真理'是主宰纷纭万象的意志。"[3]"'真理'不是存在在那里、有待于发现和揭示的东西——而是有待于创造的东西,用以充当一个本身不会穷竭的征服过程和征服意志的名称"[4];"最能向本能提供强力感和安全感的假说""最受本能偏爱和高估,因而最被视为真理","本能把它最不受拘束、最强有力的本领和能力设定为最有价值的东西即真理之标准"。就情感而论,"最有力地激起情感"的东西为"真"。就思想而论,"向思想提供最大力感"的东西为"真"。就触、视、听觉而论,"真"在"必须做出最强抵抗"的地方,"最高程度的做功唤起了对于对象的'真理性'的信念"。"真理的标准在于强力感的提高。"[5] "快感('力量')的证据是真理的标准。"[6]

第三,真理是信仰(信念)。

真理是"一种业已成为生存条件的信念"。[7] "'我相信如此这般'这样一个价值估价,乃是'真理'的实质。在价值

---

1 WM,第495节,第344页。
2 WM,第583节,第398页。
3 WM,第517节,第354页。
4 WM,第552节,第377页。
5 WM,第533节,第367页。
6 《偶像的黄昏》。KSA,第6卷,第93页。
7 WM,第532节,第366页。

估价中表达了保存和生长的条件。""必须有一堆信仰,应当作出判断,对一切重要的价值没有怀疑——这是一切生物及其生存的前提。所以,必要的是,必须把某物当作真的——而不是,某物是真的。"[1]"判断是我们最古老的信仰,我们最习惯的以为真或以为不真";是这一信念:"某物是如此的。"[2]康德的问题"先验综合判断如何可能"应当被另一个问题"为何必须相信这种判断"所取代——"也就是要理解:为了保存我们的种族,必须对这种判断信以为真;所以它当然也可能是错误的判断!或者,更明确地说,说得直截了当些,先验综合判断根本不会'可能',我们无权作此判断,在我们口中它纯粹是错误的判断。只不过对于它的真理性的信念却是绝对必要的,作为一种近视的信念和印象,属于生命的透视光学。"[3]

说真理只是信以为真,就等于说它实际上是不真。信仰并非真理性的保证。"在我看来,最为人笃信的先验'真理'——暂且假定,譬如说因果律——乃是极其熟练的信仰习惯,它们已化为血肉,以致倘若无此信仰,就会使一代人毁灭。然而它们因此就是真理了吗?什么逻辑!仿佛真理可以用人赖以生存来证明似的!"[4]"一种信仰对于种族的保存如此

1　WM,第 507 节,第 348 页。
2　WM,第 531、523 节,第 365、366 页。
3　《善恶的彼岸》第 11 节,KSA,第 5 卷,第 25、26 页。
4　WM,第 497 节,第 344 页。

必要,仍然可以与真理无干。"[1]可见,"真理是信仰"这一命题本身就意味着对"真理"的真理性的否定。真理是信仰,但信仰不是真理,所以,真理不是真理。尼采由此得出"真理是谬误"的命题。

第四,真理是谬误。

"真理是谬误的一种,舍之一定类型的生物便不能生存。对于生命的价值归根到底起决定作用。"[2]"'真理性的标准'仅是这样一个原则上错误的体系的生物学上的有用性:如果某一类动物除自我保存外不知有更重要的事情,人们事实上就可以在这里谈论'真理'。"[3]谬误是"生命的条件","最错误的判断(包括先验综合判断)是我们最不可缺少的判断",没有它们,"人就无法生存"。[4]"一切生命之中"都有"欲求谬误的力量",谬误是"思维本身的前提"。[5]说"真理是谬误",并不等于说一切谬误都是真理。只有那些作为生存条件起支配作用的谬误才是真理。"'真理':按我的思维方式,它未必是谬误的对立面,在多数场合,只是不同谬误彼此间的一种位置。譬如说,一种谬误比另一种更古老,更根深蒂固,甚至也许是不可铲除的,只要我们这类有机生物离开它就不能生存;相反,对我们来说,其他谬误不是这样作为生存条件起

1　WM,第487节,第340页。
2　WM,第493节,第343页。
3　WM,第584节,第399页。
4　《善恶的彼岸》第4节。KSA,第5卷,第18页。
5　WM,第544节,第370页。

支配作用，毋宁说，用这样的'支配'来衡量，是可以被排除和'驳斥'的。"[1] 所以，各种谬误依照它们同种族生存的关系而排列出位置，那些促进生命的谬误被人类视为真理，那些与人类基本生存条件相抵牾的谬误则被视为谬误。

第五，真理是价值判断。

"价值问题比可靠性问题更基本：只有回答了价值问题，后者才可认真对待。""可靠性问题本身已是一个派生问题，一个次等问题"，可靠性的标准在于价值估价。[2] 道德、理性范畴的"真理性"仅在于它们的效用。[3] 各种"认识论基本立场（唯物论、感觉论、唯心论）是价值估计的结果"。[4] 甚至传统形而上学本身，也应以价值观视之："'真正的世界和外观的世界'——这一对立被我归结为价值关系。"[5] 价值又与强力意志相关："价值及其变化与价值设立者的力的增长相关。"[6]

第六，真理是较容易的思维方式。

"什么是真理？——懒惰；一种令人满意的假说：精神力量的最小消耗，等等。"[7] 这是尼采对真理的所谓"自明性"的解释。换一种说法，便是："较容易的思维方式战胜较困难的

1　WM，第535节，第367、368页。
2　WM，第588节，第409页。
3　参看WM，第514节。
4　WM，第580节，第395页。
5　WM，第507节，第348页。
6　WM，第14节，第16页。
7　WM，第537节，第368页。

思维方式。"[1] 不过，自明性并不能证明真理性。因为自明性诉诸逻辑公理，而逻辑公理"当然超不出最大多数人利益的功利性尺度"。[2]

尼采给真理所下的上述种种定义，实质上是同一原理的不同表达。他否定了真理的绝对意义，强调了真理依人类或一定种族利益转移的相对意义，否定了真理的目的价值，强调了真理作为生存手段的工具价值，否定了真理的科学性质，强调了真理的信仰性质、价值性质。如果要用一句话来表达尼采对真理的看法，不妨说，真理就是因其对于生命的价值而被人类所信仰的谬误。

真理的悖论

上面归纳了尼采对"真理"概念的几种界说，这些界说都是从种族生存条件的意义上把握"真理"概念的。对之深入分析，我们便会发现，尼采的真理观包含着内在矛盾。现加以讨论。

矛盾之一：

当尼采把"真理"界说为对生命有利的"谬误"时，他实际上设定了两个不同的真理概念：一是作为生命条件的透视的真理；另一是撇开生命的透视和人的尺度的真理，只有

1　WM，第538节，第368页。
2　遗稿。GA，第13卷，第54页。

用它来衡量，才可把前一种真理称作谬误。正像雅斯贝尔斯所指出的："尼采的这种说法仅仅在下述情况下才有意义：从生命不可达到的一种真理出发，看穿推动生命的认识是谬误。"[1] 尼采在谈到真理与谎言的关系时还说过：为了使共同生活成为可能，共同体的成员必须按照规则"说谎"，这样的"谎言"便被视为"真理"。如果不按规则说谎，不用印铸的硬币支付，由共同体的眼光看便是非真理，是"被禁的谎言"。如果超越共同体的规则而试图思考和表达本来的真理，这样的真理就是为了共同体利益而必须加以禁止的"被禁的真理"了。[2] 这里尼采分出了三种情形：一是被禁的谎言，二是被允许的谎言，三是被禁的真理。很显然，无论被允许的谎言还是被禁的谎言，它们之所以都被称为谎言，是同"被禁的真理"即本来的真理相比较而言的。

那么，究竟有没有超越于生命之透视的本来的真理呢？如果有，岂不违背了透视主义？如果没有，又凭什么把透视的真理称为"谬误"或"谎言"？换言之，即使为了看出透视的真理是"谬误"，与它相对还存在着非透视的自在的真理，也必须暂时摆脱掉透视主义，而在尼采看来，透视主义是不可摆脱的。

尼采自己说："一个人必须在生命之外有一个立足点，用不同的方式……去了解生命，方能真正触及生命的价值问题。

---

[1] 雅斯贝尔斯《尼采》，第186页。
[2] 遗稿。参看 GA，第10卷，第192—197、209页。

有足够的理由表明，这个问题是我们不可企及的问题。"[1]这段话完全适用于真理问题。我们无法在生命之外获得一个考察真理问题的立足点。也许可以这样解释尼采的本意：尼采据以把透视的真理称为"谬误"的那个自在的真理，仅是形而上学家们的虚构，尼采正是要反对这种虚构，只是在与这种虚构相对立的意义上，才把透视的真理界说为"谬误"。他想指出，逻辑范畴等并非如形而上学家们所说是自在的真理，而只是透视的真理。说它们是"谬误"，也就是说它们不是自在的真理。尼采本人倾向于扬弃真理与谬误的区分，而把透视的真理看作唯一的真理。他写道："真理概念是荒谬的。整个'真理—谬误'领域只关涉生灵（Wesen）之间的关系，而不关涉本体……"[2]宇宙间并无业已存在着、有待人去发现和揭示的真理，真理与谬误的界限完全是遵照人类关系而确定和变化的。

不过，矛盾仍然存在：如果不是假定自己站在生命之外的某个立足点上，怎么能看出一切真理均属生命的透视？如果不是假定自己立足于绝对，怎么能看出真理的相对性质？形而上学家把透视的真理视为绝对真理，这固然错误，但他们之所以如此，正是因为他们摆脱不掉透视主义。身在透视之中的人，其特点恰好是不知透视为透视，"不识庐山真面目，只缘身在此山中"。相反，看出了透视为透视，倒是表明已经

---

1 《偶像的黄昏》。KSA，第6卷，第86页。
2 遗稿。GA，第16卷，第106页。

出了"此山",站到超透视的形而上学立场上了。或者,我们可以把透视主义贯彻到底,也以透视主义来看待尼采的透视主义,那就应该说,尼采对透视的洞察也仅是一种透视,真理的相对性原理同样是一个相对的真理,而"真理是谬误"的命题也是一个谬误。我们陷入了悖论之中。

矛盾之二:

尼采一方面把理性范畴、形而上学、道德等看作生命条件意义上的透视真理,另一方面,他却又常常谴责它们压抑本能,残害生命。关于这一矛盾的说法,尼采本人提供了以下两种辩护。

其一,尼采认为,作为生存手段的透视真理,如果被绝对化为自在的真理,生存的目的,价值的尺度,真理性或实在性的标准,就会反过来构成对人所安身立命的现实世界的否定,从而损害生命,使生存手段变成了反生存的手段。[1] 然而,把逻辑的透视真理绝对化为自在的真理,进而道德化为价值标准,这正是形而上学的特点,而尼采本人把形而上学信念也看作"为了保存我们这个物种"所必需的"近视的评价",[2] 看作由人的需要所发动的虚构和人的支柱,[3] 简言之,也看作作为生存手段的透视真理。结果,那个奇特的矛盾仍未排除:形而上学既为生命所必需,又构成为对生命的危害。

---

1 参看WM,第584节。
2 参看《善恶的彼岸》第3节。
3 参看WM,第552节。

或者说，对生命条件的无限信仰（形而上学信仰）本身也是生命的条件，但这种信仰把条件置于生命之上，又起了贬低生命的作用。

在尼采看来，形而上学的最大罪恶在于用虚构的"真正的世界"否定我们生活在其中的"外观的世界"。然而，我们知道，"真正的世界"是通过把逻辑化外观世界加以绝对化而构造出来的。那么，这样一个本身旨在无限抬高外观世界的虚构，又怎么会构成对外观世界的否定呢？也许，答案要从两类不同的外观世界之间的关系中去寻找，尼采所反对的是，形而上学抬高了逻辑化外观世界，否定了审美化外观世界，而后者是同生命本身更为接近的。

其二，尼采认为，一切"真理"都是透视真理，但它们并非等值的，"真理"的价值取决于其背后的"求真理的意志"的价值。他说，他由寻问"求真理的意志"的根源进而"面对一个更为根本的问题"，即这种意志的价值和真理的价值的问题。[1] 意志的价值又取决于其力度。由于"生命类型的等级"不同，或者说，由于"天性力度上的根本对立"，较弱的意志仅仅"认识到某物是如此这般的"，较强的意志则通过"行动而使某物变成如此这般"。前者求"认识"，后者求"创造"。[2] "相信如其应然的世界已经实际存在着，这是无创造力的人的信念，他们不愿创造一个如其应然的世界。他们设想

1　参看《善恶的彼岸》第 1 节。
2　参看 WM，第 585、592 节。

它是现成的,他们寻找手段和路径以求到达它那里。'求真理的意志'——是求创造的意志的疲软。"[1]在尼采看来,传统形而上学就是如此。传统形而上学把逻辑范畴实体化,把透视真理绝对化,原是为了获得一种业已支配世界秩序的权力感。在这个意义上,尼采曾把"求真理的意志"看作强力意志的形式。但是,作为生命条件的"求真理的意志"同时又是使生命及其创造力麻痹的东西。"主张真理存在在那里,这是世上最大的诱惑之一,如果相信这种主张,则求试验、研究、预见、尝试的意志就被麻痹了。"[2]所以,尼采又把"求真理的意志"看作求创造的意志的疲软。这两种相反评价的立足点是不同的,前者立足于种族的保存,后者立足于种族的提高。被动的"认识"是病弱者的自保手段,主动的创造才是强健者的自保手段。"真理意味着提高人的类型的东西。"[3]用这个标准衡量,一度被视为生命条件的形而上学便遭到了否弃。

尼采用意志价值的不同来说明真理价值的不同,对不同的透视真理作了对比和褒贬。但这同样没有排除掉对同一类透视真理即逻辑和形而上学的矛盾评价。他对形而上学的批评,无论从方法论上批评形而上学把透视真理绝对化,还是从心理学上揭露形而上学根源于创造意志的衰竭,实际上都针对同一个情况,即形而上学把作为生存手段的逻辑等当成

---

1 WM,第585节,第402页。
2 遗稿。GA,第15卷,第476页。
3 遗稿。GA,第15卷,第178页。

了自在的真理。这同一个形而上学信念又被尼采看作种族生存的手段。所以，对形而上学的肯定评价和否定评价都是从同一个根据出发的，而这种评价上的矛盾又同尼采真理观中的另一个矛盾密切相关。

矛盾之三：

尼采说，真理就是信仰，就是信以为真，而不是实际上的真。但是，什么叫信以为真呢？信以为真就是相信真理是实际上的真！信仰之为信仰，就在于它把自己看作真理，而不是只看作信仰。一旦信仰把自己只看作信仰，它就不成其为信仰了。当尼采说真理只是信以为真、不是实际上的真之时，他实际上已经不信以为真了。尼采自己也发现了这一点，写道："由这观点看，一种信仰也就不成其为信仰，不复是信仰了。"[1] 但是，信以为真是生存所必需的错觉。所以，揭穿它是违背种族生存利益的。俄国哲学家舍斯托夫曾经对此评论道："如果虚假的先验判断对人类如此必要，缺了它们生命就不可能继续，弃绝它们就意味着否定生命，那么，它们还是恢复它们从前的'真实判断'的可敬名称为好，因为在这一伪装之下能最好地完成它们崇高的目的。为什么要暴露它们的虚假呢？为什么不学康德和托尔斯泰的榜样，将它们的根植于另一个世界，以使人们不仅信仰它们的真理性，而且还使人们深信它们具有一种天国的、形而上的基础？如果一种谎言对生命来说如此必需，那么，让人们认为这谎言并非谎

1　遗稿。GA，第13卷，第49页。

言而是真理也就同样必需。"[1] 舍斯托夫不无道理地指责尼采是"在大庭广众中高喊出了哲学的职业秘密"。类似的指责适用于尼采的全部认识论和真理观：揭穿人类中心论实际上剥夺了人类充当中心的资格，透视主义使得透视成了问题，"真理即信仰"的命题败坏了人们对真理的信仰。

上述种种矛盾在认识论范围内都是无法解决的。任何认识论都有其形而上学前提，尼采的认识论也不例外。事实上，之所以出现认识论范围内不能自圆其说的矛盾，正是引入了某种形而上学前提的结果。例如，尼采从世界是生成的立场出发，才把为人类生存所需的任何确定的真理视为谬误；他对逻辑、形而上学的矛盾评价其实是立足于两种不同的立场，肯定的评价出自透视主义，否定的评价出自艺术形而上学；而他明知生存需要"信以为真"的幻觉却仍然公开揭穿这种幻觉，则是同他提倡的极端虚无主义的悲剧精神分不开的。[2] 可见，只有联系尼采本人的形而上学和总体价值立场，才能对他的真理观中的内在矛盾作出合理解释。

1　舍斯托夫《悲剧哲学》第25节。
2　参看 WM，第13、15节。

第四章　强力意志和永恒轮回：形而上学的重建或扬弃

　　尼采的透视主义对于传统形而上学具有极大的摧毁作用。按照透视主义，传统形而上学对于世界本质的一切论断只不过是知性的解释，因而失去了充当形而上学的资格。如果彻底贯彻透视主义，则事情就不止于此，不但传统形而上学，而且任何形而上学都不复可能。那么，人们很自然地会提出一个问题：当尼采本人对世界本质有所论断时，例如，当他用"强力意志"这个概念来概括世界的本质时，他是否违背了他自己的透视主义，站到了形而上学立场上，抑或他只是在透视主义许可的范围内提出了对世界的一种新的解释？

　　在后世哲学家中，海德格尔称尼采为西方最后一位伟大的形而上学家，这一论点是十分著名的。不过，反对这一论点的也大有人在。尼采本人一方面持激烈的反形而上学态度，另一方面又确实具有强烈的形而上学倾向，这种矛盾使问题复杂化了。单单指出这种矛盾当然是不够的，我们的任务是探明尼采的反形而上学立场如何影响到他本人的形而上学建构，导致他对世界作出了不同于以往的解释。也就是说，问题不在于尼采是不是一位形而上学家，而在于当我们把他看作一位形而上学家时，他的形而上学与传统形而上学相比有些什么根本性的差异，这些差异恰恰是他的反形而上学立场的产物。

在尼采对世界本质所作的论断中，"强力意志"和"永恒轮回"是两个主要范畴，应当着重讨论。此前先要讨论一个问题：既然透视主义已经堵绝了一切通往世界本质的道路，那么，当尼采对这一本质作出论断时，究竟有什么方法论上的根据？在摧毁了传统形而上学之后，尼采是通过什么途径重建他本人的形而上学的？

一、重建形而上学的途径

价值的翻转

在批判传统形而上学时，尼采把一切传统形而上学体系视为否定生命和现实世界的价值体系，指出这种价值设置必然导致虚无主义，并提出"一切价值的重估"作为克服虚无主义的必由之路。以价值设置为形而上学的实质，这里正蕴含着重建形而上学的可能性。海德格尔写道："价值重估首次把存在思考为价值，形而上学借之而成为价值思考。"[1] 此话颇

1　海德格尔《尼采》，第 2 卷，第 35 页。

有理。事实上，尼采的形而上学不但也是一种价值设置，而且其自觉程度甚高，是对传统价值设置的一种自觉翻转。

形而上学按其本义是对绝对者的把握，绝对者即超越透视之物，这当然是违背透视主义的。但是，对绝对者的把握本身又是生命的一种透视需要。所以，形而上学作为超越透视的透视，乃是一个自相矛盾。传统形而上学解决这个矛盾的方法是把透视的某些结果（理性范畴等）绝对化，从中引出其余的透视现象。"一切形而上学都从绝对者中推导出有限者，这是荒唐的。"[1] 尼采反其道而行之。既然设立绝对者是生命本身的透视需要，那么，他就不是把透视的某些结果，而是把透视的原动力，即生命本身，加以绝对化，再由之引出一切透视现象便显得顺理成章了。这样，"生命"成了尼采形而上学的一个基本概念。他把形而上意义上的"存在"规定为"'生命'概念的普遍化"，即"生成"。[2] "强力意志"概念也是从"生命"概念脱胎出来的。传统形而上学用绝对者否定有条件者，然而，"在现实世界里，万物都绝对是彼此联系的、有条件的，因此任何事物都要受谴责和蔑视"，结果"就遏止了生命的源泉"。[3] 用生命透视的产物去压制生命，这正是传统形而上学的荒唐之处，尼采赋予"生命"概念以形而上的重要性，则是从捍卫生命的价值立场出发的。

1　WM，第574节，第391页。
2　WM，第581节，第396页。
3　WM，第584节，第401页。

尼采认为，历来形而上学家的共同特性是"仇恨生成观念"[1]，心怀"对一切流逝、变动、变化之物的蔑视和仇恨"。他们信仰存在者，其"真正的根源是对生成者的不相信，对生成者的不信任，对一切生成的蔑视"[2]。由此而否定外观，虚构"真正的世界"。也由此而猜疑感官，抬高理性。尼采针锋相对地提出：如今我们要"下决心去接受感官的证据——去学会锐化感官，武装感官，透彻思考感官"[3]。也就是说，要相信感官显示给我们的生成和外观。传统形而上学否定生成和外观，把不变的存在者世界视为"真正的世界"、本体世界，尼采对之实行价值的翻转，把生成着的、外观的世界视为唯一真实的世界。他写道："哲学家的克服，通过存在者世界的毁灭：虚无主义的过渡阶段，在有力量翻转价值，把生成者、外观世界作为唯一的世界神化和赞同之前。"[4] 这里的"哲学家"指传统形而上学家，他们所虚构的"存在者世界"的毁灭意味着传统形而上学的解体，即虚无主义。而尼采刚通过"翻转价值"重建了以生成、外观为唯一实在的新形而上学，从而克服了虚无主义。尼采还写道："作为外观的'存在者'；价值的翻转：外观是价值的出借者。"[5] 传统形而上学所信仰的"存在者"只是透视的产物——外观，"存在者"的价值本是

---

1 《偶像的黄昏》。KSA，第6卷，第74页。
2 WM，第585节，第402页。
3 《偶像的黄昏》。KSA，第6卷，第76页。
4 WM，第585节，第404页。
5 WM，第617节，第419页。

外观授予的，所以，外观比"存在者"更加本原。"从前，一般来说，人们把转化、变化、生成看作假象的证明，看作必定有某种引我们入迷途的东西存在的标记。今天，我们反过来看，恰好至于理性的偏见驱使我们设置统一、同一、持续、实体、始因、物性、存在的地步，在一定程度上把我们卷入错误，强制我们发生错误……"[1] 请注意，尼采一再用"翻转价值""价值的翻转""反过来看"之类的说法，很显然，他对于他以价值的翻转为契机重建形而上学的做法是有充分自觉的。

"生成"（Werden）是尼采形而上学的另一个基本概念，它是在与"存在"（Sein）相对立的意义上提出的。"存在"这一概念在尼采著作中也有不同含义。在多数场合，它指知性的透视，即作为生命条件的持续、不变、同一等特性。"生成"即与这一含义的"存在"相对立。有时候，尼采也在广义形而上学的含义上使用"存在"一词。例如，当他说"存在"必定是"某种非主体、非客体、非力、非质料、非精神、非灵魂的东西"[2]，说"一样东西愈可以认识，就愈远离存在，愈是概念"[3] 等的时候，其中的"存在"就是指世界的某种不可知的超验本质。而在尼采看来，"生成"概念正是用来标记这一含义上的"存在"的。尼采自己认为，他

1　《偶像的黄昏》。KSA，第6卷，第77页。
2　遗稿。GA，第13卷，第239页。
3　遗稿。GA，第14卷，第30页。

的"生成"学说有两个来源,一是前苏格拉底哲学,尤其是赫拉克利特的哲学,另一是德国近代的辩证法哲学。[1]这一学说把世界看作一个不可认识的绝对的、永恒的生成过程。"生成"概念一方面是"生命"概念的普遍化,把整个宇宙看作一个生生不息的生命体;另一方面却又超越了"生命"透视的眼界,因为生命的透视是必须以某种确定不变的"存在者"为其地平线的,"生成"不能构成为地平线。尼采提出"生成"学说,在两个方面翻转了传统形而上学的价值设置。其一,传统形而上学把人类知性(理性)的透视绝对化为世界理性,"生成"学说则否认了世界理性,认为"世界不是永恒理性的体现"[2],而是一个不可凭知性把握的非理性过程。其二,传统形而上学把某种道德意图、目的虚构进世界秩序之中,以此责难、审判生命,"生成"学说则否认任何形而上的目的,用"生成的无罪"为生命辩护。[3]总之,如果说传统形而上学设置了一个逻辑化、道德化的世界本体,那么,尼采用"生成"概念标志的则是一个既不可以凭逻辑加以把握,也不可从道德上加以评价的世界过程。

---

[1] 参看WM,第419、1058节。
[2] 《人性的,太人性的》第2卷。GA,第3卷,第190页。
[3] 参看WM,第552节,第378页;《偶像的黄昏》,KSA,第6卷,第96页。

从自我到世界

尼采一方面强调人对世界的认识都是人类的特异反应，不能触及世界的本质；但是，另一方面，他又认为，人可以通过自我认识达到对世界的认识。

在早年一篇论"希腊悲剧时代的哲学"的札记中，尼采引述赫拉克利特的一句名言"我寻找过我自己"，据此赞扬赫氏是唯一真正贯彻了德尔菲神谕"认识你自己"的人。[1] 在《人性的，太人性的》中，他又如此号召："如你所是，做你自己的经验之源泉！抛开对你本性的不满，宽容你自己的自我：因为无论如何，你在你自己身上有着百节台阶，你可借之向认识攀登。"[2] 后来，尼采还一再强调："人认识自己到什么程度，他认识世界也就到什么程度：也就是说，他对自身及其复杂性惊奇到什么程度，世界之底蕴就向他暴露到什么程度。"[3] "我们属于世界之本性，这一点毫无疑义！除了通过我们自身，我们别无到达世界之门径：我们身上的一切高处和低处必须被理解为是属于世界之本质的。"[4] 总之，人是世界的一部分，世界的本性、本质必然在人身上有所体现，人与世界之间存在着类比关系。"必须把一切运动、一切'现象'、

1　参看《尼采研究年鉴》，第 6 卷，第 30、31 页。
2　《人性的，太人性的》，第 1 卷，第 292 节。KSA，第 2 卷，第 235、236 页。
3　遗稿。GA，第 10 卷，第 144、145 页。
4　转引自《尼采研究年鉴》，第 6 卷，第 33 页。

一切'规律'仅仅看作一种内在事件的征兆,并为此目的而利用人作类比。"[1]也就是说,我们可以在自我认识的基础上,通过类比方法猜测到世界万象背后的"内在事件"。在尼采看来,这种"内在事件"就是强力意志。

尼采曾经把人类中心论看作认识不可摆脱的限制,认识主体与世界本体之间不可逾越的屏障。现在,尼采又强调人类自身是通达世界本质的唯一门径。前者说,因为从人类自身出发,所以不能认识世界本质。后者说,只有从人类自身出发,才能认识世界本质。两者岂非自相矛盾?其实,矛盾是表面的。认识之不能摆脱人类中心论的限制,是指认识不能摆脱生存需要以及由生存需要所决定的知性逻辑框架。在尼采看来,正是这种知性形式不能触及世界的本质。我们只要回忆一下尼采对"内心世界的现象论"的分析,便可知道,尼采还认为这种知性形式同样也不能触及自我的本质。所以,作为认识世界本质的唯一途径的自我认识,绝不是指对自我的知性把握。

那么,究竟什么样的自我认识可以为我们认识世界提供类比呢?

尼采所主张的自我认识常常是指丰富而深刻的内心情感经验,借此把自我造就成为一张人类文化普遍历程之网。这是文化意义上的自我认识,此处不论。就本体论意义而论,能够沟通自我与世界本体的那种自我认识,实际上就是尼采

1　转引自《尼采研究年鉴》,第6卷,第41页。

早年描述过的酒神状态（醉）。在酒神状态中，个人的"自我"与宇宙"大我"息息相通，"从存在的深渊里呼叫"，"通向存在之母、万物核心的道路敞开了"。[1] 这也就是尼采后来所说的"灵感"状态，这时"自我"成了"某些极强大力量的纯粹化身"，"一切存在的语言和语言宝库向你突然打开"。[2] 由此可见，具有本体论意义的自我认识不是理性的反省，而是非理性的体验，这时候的"自我"并非一个被认识的客体，反倒成了宇宙本体的一个化身。它接近于处在创作亢奋状态的音乐家和抒情诗人的自我，而正是在与之类比的意义上，尼采把世界本体称作"酒神的宇宙艺术家"或"世界原始艺术家"。[3]

为了论证类比原则，尼采提出一个假说：作为宇宙有机生成的一个组成部分的人体，以简缩形式包含了以往全部有机生成的"记忆"，这种"记忆"会在某个瞬间被唤醒，使人在一种闪电般的"回忆"中意识到自己在宇宙生成中的起源。他写道："人的躯体，一切有机生成的整个最远最近的过去在它上面重又变得生气勃勃、有血有肉，一道无声洪流仿佛通过它向前流去：躯体是一个比古老'灵魂'更令人惊奇的思想。"[4] 它是"对全部过去生命的回忆"。[5] "在感情的奔放中，在

---

1 《悲剧的诞生》，第5、16节。
2 《看哪这人》。KSA，第6卷，第339—340页。
3 《悲剧的诞生》，第1、5节。
4 转引自《尼采研究年鉴》，第6卷，第39页。
5 KG，第8卷，第1册，第137页。

幻梦和疯狂的玄想里，人可以发现他的原初面目和人类的古史，兽性及其狰狞之状，他的记忆这时回到遥远的往古；而他的文明形态是从忘却这原始经验即抛开这记忆之后发展成的。"[1] "我私下发现，古老的人性和兽性，乃至整个原始时代，一切有感觉的存在物的过去，在我身上继续思维着，继续爱着，继续恨着，继续推论着……"[2] 德国学者基尔西霍夫认为，尼采的这一"回忆"说与柏拉图的"回忆"说相似。[3] 就"回忆"作为人与宇宙本体沟通的手段而论，两者确有相似之处。但其间的重大差别也不应忽视：在柏拉图那里，"回忆"的主体是灵魂，"回忆"的对象是抽象的理念世界；相反，在尼采这里，"回忆"的主体是躯体，"回忆"的对象是活生生的宇宙有机生成过程。当然，尼采所说的躯体并非纯粹生理意义上的，它是生理心理的混合，相当于弗洛伊德学说中的深层"自我"（"本我"），而躯体的"回忆"则相当于荣格所说的"集体无意识"或"原始意象"。在尼采看来，正是人的深层"自我"，即种种不可名状的情绪冲动，才是真正属于世界本质的，是种族的、生命的、宇宙的生成之流的一片断，这种内在的从属关系使得"躯体"（深层"自我"）能够成为认识世界本质的引线，在一种迷狂状态中显露出世界过程的真相。

---

1 《朝霞》。GA，第4卷，第253页。
2 《快乐的科学》。GA，第5卷，第87、88页。
3 参看《尼采研究年鉴》，第6卷，第36页。

很显然，尼采在人与世界本质之间所作的类比，是以他对人性的判断为前提的。由于他把理性仅仅看作人性构成中的表面层次，而认为非理性的欲望、激情、冲动等才是人的深层本质，所以，他也就否认世界的理性性质，而主张世界是一个非理性过程。"世界不是永恒理性的体现，其无可辩驳的证据是，我们所知道的那一部分世界——我们人类的理性——并非太理性的。"[1]尼采把理性看作人类生命冲动的工具，又把人类的全部生命冲动解释为强力意志，正是以此为前提，他才推导出了世界是强力意志的结论。[2]这就表明，在用人作类比之前，尼采已经先行对人性的不同因素作了价值判断。事实上，在每一个哲学家的人性观与世界观之间都有着一致性，或者说，客观上都在人的本质与世界的本质之间进行了某种类比。区别仅在于，由于对人性的看法不同，类比的结果也就不同。柏拉图从人性中分出理性、意志、情感三因素，按价值划分等级，独尊理性，所以他也就以理念为世界的本质。莱布尼茨依据人性与自然界之间的"预定和谐"，而把理性范畴视为"天赋内在原则"。一切理性主义者都是从人类理性出发，而推论出世界的理性结构的。相反，非理性主义者则在人和世界的非理性因素中看到了某种内在的一致。谢林认为，在人类意志的有意识创造活动与世界的无意识创造活动之间存在着"预定和谐"，二者在审美活动中达到了同

---

[1] 《朝霞》。GA，第3卷，第190页。
[2] 参看《善恶的彼岸》第36节。

一。这种以审美活动为自我认识向世界认识转化的契机的论点，与尼采诉诸"灵感""醉"的立场已经十分接近。不过，在谢林那里，审美活动本质上是理性活动，作为世界本体的"绝对同一"也是理性性质的，又与尼采旨趣迥异。尼采的直接先驱是叔本华。正是叔本华明确地把人的本质规定为意志，并且运用类比方法得出了世界的本质也是意志的结论。

二、强力意志

从生命意志到强力意志

无可否认，尼采的强力意志说与叔本华的生命意志说之间有着直接的继承关系。尼采早期还曾沿用叔本华的"生命意志"概念说明世界的本质。他们的相似之处在于，两人都视意志为人类生命的本质，又都运用类比方法推及世界的本质也是意志，但是，从尼采早期对悲剧的解释可以看出，他一开始就和叔本华对生命意志的性质有着相反的理解。在叔本华看来，生命意志是一种盲目挣扎的消极力量。在尼采看来，却是一种生生不息的创造力量，他用酒神狄俄尼索斯的名字来象征这种力量。后来，为了同叔本华划清界限，尼采便改用"强力意志"概念。

在1880年的未发表手稿中和1881年发表的《朝霞》中，尼采屡次谈到"求强力的欲望""强力的感觉"，可看作"强力意志"概念的雏型。[1]在《快乐的科学》(1882)第349节中，尼采第一次明确提出"强力意志"概念，并以之解说"生命意志"的实质。在《查拉图斯特拉如是说》(1883—1885)的"自我超越"一节中，则鲜明地以"强力意志"否定和取代了"生命意志"概念。

尼采认为，叔本华的"生命意志"说之所以必须否弃，是因为它既误解了生命的性质，又误解了意志的性质。

在对生命性质的理解上，达尔文的"生存竞争"说、斯宾诺莎的"自我保存"说和叔本华的"生命意志"说有一个基本的共同点，就是都把生存欲望视为生命的本质，所以尼采常常把它们联系起来加以批判。

尼采最早提出"强力意志"概念时，就明确地把它同"生存竞争"对立起来。他写道："自然中统治的不是匮乏情境，而是过剩、浪费，甚至到了荒唐的程度。生存竞争只是一个例外，生命意志的一种暂时约束；大大小小的竞争到处都是围绕着争优势，争发展和扩大，争权力，遵循着求权力的意志，而求权力的意志正是生命意志。"[2]在《偶像的黄昏》中，尼采又写道："反达尔文。——关于著名的'生存竞争'，我目前认为，与其说它已被证明，不如说它是一种武断。它发生过，却是作为例外；生命的总体方面不是匮乏和饥饿，而是丰富、奢华乃至荒唐的浪费——凡有竞争之处，都是为强

1　参看《朝霞》第112、113、146、189、356、360节。
2　《快乐的科学》第349节。KSA，第3卷，第585—586页。

力而竞争……不应当把马尔萨斯与自然混为一谈。"[1] 简言之，生命的本质是以自然中生命的过剩为前提的强力意志，以匮乏为基础的"生存竞争"只是作为一种例外情形发生的。

同样，"自我保存"概念也不足以说明生命的本质。尽管尼采本人在论及认识的原动力时，常常把"自保"利益与本能、情绪冲动、强力意志等并提，当作同义语使用，但是，涉及生命的本质，他就对这些概念作出了区分，它们对于说明生命的本质并非等值的。生命的本质恰恰不是自保，而是不愿自保，即要追求增长。"如果一个业已达到的状态中没有不愿自保的能力，它看来就必定会保持不变"，但变化是一件经验的事实，所以，斯宾诺莎的"自保"命题是错误的，相反命题是正确的。"一切生物恰恰最清楚地表明，它们竭尽全力，不是为了自保，而是为了增长……"[2] "人所意欲的，活的机体的每个最微小部分所意欲的，是强力的增加。"[3] "意欲拥有并且更多地拥有，生长，一言以蔽之——这就是生命本身。"[4] 尼采并非否认生物有自保的欲望和行为，但是，他认为，"自保"仅仅是强力意志的一种结果，而"自保"欲望则是强力意志受限制的表现。"生理学家们在把自我保存冲动确定为有机体的主要冲动时本应慎重考虑一下。生物首先要释

1　《偶像的黄昏》。KSA，第 6 卷，第 120 页。
2　WM，第 688 节，第 465 页。
3　WM，第 702 节，第 473 页。
4　WM，第 125 节，第 91 页。

放自己的能量——生命本身是求强力的意志——自我保存仅是其直接的、最经常的结果之一。"[1] 这可以从两方面来看。一方面，就生命与无机自然界的关系而言，生命之得以保存，并非消极适应环境的结果，而是积极征服环境的结果。"整个有机过程面对其余自然界如何保持住了自己？——一种基本意志在此暴露了。"[2] "生命并非内部条件对外部条件的适应，而是强力意志，它不断从内部出发征服和同化'外部东西'。"[3] 另一方面，就生命与生命之间的关系而言，生命始终立足于"耗费其他生命"[4]，它"本质上是侵占、征服异己者和弱者，是同化，最低限度是剥削"。[5] "生命在本质上，即在其基本职能上，是起着征服和毁灭作用的，无此性质甚至就不可思议。"[6] 这是因为，倘若没有对其他生命的侵占、征服、耗费，生命就根本不可能存在。生命之得以自保，正是它不单从自保出发，而且力求扩展其力量的结果。生命是一个不断"确定强力关系"[7]的过程，是"力量确定过程的持续形式"[8]，在这过程中，不同生物依其力量的尺度而决定其有无保存的权利。如果一个生物不求强力，只求自保，那就表明这个生物

1　《善恶的彼岸》第13节。KSA，第5卷，第27页。
2　WM，第691节，第468页。
3　遗稿。GA，第16卷，第144页。
4　遗稿。GA，第15卷，第407页。
5　《善恶的彼岸》。GA，第7卷，第237—238页。
6　《道德的谱系》。GA，第7卷，第368页。
7　遗稿。GA，第13卷，第62页。
8　遗稿。GA，第16卷，第117页。

的强力意志已经衰弱或者受到了限制。"自我保存的欲望是一种匮乏境遇的表现,是真正的生命基本冲动受到限制的表现,后一种冲动追求力量的扩展……"[1] 总之,强力意志是本原的,自保冲动仅是其派生的形式。

关于叔本华的"生命意志"说,尼采指出:第一,它并不能说明世界的本质,"因为生命只是强力意志的一个个别情形——断言万物都力求转入强力意志的这一个形式,乃是完全武断的"。[2] 这涉及尼采的一个观点:他否认生命是进化的产物。在谈到有机界的合目的性现象时,他说:"我不知道,这种合目的性如何能用进化来说明。我早就相信,有机物是永远存在的。"[3] "有机物不是产生的。"[4] 在尼采看来,有机物并非无机物进化而成的,因而从无机物到有机物也就谈不上是进步。他有时甚至认为,从无机物到有机物到人是一种退步,因为在无机界"不存在错误和透视的限制",随着强力意志的愈来愈个体化,在有机界中开始有了外观和错误,而人则是"自然的最高迷途和悖谬"。[5] 不过,我们在尼采著作中还可以找到对人和生命的相反评价。而且,即使生命只是强力意志的个例,这一点并没有妨碍尼采本人也由生命的性质外推世界的本质。所以,在尼采看来,"生命意志"说的真正失误

---

1 《快乐的科学》。GA,第5卷,第285页。
2 WM,第692节,第468页。
3 遗稿。GA,第13卷,第231页。
4 遗稿。GA,第13卷,第232页。
5 遗稿。参看GA,第12卷,第359页;第13卷,第88、228、229页。

在于，第二，它误解了生命的性质。尼采指出，生命是一种"必须不断自我超越的东西"，它不能满足于自身，而必须为自己设置一个高于自身的目的。"依'生存意志'的教条去寻找真理必然落空，这种意志是没有的！因为凡不存在者，便不能意欲；但已经生存者，又岂会意欲生存！只是凡有生命之处，便必有意志；但不是求生命的意志，而是求强力的意志！"强力意志所追求的不是生命本身，而是使生命得以超越自身的强力，这种对于自身力量强大的追求表现了生命永不枯竭的本性，所以尼采称强力意志为"永不枯竭的增殖着的生命意志"，并认为它是"生命的核心"。[1]

还有一种与"自保""生存意志"一类生命观相联系的见解，便是认为趋乐避苦是生命的本能。尼采也从强力意志说出发对之进行了批判。他指出，生命并不追求快乐，快乐只是追求强力的副产品，是"已获得的强力感的表征"[2]，其本质是"强力的增加感"，通过障碍及其被克服，"这受阻和取胜的游戏最有力地激起了那种过剩的、泛滥的强力的总体感觉，这构成了快乐的本质"。[3]正因为如此，快乐与痛苦并非互相排斥的，一切快乐都包含着痛苦。尼采由此又进一步推断，生命不但不避苦，反而趋苦。"生命本身需要敌意、死亡和痛苦

---

1 《查拉图斯特拉如是说》:《自我超越》。GA，第6卷，第166—168页。
2 WM，第688节，第465页。
3 WM，第699节，第470、471页。

的十字架。"[1] "强力意志是追求阻力和痛苦的意志。在一切有机生命的基础中都有一求痛苦的意志。"[2] 生命的强力意志本质最充分地体现在它对危险的追求中。"饱涨的生命本能地寻求在危险中生活。"[3] "置生命于游戏中,这是一个泛滥的、挥霍的意志的结果:因为每种危险根据我们力量、我们勇气的尺度而引起我们的好奇心。"[4] 生命为了追求强力而不惜冒牺牲自己的危险,在强力意志支配下,"自我保存常常成为问题并且被牺牲掉"[5],这一点异常鲜明地显示了生命的本质不是自保,自保至多只是强力意志的一种消极形式罢了。

综上所述,尼采认为,生命的本质是强力意志。如他所说,强力意志是他用以归纳生命总体趋向的一个"简明公式",是他给"生命"概念作出的一个"新规定"。[6]

与此同时,强力意志也是尼采对"意志"概念所作的一个新规定。他认为,凡意志,就必是强力意志。强力意志不是意志的一个类别,而是与"意志"概念相同一的。它是"意志的唯一根本形式"。[7] "强力意志"概念的提出,既是反对"迄今为止心理学中的意志"的,也是反对"叔本华所说的那

---

1 《查拉图斯特拉如是说》。GA,第6卷,第141页。
2 遗稿。GA,第13卷,第274页。
3 遗稿。GA,第16卷,第323页。
4 遗稿。GA,第16卷,第334页。
5 《快乐的科学》。GA,第5卷,第285页。
6 WM,第617节,第419页。
7 《善恶的彼岸》第36节。KSA,第5卷,第55页。

个充当'自在之物'的'意志'"的,而在尼采看来,两者实质上是一回事。尼采写道:"我的命题是:迄今为止心理学中的意志是一种不正当的普遍化,根本不存在这种意志,人们不去把握一种确定的意志在多种形式中的配置,而是抽掉了'向何处'这一内容,从而抹煞了意志的特性:这种情形最突出地表现在叔本华身上,他所说的'意志'是一个完全空洞的词眼。"[1] 由此可见,尼采之否定心理学和叔本华哲学中的"意志"概念,是因为它"空洞","抽掉了'向何处'这一内容"。而意志倘若缺乏确定的指向,就不成其为意志了。心理学和叔本华哲学又把这"空洞"的意志实体化,在前者中,它成了一切行为的原因,在后者中,它成了世界的"自在之物"。在尼采看来,根本不能用迄今为止的心理学来解释强力意志,相反倒要用强力意志来解释迄今为止的心理学,可以把它们看作"强力意志的形态学和发生学"[2],从中观察强力意志如何隐秘地决定着心理现象解释中的种种偏见。

尼采认为,在意志问题上,重要的是"把握一种确定的意志在多种形式中的配置"。这种确定的意志就是强力意志。尼采把意志看作各种情绪冲动组成的复合体,它们彼此之间形成一种"支配关系"。[3] 其中,强力意志是基本的情绪冲动形式。尼采写道:"我的理论是:强力意志是基本的情绪冲动形

1　WM,第692节,第468页。
2　《善恶的彼岸》第23节。KSA,第5卷,第58页。
3　参看《善恶的彼岸》第19节。

式，其余一切情绪冲动只是它的配置。"[1]也就是说，各种情绪冲动都是强力意志的派生形式，实质上都是强力意志，它们彼此之间的强度对比和冲突消长决定了"意志"的状况。

为了使"意志"不流于空洞，尼采给它指出了一个"向何处"：向强力。der Wille zur Macht 的直译是"向（求）强力的意志"，介词 zu 即表明了"趋向""追求"的含义。"有目标、目的、意图，质言之，意欲，恰是意欲变为强者，意欲生长——以及意欲为此所需的手段。"[2]但是，不能对"向强力的意志"作如此理解：似乎意志是主体，强力是客体，是意志之外的某个经验目标。在尼采看来，强力不是从外面给意志设定的目标，而恰恰是意志的本质之所在。"意欲就是命令，但命令是一种确定的情绪冲动（这种情绪冲动是一种突然的力量爆发）——清晰，全神贯注，胸有成竹，稳操胜券。"[3]意志本身就是强力，一个意志行为就是强力的爆发。离开强力，无所谓意志。"不存在意志：存在意志的点（Willens-Punktationen），它们不断增长或丧失其强力。"[4]强力是使意志成其为意志的东西，只有有力量的意志才是意志，丧失力量的意志就不再是意志了，它只是一个空"点"。那么，使意志成其为意志的强

---

[1] WM，第 688 节，第 465 页。
[2] WM，第 675 节，第 451 页。
[3] GA，第 13 卷，第 264 页。
[4] WM，第 715 节，第 483 页。

力又是什么呢？它无非就是意志自我支配的坚定性。意志是命令与服从的统一，愈能服从自身命令的意志就愈有力量。[1]所以，对于尼采来说，意志就是内在的强力，强力就是意志的自律，意志和强力是一回事，而它们同时也就是强力意志。

总之，"强力意志"概念是尼采对生命和意志的本质的一种说明。在叔本华那里，生命仅是自保，意志仅是欲望。尼采则认为，生命的本质是自我超越，意志的本质是自我支配，而"强力意志"概念恰好同时表明了两者的本质。

强力意志与价值

尼采不但用强力意志解释生命的本质，而且用它解释与生命密切相关的价值现象的本质。"为了生存，必须评价。"[2]价值观点原是生命不可摆脱的观点。既然生命的本质是强力意志，那么，价值与强力意志也就有了密切的关系。这种关系表现在，归根到底，强力意志是一切评价由之出发又向之归宿的东西。

笼统地说，评价的主体是生命。"当我们建立价值，生命本身通过我们评价。"[3]但生命本身仅是强力意志的表现形式，所以评价的真正主体（中心）还是强力意志。"'价值'

1　参看《善恶的彼岸》第19节。
2　遗稿。GA，第13卷，第74页。
3　《偶像的黄昏》。KSA，第6卷，第86页。

观点是关于保存条件和提高条件的观点，这一观点涉及生命在生成内部的相对持存的综合构成。"所谓"综合构成"，是指强力意志在多种形式中的配置，即一个以强力意志为中心的"统治构成"，其统治范围随着环境的好坏周期性地伸缩，而"'价值'本质上就是属于这一统治中心的伸展或收缩的观点"。[1] 换一种简明的表达，就是说：价值本质上是强力意志的透视观点。"一切意志中都有估价。"[2] 是强力意志及其配置形式——各个情绪冲动——在进行着评价。强力意志就是追求着价值的意志。

评价即解释。尼采一再强调，解释是强力意志的手段形式，强力意志是解释的原动力和发动者。"解释作为强力意志的一种形式而拥有其现实存在。"[3] "解释事实上是统治某物的手段。"[4] "有机界一切事件都是一种征服"，而征服就是"一种重新解释"。[5] 尼采本人正是用强力意志理论对包括真理、美、宗教、道德在内的各种解释形态作了重新解释。认识是"强力的工具"[6]，"求真理的意志"是"强力意志的一种形式"[7]，它"在为强力意志服务中展现自身"[8]。"'美'的判断是否成立和

---

[1] WM，第715节，第482、483页。
[2] 遗稿。GA，第13卷，第172页。
[3] 遗稿。GA，第16卷，第61页。
[4] 遗稿。GA，第16卷，第118页。
[5] 《道德的谱系》。GA，第7卷，第369页。
[6] WM，第480节。
[7] WM，第583节。
[8] 遗稿。GA，第14卷，第322页。

缘何成立,这是(一个人或一个民族的)力量的问题。"[1]作为基本审美情绪的醉的本质是"力的提高和充溢之感"[2]、"力的过剩""高度的力感"[3]。宗教和道德往往被尼采看作弱者的强力意志的现象。不过,道德作为手段也可以属于强者。道德是一种"统治关系"。[4]道德评价的根源是强力意志,一个民族必定把使之能统治、征服、荣耀的东西评价为善,反之评价为恶。[5]

强力意志不但是评价的真正主体,而且是评价的最高标准。尼采认为,意识只是总体生命中的个别情形和一小片断,与生命相比,它只是手段,不能作为价值出发点和最高价值尺度。如果把意识设置为最高价值,乃至想象宇宙的目的是"精神""上帝"之类的总体意识,就会使生命受到审判。[6]同样,生命又只是强力意志的个别情形,与强力意志相比,它也只是手段。"生命是一个个别情形;必须为一切现实存在辩护,而不仅仅是为生命——辩护原则是这样一种东西,生命由之得到说明。"这个辩护原则就是强力意志。"生命只是某种东西的手段;它是强力增长形式的表现。"[7]只能用生命来衡量

---

1 WM,第852节。
2 《偶像的黄昏》。KSA,第6卷,第116页。
3 WM,第800、811节。
4 《善恶的彼岸》。GA,第7卷,第31页。
5 参看《查拉图斯特拉如是说》:《一千零一个目标》。
6 参看WM,第707节。
7 WM,第706节,第476页。

意识的价值，又用强力意志来衡量生命的价值，而不能反过来用意识评判生命，用生命评判强力意志。强力意志是最高价值，生命之是否有价值和其价值的大小，取决于它所体现的强力的量和质。

从量的方面来看，尼采一再说："在生命中，除强力度之外，别无有价值的东西。"[1]"决定等级的，显示等级的，只是强力的量，别无其他。"[2]"你所是的强力量决定了你的等级。"[3]"价值是人所能同化的最高的强力量——人，不是人类！"[4]"价值客观上凭什么衡量？仅仅凭被鼓舞和组织起来的强力量。"[5] 总之，强力量就是价值量，强力量决定了价值的等级。

但是，作为最高价值尺度的强力意志，其质的方面比量的方面更为重要。Macht又可译为"权力"，就政治含义上的权力而言，权力并不等于价值，权力量与价值量并不成正比。尼采对于政治含义上的权力往往持否定态度，一再斥责"权势的贪欲"[6]、"求权力（求'帝国'）的意志"[7]，一再说："获取权力要付出昂贵的代价：权力使人愚蠢"[8]，"权力的爱好是人

---

[1] 遗稿。GA，第15卷，第184页。
[2] 遗稿。GA，第16卷，第277页。
[3] 遗稿。GA，第16卷，第278页。
[4] WM，第713节，第482页。
[5] WM，第674节，第451页。
[6] 《快乐的科学》，第204节。
[7] 《看哪这人》。KSA，第6卷，第358页。
[8] 《偶像的黄昏》。KSA，第6卷，第103页。

生的恶魔"[1]、"权力是无聊的"[2]。尼采还把弱者道德在欧洲取胜的罪责归之于罗马皇帝"滥用权力"。[3] 尼采所肯定的强力，不是外在的权力，不是表面的统一、暴力的统治、数量的优势等等，而是内在的权力，是生命力的充溢、生命的自我超越、意志的自律。若要举历史上的例子，可以把希腊人看作拥有内在权力的典型，而罗马人则是拥有外在权力的典型。在尼采看来，希腊人远比罗马人有力量，前者是"立法者"，后者只不过是"统治者"。内在的权力与外在的权力、强力的质和量往往发生背离。内在的强者很可能是外在的弱者。"最强者当他们面对组织起来的畜群本能时，当他们面对弱者的怯懦以及数量优势时，他们是弱的。"[4] 愈是内里虚弱的人，愈是追求外表的强大，相反，真正有力量的人却比较淡泊谦和。"弱者力求变得强大……愈是追求统一，愈可断定其软弱；愈是追求多样性、差异、内部分化，愈是有力量。"[5] "有的人追求强大乃是欺诈。优秀者追求卑小。"[6] "我在人们并不寻求力量的地方，在并不卑鄙地渴望统治的单纯温和的人身上，找到了力量。"[7]

1　《快乐的科学》，第262节。
2　遗稿。GA，第14卷，第244页。
3　遗稿。GA，第14卷，第65页。
4　遗稿。GA，第16卷，第149页。
5　遗稿。GA，第16卷，第122页。
6　遗稿。GA，第10卷，第309页。
7　遗稿。GA，第11卷，第251页。

所以，在衡量价值时，强力的质是第一位的。只看量不看质乃是一种机械观点。"机械观点只求量：力仅仅包含在质中。"[1] 那么，如何鉴定强力的质呢？尼采从生命和意志两方面来鉴定。从生命的角度看，生命的本质即强力意志，但是这个命题的含义无非是指生命的自我超越性质。因此，就每一个个体生命而言，其强力的质就根据其生命是否体现了自我超越性质而分出了优劣。"每一个人均可根据他体现生命的上升路线还是下降路线而得到评价。"尼采认为，个人不是单纯的"个体"，而是"到他为止人的一条完整的路线本身"，肩负着人类总体生命的命运。[2] 他的生命的价值，他的强力的质，绝非取决于他的纯粹生理欲望是否强烈，或他在社会的权力角逐中是否成功，而是取决于他把人类总体生命带往何处，是带往上升、强健、兴旺，还是带往下降、衰弱、蜕化。如果他体现了人类总体生命的上升，他就是一个强力意志意义上的强者，他的强力意志就是强盛的，否则他就是个强力意志衰退的弱者。当尼采责备叔本华、瓦格纳、虚无主义者、基督徒出于衰退的强力意志否定人生之时，他是完全不考虑他们的私人状况的，而只考虑他们的人生立场可能给人类总体生命的走向所造成的后果。

从意志的角度看，强力意志概念是对意志的本质的一个说明，强力是内在于意志的，它无非是指意志的自律。因此，

---

[1] 遗稿。GA，第16卷，第411页。
[2] 《偶像的黄昏》。KSA，第6卷，第131、132页。

一个强力意志意义上的强者就是一个能够自我支配的人，反之则是弱者。能否自我支配的标准是："你能给你自己以你的恶和你的善，并悬你的意志于你之上如同法律一样吗？"[1]真正的强者是能够创造自己的价值标准、发明自己的道德的人。相反，在那些恪守旧信仰的虔信者身上，在那些失去旧信仰又无能为自己创造新信仰的虚无主义者身上，支配着的正是衰退的强力意志。

尼采在质上把强力意志分为两大类，即强盛的强力意志和衰退的强力意志。[2]前者体现生命的上升路线，后者体现生命的下降路线。前者能自律，后者不能自律。当然，完全不能自律的意志就不成其为意志，也不成其为强力意志了。衰退的强力意志实际上意味着强力和意志的双重衰退。不过，衰退有一个程度的问题，处于衰退中的强力意志未必完全失去其力量，相反会以怨恨的形式发挥其剩余的强力，向生命复仇。事实上，强力的质与量不可截然分开，如果把量理解为意志自律的程度和生命力充溢的程度，则两者是完全一致的。尼采所说的那个作为价值尺度的强力量，正是在质上作了规定的，是指内在强力的量。两类强力意志的划分也是以质与量的统一为基础的。这一分类成了尼采评价各种精神文化现象的最重要、最常用的尺度，他据此区分了传统哲学家和新型哲学家，基督徒和自由思想家，消极虚无主义和积极

1　《查拉图斯特拉如是说》。GA，第6卷，第92页。
2　参看GA，第15卷，第433页。

虚无主义，奴隶道德和主人道德，颓废艺术家和酒神艺术家，并且重新估定了彼此的价值。

世界是强力意志

如果把凡对世界本质有所论断的哲学家称作形而上学家，那么，尼采似乎也可算上一位。他在许多场合把世界的本质归结为强力意志。例如，他写道——

强力意志"贯穿于一切事件中"。[1]

"一切推动力都是强力意志，此外并无物理的、动力学的或心理的力。"[2]

"……强力意志是存在的最内在本质……"[3]

"强力意志是我们深入底蕴达到的最后事实。"[4]

"从内部看世界，从其'概念特征'来规定和描述世界——它正是'强力意志'而非其他。"[5]

"这个世界是强力意志——而非其他！"[6]

但是，有必要说明一点：尼采的这类命题多半用的是虚拟式系词或条件从句。他十分清醒地意识到，任何关于世界

1　WM，第 552 节，第 379 页。
2　WM，第 688 节，第 465 页。
3　WM，第 693 节，第 468 页。
4　遗稿。GA，第 16 卷，第 415 页。
5　《善恶的彼岸》第 36 节。KSA，第 5 卷，第 55 页。
6　WM，第 1067 节，第 697 页。

本质的论断都只是一种解释，绝无最终有效性，他本人的强力意志说也不例外。他在反驳"物理学家们"所说的"自然规律"，而用强力意志说对之作出新解释时，便自称是一个"具有相反的意图和解释技巧"的"解释者"，可见他自觉地视强力意志说为对世界的一种解释。[1]

一般来说，尼采是反对一元论世界观的，他本人之所以仍作一元性的归结，是有意向一种心理习惯让步："我们习惯于将大量形式的配置同一个统一的来源相协调"，习惯于需要一个"统一观念"。[2]一种解释存在的理论"相对地需要有涵盖作用的统一性"。[3]有鉴于此，他才假定强力意志是基本的情绪冲动形式，才提出世界是强力意志的假说。

尼采是运用类比的方法，由生命的本质推导出世界的本质的。这一推导结果仅仅具有假说的性质，尼采本人对此直言不讳。

"求力的积聚的意志为生命现象所特有，为营养、生殖、遗传所特有——为社会、国家、风俗、权威所特有。难道我们不可以把这一意志作为动因也应用于化学中？——以及宇宙秩序中？"[4]

"生命作为我们最熟悉的存在形式，只是求力之积聚的意

---

1 参看《善恶的彼岸》第22节。
2 WM，第688节，第464、465页。
3 WM，第693节，第469页。
4 WM，第689节，第466页。

志……生命作为个别情形（由之推及存在的总体性质的假说）追求最大限度的强力感；追求无非就是追求强力；最基础、最内在的东西始终是这个意志。"[1]

关于这个推导过程，关于这一推导的理由，关于推导结果的假说性质，谈得最详尽、最清楚的还是《善恶的彼岸》第 36 节。尼采在那里写道："假定实际上'被给予'的无非是我们的欲望世界和激情世界，假定除了我们的冲动现实外，我们向下向上都不可能接近任何别的'现实'（因为思想只是这些冲动之间的一种关系而已），那么，难道不允许做出一个尝试，提出一个问题：这种被给予的东西是否不足以使人也从它的同类物出发来理解所谓机械（或'物质'）世界？"也就是把无机界"理解为与我们的情绪冲动本身处于相同现实等级的东西——理解为情绪冲动世界的一种更初级的形式，其中，一切尚注定处在强有力的统一之中，后来在有机进程中才分化并获得形态（当然也变得纤弱起来）；理解为生命冲动的一个类型，其中，全部有机功能包括自我调节、同化、营养、排泄、新陈代谢等尚彼此综合在一起——理解为生命的一种前形式"。这是推导的第一步，即假定生命冲动是人类生命的基本现实，并把这一假设类推到无机界中，假定这些冲动也是无机界的基本现实。第二步是进而假定人类生命冲动是强力意志的表现形式，并把这一假设也类推到无机界中，得出整个世界是强力意志的假说："假定可以把我们的全部生命

---

[1] WM，第 689 节，第 467 页。

冲动解释为意志的唯一根本形式（用我的话说，即强力意志）的具体形态和分支，假定可以把全部有机功能归结为这个强力意志，也在其中寻求生殖和营养问题（这是唯一的问题）的解决，那么，这样一来，就有理由把一切起作用的力明确规定为强力意志了。"紧接着尼采用虚拟语气写下了前面引证过的世界"正是'强力意志'而非其他"这个结论。[1]

从生命类推无机界乃至世界的本质，本应受到来自尼采本人的非议。既然他否认生命是进化的产物，假定无机界是生命的前形式也就没有了根据。在分析因果观念的根源时，尼采还批判过万物有灵论，并着重指出了"相信无论何时何地都是意志在作用于意志"这一信念的谬误。[2]把无机界理解为生命冲动的类型，当然难免万物有灵论之嫌。但是，尽管如此，他仍然作出这一番类推，据他说明，其理由有二。第一，除我们最熟悉的存在形式即生命外，我们别无把握存在的途径。"存在——除'活'之外，我们对之没有别的观念。"[3]所以"存在"不能不是"生命"概念的普遍化。第二，出于方法上的必要。"方法本质上必须是原则的节约。"[4]"只要以一种因果关系为充足理由的尝试没有被推演到极端（不妨说到荒谬的程度），就不接受更多种类的因果关系，这在今天是不

1　KSA，第5卷，第54、55页。
2　参看WM，第554节。
3　WM，第582节，第396页。
4　《善恶的彼岸》第13节。KSA，第5卷，第28页。

容回避的方法道德。"因此，如果我们"承认意志是真正起作用的"，"我们就必须把意志的因果关系设定为唯一的因果关系"，承认凡有作用之处，"必有意志作用于意志"，一切力都是"意志的力、意志的作用"。[1]这两条理由归纳起来无非是说，类推是唯一可能的途径，而一旦采用就应当彻底。显然，这并未证明类推是不成问题的，尼采也无意作此证明。在他自己的心目中，他关于世界本质的推论只是一种有条件的假说，而不是形而上学真理，我们对这一点似不该有所怀疑。

尼采把机械世界理解为情绪冲动世界，是依照生命现象所作的类比。那么，在机械世界中，究竟什么东西可视为与生命世界中的情绪冲动相类似，从而允许作这一类比？在尼采看来，这种东西就是力。他把世界描绘为"一种巨大的力"，"一个蕴含着奔腾泛滥的力的海洋"[2]，他试图把"一种科学的世界秩序""仅仅建立在力的数和度量的刻度之上"[3]，他假定"可以把世界设想为一定量的力和一定数目的力的中心"[4]——这一切都表明，如同他把冲动看作生命世界的基本现实一样，他把力看作机械世界的基本现实，并进而把力和冲动看作相同性质的东西，由此才得以把机械世界也理解为生命冲动的一种类型。

---

[1] 《善恶的彼岸》第36节。KSA，第5卷，第55页。
[2] WM，第1067节，第696、697页。
[3] WM，第710节，第480页。
[4] WM，第1066节，第696页。

如果说"力"相当于情绪冲动，那么，"力的中心"就相当于意志。"我们的物理学家用来造就上帝和世界的那个常胜的概念'力'尚需一个补充：必须把一个内在意志划归于它，我称这意志为强力意志……"[1] 各种力如同各种情绪冲动一样，都是强力意志的配置形式，强力意志是力的中心。尼采常常称这样的力的中心为"量子"（Quanta）。他说：无机界的最终现实不是物，"而是同其他一切动力量子处于张力关系中的动力量子"。[2] 又说："如果某物是这样而不是别样地显现，那么，其中并无'原则'，并无'法则'，并无'秩序'，而是有力的量子在活动着，其本质在于施强力于其他力的量子。"接着尼采干脆把"意志"和"量子"联结为一个复合词"意志量子"（Willens-Quanta），问道："力学是否只是斗争着、支配着的'意志量子'的内在事实世界的一种手势语？"[3]

尼采所说的"量子"是指一种非物质的力的积聚中心，它们彼此之间具有非连续性，并形成某种"张力关系"（即物理场）。在尼采看来，量子和量子场便是"内在事实世界"（微观世界）的真相。这表明尼采已经猜测到了现代物理学的某些重要内容。尼采对于20世纪物理学知识的天才猜测赢得了专家们的惊叹。[4] 在尼采的时代，因果机械论的世界观尚在自

---

1   转引自《尼采研究年鉴》，第6卷，第41页。
2   遗稿。GA，第13卷，第82页。
3   WM，第689节，第467页。
4   参看基尔西霍夫《尼采哲学中的认识问题》。《尼采研究年鉴》，第6卷，第17—30页。

然科学中占据着主导地位，尼采的世界即强力意志的理论首先就是反对机械论的。他坚决反对用经典力学解释世界，指出："力学的全部前提，包括质料、原子、重量、压力和碰撞，都不是'自在的事实'，而是借助心理虚构所作的解释。"力学不能把握世界"最基础、最内在的东西"，而只是"结果的纯粹征候学"。[1] 如果相信力学（机械论）对世界的解释，世界的终极状态必定已经达到，但事实并非如此，"机械论因此就遭到了驳斥"。[2] 尼采尤其反对"唯物主义的原子论"，他一再指出，不存在作为物质基本粒子的原子。他的这一见解显然受到18世纪意大利数学家波斯科维奇（Boscovich）的启发。波斯科维奇认为，原子是非物质的力的中心。尼采把这一观点与哥白尼地动说并提，赞扬波斯科维奇和哥白尼一样是"迄今为止表面现象的最伟大最成功的反对者"，因为他"使我们抛弃了对地球上最后一样'坚固不动'的东西的信念，即对'质料''物质'，对地球剩余物和基本粒子原子的信念：这是迄今为止地球上所获得的对于感官的最大胜利"。[3] 尼采之所以要坚决反对原子论，是因为原子论是机械世界观的基石，正像量子论是现代物理学的基石一样。原子论也为形而上学提供了避难所，只要存在原子，也就存在某种持久的终极统一。"不存在持久的终极统一，不存在原子，不存在

---

[1] WM，第689节，第467页。
[2] WM，第1066节，第696页。
[3] 《善恶的彼岸》第12节。KSA，第5卷，第26页。

单子。"[1]尼采否认世界有任何终极性的统一基质。

尼采既反对物质原子论,也反对基督教的"灵魂原子论"。[2]他认为,无论物质的东西,还是意识的东西,都不是终极性的东西。"一切物质的东西都是未知事件的一种运动表征;一切意识的和感觉的东西同样也是表征。我们从这两方面加以理解的世界可能还有许多别的表征。"[3]据雅斯贝尔斯解释,这一未知事件大体上就是强力意志。但是,强力意志同样也不是终极性的东西,它是非终极性的力的积聚点,这些点之间的动力关系呈现为"物质""意识"等表征。

对于"自然规律""必然性"等范畴,尼采以强力意志说作出新的解释。他指出:"必然性"并不是"一个起笼罩和支配作用的总体力量,或一个第一动力"。[4]宇宙间并无这样一个凌驾于万物的总体力量或第一动力,无论它被称作"上帝""绝对精神"还是"规律""必然性"。"所谓自然规律是强力关系的形式。"[5]世界之所以有一个"必然的"进程,"并非因为其中有规律支配着,而是因为绝对没有规律,每一个强力在每一瞬间都导致了其最终结果"。[6]机械必然性是以无能动性的质点的存在及其彼此间直线性因果联系为前提的,而

1　WM,第715节,第482页。
2　参看《善恶的彼岸》第12节。
3　遗稿。GA,第13卷,第64页。
4　WM,第708节,第479页。
5　GA,第13卷,第82页。
6　《善恶的彼岸》第22节。KSA,第5卷,第37页。

按照强力意志说,"每个力的中心"却都具有能动性,都"力求变为强者"[1],因而其相互斗争的进程并无必然性可循,所谓"必然性"只是斗争结果造成的一种外观罢了。

强力意志说又是反对目的论世界观的。"我们的前提:没有上帝;没有目的;有限的力。"[2] 按照强力意志说,每一个力的中心都力求变得强大,但世界本身没有总体目的。对于所谓"合目的性"现象,尼采认为也应用强力意志说来解释:"表面上的'合目的性'……纯粹是那个贯穿于一切事件中的强力意志的产物;变得强大造成了秩序,而秩序看上去酷似一个合目的性的设计。""合目的性"乃是力量的"等级秩序"所造成的外观。[3]

尼采的世界观念

从总体上看,世界究竟是什么?尼采对此提出过多种答案。在这里,有必要对这些答案加以比较,探讨其间的关系,以把握尼采的世界观念。

按照内涵由模糊到清晰的次序,可以把尼采关于世界总体性质的论断作如下排列:

第一,世界是混沌:"世界根本不是一个有机体,而是混

---

[1] WM,第689节,第466页。
[2] WM,第595节,第412页。
[3] WM,第552节,第378—379页。

沌"[1]；现象世界的对立面是"无形式的、不可表达的混沌大千世界"[2]。

第二，世界是生成："生成着的世界"[3]；"一切是生成"[4]；世界是"不知满足、不知厌倦、不知疲劳的生成"[5]。与此近义的是："永远自我创造、自我毁灭的酒神世界"[6]。

第三，世界是外观："'外观'的世界是唯一的世界"[7]；"把……外观世界作为唯一的世界神化和赞同"[8]。与此相近的还有："透视世界"，"现象世界"。这不是指由人类知性透视所获得的外观世界、透视世界、现象世界，而是指由宇宙间任何一个可能的透视中心出发所获得的那种"纯粹的，但永远变化的外观"[9]。

第四，世界是关系：世界"本质上是关系世界"[10]。

第五，世界是情绪冲动、力："情绪冲动世界"[11]；世界是"一种巨大的力"。[12]

---

1 WM，第711节，第481页。
2 WM，第569节，第388页。
3 WM，第517、520节。
4 WM，第518节。
5 WM，第1067节。
6 WM，第1067节。
7 《偶像的黄昏》，第24页。
8 WM，第585节，第404页。
9 WM，第520节，第356页。
10 WM，第568节，第387页。
11 《善恶的彼岸》第36节。
12 WM，第1067节。

第六，世界是强力意志。

应当说明，这个排列次序完全是我们为了研究方便而整理的，尼采本人并不遵循这个次序，有时把我们列为不同层次的观念当作同义观念使用。事实上，这些观念都是用来解释同一个世界"本文"的，它们的含义当然十分接近。但我们可以看到，依照上述排列次序，尼采的世界观念由抽象逐步上升到具体，有了愈来愈明确的规定性。

在这些观念中，"混沌"最缺乏规定性，它无非表示世界的无序状态。"生成"是与"存在"相对立的一个观念，它揭示了世界的绝对变易性质，尼采通过这个观念表明了他的反形而上学立场。根据尼采的论述，作为生成的世界具有以下性质：一，不可被知性把握[1]，也不能用语言表达（"语言表达手段不能用来表达'生成'"[2]）。二，"在生成的自然中根本不存在'统一'"，不能把它归结为上帝、理念之类的总体意识或原子、物质之类的终极基质。[3] 三，"生成没有一个目的状态，并不汇流于一个'存在'"。四，超越于价值评价，尤其超越于道德评价。"生成在每个时刻都是等值的：它的价值总和保持不变。换一种说法：它根本没有价值，因为它没有借以衡量它自己、使'价值'一词具有意义的那种东西。世界的总体价值是不可贬值的……"[4] 五，生成的世界毫不顾及

1 　参看WM，第517、520节。
2 　WM，第715节，第483页。
3 　WM，第715节，第483页。
4 　WM，第708节，第480页。

人类的愿望，对于人类来说，它是残酷而无意义的。为此尼采曾认为生成哲学是一种"真实却置人于死地"的学说。[1]但是，尼采说："我们不把我们的'愿望'当作审判存在的法官！"[2]"涉及存在的总体性质时，一切'愿望'都没有意义。"[3]也就是说，不应该回避世界的生成性质。

"外观"这个概念，尼采常常在不同的甚至相反的含义上使用。许多时候，他把知性透视所得的逻辑化世界称作"外观"，这一"外观"概念与同样是知性透视产物的那个常住不变的"存在"同义，而恰与"生成"概念相对立。在这个意义上，尼采说："生成没有一个外观状态，存在着的世界也许只是一个外观。"[4]但是，尼采有时也用"外观"指称同"逻辑真理"相反的东西，逻辑手段所不可达到的实在，这一"外观"概念就和那个超验的"存在"同义，即和"生成"同义了。在这个意义上，尼采把"生成者"与"外观世界"并提[5]，又把"求外观、求幻想、求欺骗、求生成和变化（求客观的欺骗）的意志"作为同一类意志，而与"求真理、求现实、求存在的意志"相对置。[6]与"生成"相比，"外观"侧重从认识论角度看待世界本质问题，强调了世界"本文"的非

1　遗稿。GA，第1卷，第367页。
2　WM，第709节，第480页。
3　WM，第711节，第481页。
4　WM，第708节，第480页。
5　WM，第585节，第404页。
6　WM，第853节。

逻辑性和无限可解释性。它开辟了把世界观念进一步具体化的路径，因为既然不存在"真正的世界"即绝对的世界"本文"，外观世界是唯一真实的世界，而"外观"按其本义终究是一种透视产物，那么，我们就有可能设置无数个透视中心，而把世界描述为由这些中心所获得的外观的总和。尼采正是通过这个途径得出"关系世界"的观念的。"关系世界"观念把"透视""外观"普遍化，把万物都看作透视的主体、中心、点，借此而把世界描述为一切点对一切点的关系的总和。再作进一步的具体规定，则这些透视中心、这些点都是力的中心，而其间的关系是行动和反抗，是力量关系，是种种情绪冲动的斗争和冲突。力的中心即强力意志。至此，强力意志作为尼采的世界观念的一个最具体规定，其形成的轨迹清晰可辨地显示出来了。

可以把"生成"看作尼采的世界观念的一个基本出发点。尼采说，世界的运动没有达到一个目的状态，它根本没有目的状态，这是一个基本事实，而他正是为了"寻找一种适合于这个事实的世界观念"，才找到强力意志的。历来的形而上学都设置一个最高存在者，作为世界运动的终极目的和支配万有的总体意识，以之贬低"'生成'的总体价值"。强力意志观念的提出则肯定了"生成"的价值。[1] 强力意志说否认生成有一个终极目的，但同时又肯定了"生命在生成内部的相

1　参看 WM，第 708 节。

对持存"的价值。[1]强力意志观念也是尼采对生成的根源、动力的一种解释。他写道:"一般来说存在着发展,其原因不可能又通过对发展的研究找到;不应当试图把它理解为'生成着的',更不必说理解为被生成的了……'强力意志'不可能是被生成的。"[2]强力意志"不是存在,不是生成,而是激情——是最基本的事实,生成、作用均由之而来"。[3]也就是说,不能用生成解释强力意志,因为这会使强力意志失去具体的规定性。相反,如果用强力意志解释生成,却能借此给生成以具体的规定性。按照这一解释,生成就既不是向着一个终极目的的运动,也不是完全无性质的变化,而是——借用海德格尔的说法——"作为存在者之基本性质的强力意志的自我支配的运动"。[4]具体地说,可以把生成理解为无数强力中心力求增加其力量的运动以及其间力量关系的不断确立。"一切事件,一切运动,一切生成,都是度量关系和力量关系的确立,都是斗争……"[5]把生成理解为强力意志的运动,也就是把生成理解为力量关系的确立,两者其实是一回事。在"强力意志"观念中联结了"生成"观念与"力""关系"观念。

从"生成"观念过渡到"关系""力""强力意志"观

1　参看WM,第715节。
2　WM,第690节,第467、468页。
3　遗稿。GA,第16卷,第113页。
4　海德格尔《尼采》,第2卷,第268页。
5　WM,第552节,第378页。

念,透视主义起了关键的作用。尼采在谈到透视主义时写道:"由于它,每个力的中心——而不只是人——都从自身出发建构整个其余的世界,即根据自己的力进行衡量、摸索、构造……"[1]"生成着的世界"在未经任何透视作用之前,其实就是一个混沌世界。当我们从人类知性出发对它进行透视时,它就成为一个逻辑化的外观世界。当我们设想一切可能的生灵都从自身出发对它进行透视时,它仍然是一个外观世界,但不是逻辑化的外观世界,相反是逻辑不可达到的外观世界。在尼采看来,它是我们唯一可能想象的描述世界"本文"的方式。尼采又根据他关于知性透视的动因在于占有和征服冲动的分析,推出一切透视中心都是力的中心的结论。因此,从透视的内在动因的角度来描述,那个逻辑不可达到的外观世界就是强力意志。强力意志支配着人的知性透视,驱使人为自己建构一个逻辑化外观世界,甚至还驱使人把这个世界视为"真正的世界",然而,作为"存在的最内在本质",它自身却是非逻辑的,是超乎人的知性透视之外的。

新版尼采全集的编辑者、意大利学者蒙梯纳里曾引证新发现的一段尼采札记,指出这段札记有助于我们理解"强力意志"的真实含义。在这段札记里,尼采以极其明确的语言阐述了"外观"与"强力意志"二者的关系。这段札记的全文是:

---

1 WM,第636节,第430页。

外观，如我所理解的，是事物之真正的和唯一的实在——一切现有的称谓都为它而产生，它按情况最好用一切称谓、因而也用相反的称谓来描述。但是，这个词所表达的仅是逻辑程序和逻辑区别对它不可达到这么一种性质，别无其他："外观"与"逻辑真理"的关系便是如此——后者只有在一个虚构的世界中才是可能的。所以，我不把"外观"当作"实在"的对立面，相反把外观当作这样一种实在，它反对向一个虚构的"真理世界"转化。这种实在的一个确切名称是"强力意志"，这是从内在方面而不是从其奔腾不羁的无常天性来描述的。[1]

在这段话里，尼采说明，"强力意志"是他给那个逻辑不可达到的外观世界所起的一个"确切名称"。这个世界超越于人类的知性透视，但它并不是传统形而上学所虚构的那种"真理世界"，并不是"自在之物"式的本体世界，所以仍以"外观"名之。从它的内在方面来描述，它就是强力意志。从它的"奔腾不羁的无常天性"来描述，应该如何称谓它呢？尼采没有明说，但我们可以相当有把握地断定"生成"是一个合适的名称。尼采明确地把"强力意志"与"外观"联系起来，其用意显然是为了同传统形而上学划清界限，预先防

---

[1] 转引自 M. Montinari, *Nietzsche Lesen*（《尼采研究》）, Berlin/New York, 1982 年, 第 100 页。

止人们从旧式本体论角度误解他的"世界是强力意志"的命题。不能把这个命题理解为，似乎"强力意志"是外观世界背后的终极实在，是生成的终极目的。它的正确含义是：外观是唯一的实在，"强力意志"仅是从内在方面对外观世界的描述，正如"生成"是从外在方面对外观世界的描述一样。

三、永恒轮回

瞬时体验和"新的世界观"

在尼采的全部哲学中，强力意志说所处的重要地位几乎是不容置疑的，永恒轮回说的情形就不同了，对它的地位有着尖锐的意见分歧。海德格尔举出鲍伊姆勒尔（A. Baeumler）和雅斯贝尔斯为不理解永恒轮回思想的典型。据海德格尔转述，鲍伊姆勒尔在《尼采，哲学家和政治家》（1931）一书中认为，永恒轮回说仅是尼采的纯粹个人的、"宗教的"执信，与强力意志说不可并存。强力意志说把存在归结为生成，而永恒轮回说却必然否定生成。鲍氏的结论是，永恒轮回说在尼采哲学体系中的地位完全不重要。雅斯贝尔斯在《尼采哲学导论》（1936）一书中尽管把永恒轮回说视为尼采的决定性思想之一，但是，在海德格尔看来，由于雅氏没有把它置于西方哲学基本问题的范围内考察，所以也没有看到它与强力意志说的真正联系。海德格尔则认为："永恒轮回说与强力意志说有着最内在的一致",它构成了尼采的"形而上学思考的最内在核心"。"尼采的形而上学立场可以由两个命题来确定:存在者本身的基本特性是'强力意志';存在是'相同者的永恒轮回'。"[1] 海氏如此解释两者的关系:"'强力意志'名称表示,存在者按其'本质'(状态)是什么。'相同者的永恒轮回'名称表示,具有如此本质的存在者整体必定是怎样的。"[2]

尼采本人对永恒轮回说确实十分重视。1881年8月,这一思想孕育之际,他给朋友写信说:"一种思想出现在我的视野中,我还不曾见过与它相像的东西——我得多活些年头才好。"[3] 后来他回忆这个时辰来临前夕的"预兆",说他当时感到他的"口味"发生了"突然的、深刻的变化"。[4] 他还把永恒轮回说称作"新的世界观"[5],又自命为"永恒轮回的教师"[6]。他所拟定的革新哲学原则的五点计划,其中之一便是:"用永恒轮回说取代'形而上学'和宗教,以此为培育和选择的手段。"[7] 可见尼采自己也把永恒轮回说提到了形而上学的高度。

不过,另一方面,尼采对于永恒轮回说又有矛盾的评价

---

[1] 海德格尔《尼采》,第1卷,第26—33页。
[2] 海德格尔《尼采》,第2卷,第38页。
[3] 致加斯特,1881年8月14日。转引自雅斯贝尔斯《尼采哲学导论》,第48页。
[4] 遗稿。GA,第15卷,第85页。
[5] WM,第1066节,第694页。
[6] 《偶像的黄昏》。KSA,第6卷,第126页。
[7] WM,第462节,第324页。

和态度。他称之为"一个预言"[1]，既为"预言"，就有落空的危险。有时他确实怀疑此说的可靠性，写道："也许它不是真的——别的〔思想〕会与之相冲突！"[2]他一开始孕育永恒轮回思想时，显得兴奋而自豪，可是当他在《快乐的科学》和《查拉图斯特拉如是说》中叙述这一思想时，却常常渲染一种梦魇的恐怖气氛。可见此说即使成立，尼采对其后果也是怀着复杂的心情。

在尼采身上，永恒轮回思想的产生主要并不是通过理论思考，甚至也不是通过对赫拉克利特的类似学说的接受，而是通过一种非理性的瞬时体验乃至瞬时幻觉。尼采写道："一般来说，在每一个人类生存之环中总会有一个时刻，起初在一个人身上，然后在许多人身上，最后在所有人身上，那最有力的思想即万物永恒轮回的思想突然浮现了。"[3]这段话可说是他对自己获得这一思想的方式的坦白：它是在某个时刻"突然浮现"的。尼采确实常常通过描述自己的瞬时体验来表述这一思想——

他听见一个魔鬼在他最孤寂的寂寞中向他耳语："这人生，如你现在经历和曾经经历的，你必将再一次并无数次地经历它；其中没有任何新东西，却是每种痛苦和每种快乐，每种思想和每种叹息，以及你生涯中一切不可言说的渺

1　WM，第1057节，第690页。
2　遗稿。GA，第12卷，第398页。
3　遗稿。GA，第12卷，第63页。

小和伟大,都必对你重现,而且一切皆在这同一的排列和次序中———一如这蜘蛛和林间月光,一如这顷刻和你自己。生存的永恒沙漏将不断重新流转,而你这微尘中的微尘与之相随!"[1]

尼采还写道:"万物皆重现:这天狼星,这蜘蛛,你此刻的思想,连同你这'万物皆重现'的想法。"[2]

这是一种神秘的恍惚感,突然间觉得眼前的景物,自己的所思所感,既似曾相识,又恍如隔世。似乎有某种记忆突然苏醒,旋即熄灭。似乎这世界从前的某个瞬间重现了,或者说时间之轮又转到了这个瞬间。正是这种瞬间的若有所感,使尼采推想世界某个瞬间的复现,又进而推想万物的轮回:"只要世界的一个瞬间轮回———闪电说———则一切必定轮回。"于是,你连同你的每个行为不再是孤立的片断,而是轮回之环上的一段,其中"重复和凝聚了一切事件的历史"。[3] 轮回之环在闪电式的回忆中被个体意识到了。

对于永恒轮回说的基本思想,尼采在《查拉图斯特拉如是说》中有一个诗化的表述:"万物消逝,万物复归;存在之轮永远循环。万物死灭,万物复兴;存在之年永远运行。万物碎裂,万物复合;存在之屋宇永远雷同。万物分离,万物复聚,存在之环永远对自己忠实。存在始于每一瞬间;彼处

---

1 《快乐的科学》第 341 节。GA,第 5 卷,第 265 页。
2 遗稿。GA,第 12 卷,第 62 页。
3 遗稿。GA,第 12 卷,第 370 页。

之球体环绕每一此处旋转。处处是中心。永恒之路是弯曲的。"[1] 尼采又以河海的回流作比喻。赫拉克利特说："我们不能两次踏进同一条河。"尼采却说："河永远重新回流于自己，而你们永远重新踏进同一条河。"[2] 他还形容世界是一个"永远回流"的力的海洋。[3] 当然，尼采也常常用"科学的"语言阐述这一学说，试图为之作理论上的论证。把他这方面的论述归纳起来，可以简要地将永恒轮回说的基本思想表述如下：世界是按照极其漫长的时间周期，即所谓"生成的大年"[4]，周而复始地永恒循环的；这个周期因为过于漫长而实际上无法测量，但又是完全确定的；[5] 在这个永恒循环的过程中，世上的一切，包括我们每个人以及我们一生中的每个细节，都已经并且将要无数次地按照完全相同的样子重现，绝不会有丝毫改变。

这样一个思想，它虽然缘起于非理性的瞬时体验，但是一旦形成，尼采便竭力赋予它以世界观的重要性。在尼采整个世界观念中，它与"强力意志"处于并重的地位。如果说尼采用"强力意志"解释"生成"的动因，那么，"永恒轮回"就是他用以解释"生成"的方式的一个观念。和"强力意志"一样，"永恒轮回"不能用"生成"来加以解释，相反"生成"

1　《查拉图斯特拉如是说》。GA，第6卷，第317页。
2　遗稿。GA，第12卷，第369页。
3　WM，第1067节，第697页。
4　GA，第6卷，第321页。
5　参看GA，第12卷，第51页。

要从它获得具体的规定性。"循环绝不是生成者,它是元法则,一切生成均在循环之内。"不可以"把这一循环法则设想为被生成的",并非一开始存在着一种混沌,最后才从中渐渐形成循环法则。毋宁说,包括混沌在内的一切都是永恒轮回的,都处在循环法则的支配之下。[1] 很显然,"永恒轮回"和"强力意志"在对"生成"的关系上十分相似:它们本身都是非生成的,因为它们都是支配着生成的东西。

尼采还试图在"永恒轮回"与"强力意志"两个观念之间建立一种内在联系。这既表现在,在宇宙论上,两者都从力的某种非机械论、非目的论的性质中获得理论说明;也表现在,在价值论上,"永恒轮回"被解释为"最高的强力意志"的实现。

世界没有常新的能力

尼采对于永恒轮回说的理论论证立足于两个主要前提,一是能量守恒,二是世界并未达到终极平衡状态的事实。

尼采明确地把能量守恒定律引为永恒轮回说的理论根据,他写道:"能量守恒定律要求永恒轮回。"[2] 按照他的解释,两者之间的关系是这样的:能量守恒意味着有限的力,它们在有限的空间中的组合必定是有限的,而这些有限的组合在无

---

[1] 遗稿。GA,第12卷,第61页。
[2] WM,第1063节,第693页。

限的时间中必定无限次地重复。

这里包含三个相关的较小前提：有限的力，有限的空间，无限的时间。

根据能量守恒定律，在确定的空间内，不管能（力）的形式如何变化，其总量保持不变。这正是尼采的出发点："力的度（作为数量）是稳定的，而它的质是变动的。"[1]他一再把世界描绘为"一种终极的、确定的、守恒的力"[2]，"一定量的力和一定数目的力的中心"[3]，"一种巨大的力，无始，无终，一种总量守恒的力，不增不减，不自我消耗，而只是改变形态，作为整体大小不变，一份既无支出和亏损，也无增益和收入的家当……"[4]力的有限性是一个无法证实的假说，尼采试图用反证法来证明，指出相反情形的不可思议："世界作为力不允许被设想为无限的，因为它不能被如此设想——我们禁止'一个无限的力'的概念，因为它与'力'的概念不相容。"[5]"常新的生成是不可能的，因为这是一个矛盾，须以一无限增长的力为前提；可是它该从何处增长呢！"[6]也就是说，"力"的概念本身包含了量的规定性，"力"不能无中生有。

1　WM，第1064节，第694页。
2　WM，第1062节，第692页。
3　WM，第1066节，第696页。
4　WM，第1067节，第696页。
5　WM，第1062节，第693页。
6　遗稿。GA，第12卷，第52页。

这总量有限的力，又"被'虚无'包围而成其界限"[1]，即空间也是确定的、有限的。尼采同样用反证法来证明空间的有限性。有限的力在不确定的、无限的空间里会达到平衡，但事实上没有达到，这表明空间并非不确定的、无限的。[2]

世界在时间上是无限的，因为没有什么东西可以妨碍我们从一定时刻出发逆推或顺推而达于无限。[3]

能量守恒只会产生两种可能的结果：终极状态（平衡状态），或永恒轮回。所以，要证明永恒轮回，还必须排除终极状态。尼采诉诸事实。"如果世界一般来说会僵化、枯寂、死亡、毫无变化，或者如果它可能达到一种平衡状态，或者它一般来说有某个目的，这目的包含持存、不变、一劳永逸（简短地、形而上地说：如果生成可能汇入存在或虚无中），那么这种状态必定已经达到。但它并没有达到……"[4] 无论预谋的还是非预谋的终极状态都未曾达到过，因为一旦达到过，就必然会延续下来，"全部生成早就完结了"。[5] "平衡状态从未达到过，这一点证明它是不可能的。"[6] 事实证明了终极状态的不可能，剩下的唯一可能就是永恒轮回了。

尼采下结论说："如果可以把世界设想为一定量的力和一

1　WM，第1067节，第696页。
2　参看WM，第1064节，第693页。
3　参看WM，第1066节，第695页。
4　WM，第1066节，第695页。
5　WM，第1062节，第692页。
6　WM，第1064节，第693页。

定数目的力的中心……那么，由此可以推知，在其存在的巨大骰子游戏中，它所经历的组合应是常数。在无限的时间中，每种可能的组合应该在某个时候一度达到过；而且，它们还应该无数次地达到过。这里，在每种组合与其最邻近的一次重现之间，必定经历了一切一般来说尚属可能的组合，其中每一组合都是以同一系列中全部组合的衔接为前提的，因而，绝对同一的系列的循环借此获得了证明：世界是循环，这循环已经无限地重复并且仍在无止境地玩它的游戏。"[1]

永恒轮回不但是同机械平衡相对立的，而且也是同机械循环相对立的。机械循环建立在因果必然性基础之上，具有理性性质，它排除偶然和混乱。而永恒轮回却是"一种非理性的必然性"，它包括了偶然和混乱，偶然和混乱也是永恒轮回的，因为"万有的混乱，作为对任何目的性的排除，并不与循环思想相矛盾"。[2]

如同强力意志说一样，永恒轮回说也是既反对机械论，又反对神学目的论的。当尼采把"没有上帝""没有目的""有限的力"确定为"我们的前提"时，他是在兼指这二说的前提。永恒轮回说在两重含义上反对神学目的论。其一是反对世界有一个终极状态作为其发展的最高目的。其二是反对把世界的无目的性本身重又想象成一种目的，似乎世界在有意

---

[1] WM，第1066节，第696页。另参看GA，第12卷，第51、53、57页。
[2] 遗稿。GA，第12卷，第61页。

避免陷入循环。前者把世界设想为一个不断向某种状态迈进的过程，后者则把世界设想为一个不断逃避某种状态（在这里是指重复）的过程，二者貌似相反，实则是目的论的不同形态。尼采对后一种形态的解剖是很有趣的："有一种古老的习惯，即设想一切事件都有目的，世界有一位主宰的、造物的上帝，这种习惯如此有力，以致思想者要不把世界的无目的性重又想象成一种目的，真是十分吃力。有些人宣布世界具有常新的能力……具有无限更新其形式和情况的奇迹般本领，凡这样的人都必定会生出一种感触，觉得世界在有意逃避一个目的，它甚至懂得人为防止陷入一个循环。即使不再有上帝，世界自身也应该富于神圣的创造力，富于无穷的变化力；它应该随心所欲地阻止自己重陷它的某一陈旧状态；它应该不但有心，而且有法防止自己出现任何重复……"然而，"这终究还是那种古老的宗教思维方式和意愿方式，那种渴望，即希望相信：世界在某个方面仍然类似于那位可爱的、无限的、有无穷创造力的古老上帝——在某个方面'那位古老上帝仍然活着'"。[1] 所以，相信世界有逃避循环的常新的能力，这一信念归根到底仍是神学目的论的变种。在尼采看来，二者必居其一："谁不相信万有的循环过程，谁就必定相信万能的上帝。"[2] 因为有限的力注定"世界没有常新的能力"，[3] 倘要断

1　WM，第1062节，第692、693页。
2　遗稿。GA，第12卷，第57页。
3　WM，第1062节，第693页。

定世界有这种能力，就只能求诸超自然的来源。

从尼采对永恒轮回说的理论论证可以看出，这一思想的形成是有一定的自然科学史背景的。事实上，在尼采的时代，自然界永恒循环的思想绝非尼采一人所独有，我们只需举恩格斯为例就足以说明问题了。恩格斯在《自然辩证法》导言（写于 1875—1876 年，发表于 1925 年）中，根据当时自然科学的材料，尤其是根据能量守恒和转化定律，同样也得出了世界是永恒循环的结论。他反复阐述他称之为"新的自然观"（试比较尼采所称的"新的世界观"）的基本思想："整个自然界被证明是在永恒的流动和循环中运动着"；"无限时间内宇宙的永远重复的连续更替"，"这是物质运动的一个永恒的循环，这个循环只有在我们的地球年代不足以作为量度的时间内才能完成它的轨道"；在此循环中，"物质在它的一切变化中永远是同一的"。[1] 蒙梯纳里在《尼采研究》一书中曾对恩格斯和尼采的类似思想进行比较，指出两者甚至在用词上也极为相近：恩格斯谈到"同一者在大循环中的永恒重复"（eine-in grossen Kreislufen-ewige Wiederholung desselben），而尼采则宣讲"相同者的永恒轮回"（die ewige Wiederkehr des Gleichen）。两位极其不同的思想家的这一惊人相似的思想，显然只能用共同的自然科学史背景来解释。[2] 而且，如果说尼采提倡永恒轮回说主要是出于价值动机，那

---

1 《马克思恩格斯选集》，第 3 卷，第 454、461、462 页。
2 参看蒙梯纳里《尼采研究》，第 198 页。

么，恩格斯也并不乏这方面的动机，他显然想要坚定这样一个信念："地球上的最美的花朵"人类尽管必然毁灭，但在永恒的循环中必然重新产生。当然，两者的差异也不容忽视。尼采的学说带有某种神秘色彩，这既表现在它缘起于非理性的瞬时体验，也表现在它强调一切细节的重现，恩格斯所说的永恒循环则是宏观的，着眼于物质运动形式和物质属性的不灭，而且整个循环过程受制于物质运动规律。在尼采眼里，这只能是一种机械循环。不过，正是在这一点上，尼采自己陷入了矛盾，因为尽管他宣称永恒轮回仅受制于"非理性的必然性"，但他用来论证永恒轮回的主要依据，即能量守恒定律，却是一种理性的必然性。

给生成打上存在性质的印记

永恒轮回作为尼采世界观的一个重要观念，尼采从自然科学角度对它所作的论证究竟能否成立，其实是一个很次要的问题。真正重要的是要探明，这个观念为何如此有力地支配着尼采的情感，尼采本人为何对它如此异乎寻常地关注，它在尼采的形而上学重建中究竟起什么作用。如果我们把注意力移到事情的这一方面，就会发现，永恒轮回观念的真正秘密在于它的价值内涵。

尼采是怀着对人生无常的哀伤和对生命意义的困惑走上哲学探索的道路的。支配着一切形而上学家和宗教家的那种渴求永恒的隐秘冲动，同样也支配着尼采。"必然的标记！

存在的最高星辰！……我永远肯定你：因为我爱你，呵，永恒！""一切快乐都要求永恒——要求深邃的、深邃的永恒！"¹"让我们把永恒的图像印在我们的生命上！"²这些诗句和喟叹表明，驱使尼采追问最高存在的动机正是对永恒的渴望。

个体生命要达于永恒，只有两条路可走：灵魂不死，或永恒轮回。传统形而上学和基督教实际上走的是前一条路，它们所虚构的形形色色的"真正的世界"，说到底无非是给灵魂安排的一个永恒归宿。然而，在尼采看来，它们依靠逻辑建构的这个永恒归宿是虚假的，它们又用这虚假的永恒来否定真实的短暂人生更是不可容许的。所以，尼采选择了后一条路。"永恒轮回"，"轮回"是为了"永恒"。关于这一层动机，尼采自己有一个很明白的说明。他把自己和斯多葛派哲学家、古罗马皇帝奥勒留作了一个对比："那个皇帝常常把万物的短暂置于眼前，以便不把它们看得太重要，可以平静地置身于它们中间。在我看来却相反，一切都太有价值了，不该这样昙花一现；我为每样事物寻求一种永恒性：人们可以把最珍贵的油膏和酒倾倒在大海里吗？——我的安慰是，存在过的一切都是永恒的——大海又重新把它们冲卷出来。"³一个人如果既不像斯多葛派那样对生存不动心，又不像基督徒那样相信

---

1 《尼采诗集》，中国文联出版公司，1986年，第205、225页。
2 遗稿。GA，第12卷，第66页。
3 WM，第1065节，第694页。

天国，永恒轮回似乎便是唯一可能的安慰了。

但这是一种怎样的安慰呵！就算我们相信，我们每一个人，我们在世时所珍惜的一切，都是宇宙生成之环中不会最终消失的一部分，会在永恒的时间内无数次地重现，可是，倘若我们事实上对于以往曾经有过的无数次存在并无记忆，倘若我们在以后还将有的无数次复归中对于今生今世的存在也并无记忆，总之，倘若我们在永恒轮回中并无人格上和记忆上的连续性，那么，这样的永恒对于我们有什么价值呢？这样活无数次同仅仅活一次又有什么区别呢？不能认真地相信，尼采真的从这样的永恒轮回中获得了安慰。因此，事情很可能并不仅仅关系到个人的安慰，而是关系到更广阔的价值立场。

让我们先来引证尼采的两段关键性的话。

第一段——

给生成打上存在性质的印记——这是最高的强力意志。……

万有轮回是一个生成世界向存在世界的最大程度的接近——凝视的顶峰。[1]

第二段——

1　WM，第617节，第418页。

> 两个最伟大的（德国人所发现的）哲学观点：
>
> 第一，生成、发展的观点；
>
> 第二，关于生存的价值的观点（但要首先克服德国悲观主义的可怜形式！）——
>
> 两者被我以决定性方式归并了。
>
> 万有皆变，皆永恒轮回——滑掉是不可能的！[1]

这两段话也许是尼采有关言论中最能揭示"永恒轮回"的价值内涵的话。全部问题在于如何既肯定"生成"，又肯定"生存的价值"，或者说，如何把"生成"与"存在"统一起来。"生存"原是"生成"的一部分，但是，肯定了"生成"未必就肯定了"生存的价值"，因为生成的观点揭示了"生存"的短暂性，从而使"生存的价值"成了问题。当然，倘若否定"生成"，也会招致否定"生成"之一部分"生存"的价值的后果。在两种情况下，"生成"对于"生存的价值"都构成了威胁。这两个哲学观点之间存在着某种冲突。

在尼采看来，"生存的价值"本是一切哲学学说的出发点。叔本华自觉地以此为出发点，但结果却是用"生成"否定了"生存的价值"。这表明"生成"如果不与"存在"相统一，就会导致虚无。"存在"是为肯定"生存的价值"而必需的地平线。传统形而上学从"生存的价值"出发而肯定"存在"，但又走向另一极端，用"存在"否定"生成"，结果与叔本华

---

[1] WM，第1058节，第690页。

殊途同归，也否定了"生存的价值"。

由此可见，排斥"存在"的"生成"，或排斥"生成"的"存在"，都会导致生存价值的否定。要肯定生存的价值，关键在于以适当方式把"生成"和"存在"统一起来。尼采认为，永恒轮回就是两者统一的最高方式。如果说强力意志的一般形态，例如作为认识的强力意志，只是维持"生命在生成内部的相对持存"，那么，永恒轮回却在总体上"给生成打上存在性质的印记"，也就是实现了"生成"与"存在"的最高限度的统一，所以尼采称之为"最高的强力意志"。在永恒轮回中，生成着的世界在每个"生成的大年"中都按原样重现，保持不变，因而最大限度地接近于存在着的世界。正是从"生成"与"存在"相统一的角度出发，尼采把他的"新的世界观"表述为："世界存在着，它绝非生成之物，绝非消逝之物。或者毋宁说：它生成着，它消逝着，但它未尝开始生成，未尝停止消逝——它在二者之中得以保持……它靠自己生存：它的粪便就是它的食物。"[1]永恒轮回是世界在生成中存在的方式。

尼采一生哲学思考的主题始终是生命的意义问题，为此他才起而批判传统形而上学和基督教，竭力反驳它们对生存价值的否定，寻求一条肯定生存价值的途径。他早年在《悲剧的诞生》中提出、后来又不断丰富的"酒神精神"，就是他的思考的结晶。究其实质，强力意志和永恒轮回都是酒神精

---

[1] WM，第1066节，第694页。

神脱胎而来的。酒神精神的要义,第一是确认宇宙间生命意志的丰盈和过剩,由之发展出强力意志说;第二是确认生命意志的不可穷竭,由之发展出永恒轮回说。不妨说,强力意志的永恒轮回——这就是酒神精神。尼采自己也点明了其间的内在一致。他在论及酒神秘仪时写道:"希腊人用这种秘仪担保什么?永恒的生命,生命的永恒回归;被允诺和贡献在过去之中的未来;超越于死亡和变化之上的胜利的生命之肯定;真正的生命即通过生殖、通过性的神秘而延续的总体生命。"[1]他还如此描述反映在他的"镜中"的"世界":"……一个蕴含着奔腾泛滥的力的海洋,永远自我变形,永远回流,无穷岁月的轮回,其形态如潮汐涨落,从最简单的涌向最复杂的,从最平静、最呆滞、最冷淡的涌向最灼热、最狂野、最悖谬的,然后又从丰富回归到单纯,从矛盾的嬉戏回归到和谐的愉悦,在其道途和岁月的这种千篇一律中仍然自己肯定自己,自己祝福自己是必定永恒轮回的东西,是不知满足、不知厌倦、不知疲劳的生成——我的这个永远自我创造、自我毁灭的酒神世界……你们想给这个世界一个名称吗?……这个世界是强力意志——而非其他!"[2]很清楚,如果从大处着眼,而不拘泥于某些带神秘色彩的细节,永恒轮回与酒神精神并无二致,它就是对现实的生命世界的全盘肯定。如果说酒神精神为了肯定生命而必须同时也肯定生命所必然包含的痛苦和

---

[1] 《偶像的黄昏》。KSA,第 6 卷,第 159 页。
[2] WM,第 1067 节,第 697 页。

毁灭,那么,永恒轮回就为之提供了根据,因为在强力意志的永恒轮回中,生命历尽一次次毁灭而仍然得以延续,在总体上并不毁灭。凭借着永恒轮回,终有一死的生命永存于生成之流中。尼采找到"永恒轮回"这个观念,如获至宝,因为他以为他借此找到了既肯定"生成"又肯定"生存的价值"的唯一良策。他深信"这个思想比一切把生命贬为无常之物的宗教有更丰富的内涵"[1],誉之为"宗教的宗教"[2],并宣告要以之取代形而上学和宗教。

永恒轮回、虚无主义和命运之爱

永恒轮回观念使尼采受到鼓舞,这只是事情的一个方面。事情还有不怎么乐观的一面。当尼采把永恒轮回观念称作"最孤寂的人的幻觉"、查拉图斯特拉(也就是尼采自己)的"危险""疾病"和"大痛苦",[3] 当他称之为"最沉重的思想"[4]"最大的重负"[5]时,他叹吁的就是永恒轮回观念的那沉郁的一面。这个观念使人感到沉重的地方,质言之,就是虚无主义和宿命论。

尼采自己称永恒轮回观念为"虚无主义的最极端形式"。

1　遗稿。GA,第12卷,第66页。
2　遗稿。GA,第12卷,第415页。
3　《查拉图斯特拉如是说》:《幻觉与谜》;《痊愈者》。
4　WM,第1059节,第691页。
5　《快乐的科学》。GA,第5卷,第265页。

他写道:"让我们在其最可怕的形式中来思考这个观念:生存就其本来面目而言,并无意义和目的,但不可避免地轮回,无止境地化为虚无:'永恒轮回'。这是虚无主义的最极端形式:虚无('无意义')是永恒的!"[1]

永恒轮回之肯定生存的价值,仅仅在于它以某种方式担保了生命的永恒,使每一次死亡不再是万劫不复的寂灭。但是,在它确认生命的永恒轮回的同时,它也确认了死亡的永恒轮回。每一次降生,都无可避免地走向死亡,在轮回中绝不存在某个机遇,可使情况有所改观。这循环的轮子,从一面看是生的无限次重复,从另一面看是死的无限次重复。在此意义上,虚无是永恒的。这是其一。

其二,更重要的是,永恒轮回无可挽回地废除了生存的一切意义和目的。我们生活在一个巨大的循环中,这个循环,用尼采的诗意说法,"如果不是在循环的幸福中包含一个目的的话,它便无目的"。[2] 可是,"循环的幸福"与我们何干?从我们透视的眼光来看有价值的一切,一旦置于这巨大的循环中,便失去了任何意义,只成了一种宿命。循环的巨轮荒谬地运转着,我们的全部生存甚至算不上这巨轮上的一个小小齿轮,却注定要被这巨轮带着走。"一切皆虚无,一切皆相同,一切皆曾经有过!"[3] 在巨轮的运转中,人不再有创造的余地。

1　遗稿。GA,第15卷,第182页。
2　WM,第1067节,第697页。
3　《查拉图斯特拉如是说》。GA,第6卷,第197页。

这种极端的宿命论同时也就是极端的虚无主义，因为它宣告了"无意义"是永恒的。

尼采对于永恒轮回说的阴暗面是有充分估计的。他谈道：要"预测"这一学说"被相信所产生的后果（它使一切分崩离析）"，"作为最沉重的思想：它的可能后果，倘若未加预防，即倘若一切价值未被重估的话"，并表示要研究"忍受它"和"排除它"的"手段"。[1] 正如他一般来说把极端虚无主义当作克服虚无主义的手段一样，他对作为"虚无主义的最极端形式"的永恒轮回说也作如是处置。这集中表现在他以永恒轮回说为"培育和选择的手段"。[2] 他一再称永恒轮回说是一种"伟大的有培育作用的思想"[3]，又说它是"为力量（和野性！！）效劳"的"进行选择的原则"[4]，它"通过策动最渴求死灭的悲观主义来造成对最有生命力者的选择"[5]。在他看来，这一学说犹如"铁锤"，在它的锤击下，弱者毁灭，强者被"选择"出来，得到"培育"，变得更为坚强。在这样的强者身上，就蕴藏着战胜虚无主义的力量。

具体地说，永恒轮回说的培育和选择作用在于，一方面它以极端方式考验了人们接受现实世界和人生的勇气，另一方面它也以极端方式考验了人们承担对世界和人生的责任的

1　WM，第1057、1059节，第690、691页。
2　WM，第462节，第324页。
3　WM，第1053、1056节。
4　WM，第1058节，第691页。
5　转引自蒙梯纳里《尼采研究》，第102页。

意志。

永恒轮回的世界是一个绝对无意义、无目的的世界。在这个世界里，上帝彻底死了。世界的这种赤裸裸的无意义、无目的的性质往往促成"最渴求死灭的悲观主义"，佛教的"断轮回"之说和叔本华的"杜绝生殖意志"之说便是典型。但是，有充沛强力意志的人面对这样一个世界却持另一种态度。他不但敢于正视，而且乐于按照其本来面目接受这个无意义、无目的的世界，包括属于这个世界的、本质上同样无意义、无目的的自己的生命。"精力充沛者的悲观主义：向一个巨大的循环，甚至向一个巨大的胜利问'为了什么'。"[1] 尽管答案令人失望，但他决不沮丧。他"不但学会了适应和接受已有现有的一切，而且愿意按照已有现有的样子重获它们，以至于永恒"。[2] 在他看清了生命的无意义之后，他仍然不知餍足地呼喊道："这就是生命？好吧？再来一次！"[3] 接受一个永恒轮回的世界，就意味着愿意按照已有现有的面目无数次地重获这个现实的世界和人生，在尼采看来，这才是对世界和人生的最大限度的肯定。如要检验一个人对世界和人生是否满意，最好的办法就是听听他对这个问题的回答："你愿意按照原样再活一次以至于无数次吗？"

从上述问题可以引申出另一个问题："你能够按照你愿意

1　WM，第26节，第22页。
2　《善恶的彼岸》第56节。KSA，第5卷，第75页。
3　《查拉图斯特拉如是说》。GA，第6卷，第230页。

重过一次乃至无数次那样地度过你的一生吗？"这样，"永恒轮回"又成了一个新的道德命令，对人生责任心的一个考验和督促。倘若我的所作所为将在世界的轮回中无数次地重复，留下永不磨灭的印记，那么，我就必须替自己的行为负下永恒的责任了。基督教的末日审判只有一次，"永恒轮回"的审判却有无数次。它的判决是严厉的："只有相信他的一生可以永远重复的人，才得以保存下来。"[1]当然，在永恒轮回的世界中，法官不是上帝或别的至上神灵，而是每个人自己的意志。唯其如此，责任才更加沉重。所以，尼采说："你愿意再次和无数次这样吗？这个问题无论如何是加于你的行动的最大的重负！"[2]

一方面最大限度地肯定人生，另一方面最大限度地承担责任，两者的统一便是"命运之爱"（Amor fati）。"命运之爱"是"永恒轮回"式虚无主义和宿命论的完成和扬弃，在此意义上，尼采称自己的学说为"最高的宿命论"[3]、"宿命论的完成"[4]。

尼采写道："命运之爱：从现在起这是我的爱！"[5] "必然性伤害不了我；命运之爱是我最内在的本性。"[6] "是的！我愿

---

1 遗稿。GA，第12卷，第65页。
2 《快乐的科学》。GA，第5卷，第265、266页。
3 遗稿。GA，第14卷，第301页。
4 遗稿。GA，第13卷，第75页。
5 《快乐的科学》。GA，第5卷，第209页。
6 GA，第8卷，第115页。

只爱必然的东西！是的！命运之爱是我最后的爱！"[1] "一个哲学家所能达到的最高境界：酒神式地对待人生——我为之制定的公式是命运之爱。"[2]

如果说世界的生成和存在在永恒轮回中达到了最大限度的统一，那么，"命运"便是这种统一在个人生活中的表现。命运一方面指将要发生的事，另一方面指已经发生的事。因此，"命运之爱"也就有两个方面。"在命运遭遇我们之前，我们应该引导它……但是如果它已经遭遇我们，我们就应该努力爱它。"[3] 尼采强调："不是仅仅忍受必然性，更不是掩盖它——一切理想主义者都面对着必然性说谎——而是爱它……"[4] 可见"命运之爱"首先是指对现实世界和人生的热情肯定。但是，在尼采看来，个人面对必然性并非消极被动的。"我不教人顺从必然性——因为人先得承认它是必然的……"[5] 个人的意志和行为是构成必然性的一个环节。"一个人的每个行为都对一切正在来临的事有无限大的影响。"[6] 关键在于，我就是命运的一部分，我也要对命运承担责任。一个人"不应该把他的生存的命运同一切曾有将有之事的命运相

---

1 遗稿。GA，第12卷，第141页。
2 WM，第1041节，第679、680页。
3 遗稿。GA，第12卷，第323页。
4 遗稿。GA，第15卷，第48页。
5 遗稿。GA，第10卷，第403页。
6 遗稿。GA，第13卷，第74页。

脱离"。[1]"对于省悟自己属于命运的人来说，命运是一个庄严的思想。"[2] 所以，"命运之爱"又是指对现实世界和人生的高度责任感。尼采仿佛是说：我们要怀着挚爱引导命运，然而，不管它终于成个什么样子，我们好歹仍要爱它。

尼采的理论中有一个明显的矛盾：按照"永恒轮回"说，我们这个世界连同我们每个人的人生都只是过去和未来曾有将有的无数"大年"中同一个世界和同样的人生的重复，命运早已注定，绝不可能有丝毫改变，那么，所谓责任又从何谈起？不管尼采如何把"命运"同机械必然性划清界限，只要"永恒轮回"的大前提不变，人实质上仍然没有支配自身命运的自由。尼采自己也意识到了这个问题，因而试图寻求"忍受"永恒轮回思想的手段。他所找到的主要手段就是"一切价值的重估"，借此而为"各种不确定性和各种尝试"敞开大门。他还寄希望于"超人"来突破"永恒轮回"的符咒。[3] 也许为了理论上的自圆其说，他甚至试图用"永恒轮回"说本身来论证价值重估的自由，如此写道："如果生成是一个巨大循环，那么，每样事物都是等值的、永恒的、必然的。——在肯定与否定、接受与拒绝、爱与恨的一切相互关系中，仅仅表达了生命特定类型的一种透视和利益：存在着的一切都自在地表示肯定。"[4] 这就是说，永恒轮回取消了终极目的和绝

---

1 GA，第8卷，第100页。
2 遗稿。GA，第14卷，第99页。
3 参看WM，第1059、1060节。
4 WM，第293节，第207页。

对价值标准，把万物置于等值地位，使得一切价值判断仅仅成为透视主义的行为，从而为价值重估扫清了道路。尼采这段话也许还隐含着又一层意思：我们从自身的透视和利益出发破坏旧价值、创造新价值的行为，我们的种种试验，同样也属于永恒轮回之环。但是，困难在于，只要永恒轮回包括一切细节的重复，不容许有任何改变，价值重估的自由终归是一句空话。二者必居其一：或者永恒轮回理论确实是同尼采的强力意志、价值重估、超人等理论相矛盾的；或者——为了使它们能统一起来——我们必须把一切细节的绝对重复当作尼采纯粹个人的幻觉从这一理论中剔除，而仅仅观其大体。这样，就可以在世界观上把永恒轮回看作尼采对强力意志生生不息过程的描述，在价值论上看作对永不枯竭的总体生命的肯定。这样一个允许改变细节的轮回就为人的自由留出了余地，因为从整个宇宙无限生成的眼光看，人的自由不正限于改变细节吗？

结语

现代西方哲学的显著特点是：一方面，各派哲学都相当一致地拒斥传统意义上的形而上学，即那种试图依靠逻辑手段获得"第一原理"的做法；另一方面，广义的形而上学冲动，即探寻世界和人生之根本意义的冲动却又空前强烈。如同施太格缪勒所说："形而上学的欲望和怀疑的基本态度之间的对立，是今天人们精神生活中的一种巨大的分裂。"[1] 这种情形，可以称之为形而上学的困惑。

在探溯这一现代特点的根源时，我们必须首先提到康德。康德的批判主义证明了凭逻辑知性不可能认识"自在之物"，因而，一切有关"自在之物"（即世界本体）的论断，质言之，一切形而上学，都失去了作为科学的资格，而只具有信仰的性质。这就为近代哲学向现代哲学的转变提供了决定性契机。在康德之后，新康德主义巴登学派用价值学说取代形而上学，实证主义用科学方法论取代形而上学，两者都立足于康德哲学，却从两个不同方向上拒斥形而上学，开了现代人本主义

1　施太格缪勒《当代哲学主流》上卷，第 25 页。

和现代经验主义的先河。

但是，如果说康德是西方哲学从近代向现代的转折的肇始者，那么，尼采堪称是这一转折的完成者。尼采一方面对传统形而上学进行了全面批判，另一方面奠定了现代形而上学追求的基本方向。所以，研究尼采与形而上学的关系问题，不但对于理解尼采哲学的实质，而且对于把握现代西方哲学的特征，都是至关重要的。

在本书中，我着重考察了尼采对于传统形而上学的批判。这是因为，只有在此基础之上，才能正确把握尼采本人的形而上学建构的含义。

尼采的反形而上学立场是极其鲜明的，他一再自称"反形而上学家"，并且明确提出向"形而上学需要"宣战。[1] 在19世纪下半叶，具有反形而上学倾向的哲学家毕竟不限于尼采一人。尼采的特殊贡献在于，他相当透彻地揭示了传统形而上学的形成机制。尼采指出，传统形而上学的形成，一方面是立足于一定的道德立场，即出于对生成着的现实世界的否定而虚构一个存在着的"真正的世界"，因而它实质上是一种价值设置；另一方面又是立足于一定的逻辑偏见和语言偏见，即出于对同一律、因果律、语法的迷信而虚构一个不变的、作为终极原因的世界本体，因而它实质上是知性透视的产物。这两方面都落脚到透视主义，把传统形而上学归结为对世界的一种解释。其中正蕴含着重建形而上学的可能性，

---

1 参看《善恶的彼岸》第12节。

即立足于透视主义，提出一种对世界的新解释。应当从这个角度来理解尼采的强力意志形而上学。它与传统形而上学的根本区别在于，第一，它自觉地把自己看作对世界的解释，而并不自命为绝对真理；第二，它立足于对现实世界和人生的肯定，是对传统形而上学价值设置的自觉颠倒。如果说传统形而上学自命为是对世界终极本质的把握，实际上却不自觉地受价值观点的支配，那么，始自尼采的现代形而上学则是一种立足于人生的自觉的意义寻求。

对于尼采与形而上学的关系，西方哲学界有不同的看法。归纳起来，无非是四种意见：

一、尼采是彻底的反形而上学家。例如，狄尔泰（Dilthey）认为，尼采遵循内在地说明世界这一哲学方向，自觉地放弃了一切普遍适用、包罗万象的形而上学。狄尔泰把他本人从生命内在论出发反对"形而上学讲坛哲学"的立场视为对尼采立场的继承。[1] 法国后结构主义者对于尼采反形而上学的立场评价尤为积极。德里达比较了海德格尔和尼采，认为海德格尔并未真正与形而上学的"语言中心主义"彻底决裂，他说的始终是形而上学语言，这种语言将意义看作应该挖掘的存在。相反，尼采才真正超越了形而上学，他不再把解释看作挖掘埋藏着的存在的意义，而是使意义为强力意志服务，这就真正打破了形而上学的语言中心主义。[2]

---

1 参看《尼采研究年鉴》，第10/11卷，第425页。
2 参看《哲学译丛》，1987年第2期，第54、55页。

二、尼采哲学中兼有反形而上学因素和形而上学因素，二者彼此矛盾。例如，基尔西霍夫认为，尼采的认识理论包含一个内在矛盾，即透视主义和类比原则之间的矛盾，尼采用前一个命题反对迄今为止的一切形而上学，自己却因后一个命题成为一个形而上学家，尽管他没有公开承认也没有完全意识到这一点。他还认为，尽管尼采否认现象界与本体界的原则区别，但是，当他把强力意志确定为终极的现实基础、一种形而上学原则之时，他实际上撤销了上述否认。[1] 布列默尔（D. Bremer）也认为，形而上学因素与反形而上学因素贯穿于尼采的哲学道路，这两种因素的交织明显地体现在尼采对柏拉图的态度中。[2]

三、尼采是一个不同于传统形而上学家的新型形而上学家。例如，雅斯贝尔斯认为："尼采属于提出存在概念……并以之把握世界整体的形而上学家之列，它把'强力意志'当作基本概念。""尼采的强力意志形而上学若贯彻到底，也属于以往独断论形而上学之列。"但是，由于尼采生活在康德之后，是从康德哲学所引起的转折中获得其形而上学的基础的，由此产生尼采关于世界是纯粹解释对象、世界知识是暂时的解释、强力意志哲学是一种新的解释的理论。因此，"强力意志学说不是尼采的封闭性形而上学，而是内在于他对存在的全部论证的一个尝试"。在尼采那里，没有以往理性主义独断

---

[1] 参看《尼采研究年鉴》，第 6 卷，第 16 页。
[2] 参看《尼采研究年鉴》，第 8 卷，第 39 页。

论形而上学中的那种客体化真理和那种概念构造。[1]

四、尼采是传统形而上学的完成者。这一论点是海德格尔提出的。西方许多论者业已指出,海德格尔对尼采的解释具有相当大的任意性,常常服务于对自己的论点的论证,而且在其一生中变化较大。[2]不过,把尼采哲学视为欧洲形而上学的完成和终结,却是海氏相当一贯的观点。他从欧洲形而上学传统,尤其是始自笛卡尔的近代传统的延续性的角度理解尼采,追问尼采是如何被这一传统所决定的。他认为:"尼采的形而上学作为近代形而上学的完成,一般而言同时便是欧洲形而上学的完成,并且因此——在正确理解的意义上——是形而上学本身的终结。"[3]所谓"形而上学的终结"是指"那样一个历史时刻,其时形而上学的本质可能性已被穷尽"。这些可能性中的最后一种便是把形而上学倒转过来,用尼采自己的话说就是"柏拉图主义的倒转"。[4]但是,海氏认为,这种"倒转"并未使尼采脱出传统形而上学的范围。其主要理由有二。第一,传统形而上学的标志就是"存在的遗忘",僵持在存在者上,不去追问存在的真理。尼采的"强力意志"同样只是表达了"一切存在者的基本性质"。[5] "尼采在形而上

---

1 雅斯贝尔斯《尼采哲学导论》,第290、309、318页。
2 参看 W. Müller Lauter:《意志本质与超人——论海德格尔的尼采解释》。载于《尼采研究年鉴》,第10/11卷。
3 海德格尔《尼采》,第2卷,第192页。
4 海德格尔《尼采》,第2卷,第200页。
5 海德格尔《尼采》,第1卷,第12页。

学范围内找不到摆脱无家可归痛苦的出路，只好把形而上学倒转过来，但这却是无出路状态的完成。"[1] 也就是说，由"存在的遗忘"所造成的无家可归状态仍未改变。第二，笛卡尔哲学奠定了近代主体性形而上学的基础，尼采仍然立足于这一基础。他"用躯体取代心灵和意识，这全然没有改变笛卡尔所奠定的形而上学基本立场"，相反是这一立场的"完成"。他只是用躯体（冲动和情绪冲动）的主体性取代了笛卡尔的意识的主体性或黑格尔的精神的主体性。尼采的形而上学是"强力意志绝对主体性形而上学"。[2]

上述四种意见的分歧集中在对尼采的强力意志说的看法上。事实上，尼采在批判传统形而上学方面的功绩是大家所公认的，而尼采对于传统形而上学的逻辑和语言基础的批判，尤其成了现代哲学家的共同出发点。问题在于，当尼采本人用"强力意志"概念对世界本质作某种归纳之时，他是否也落入了他所反对的形而上学的逻辑中心主义和语言中心主义的圈套之内？后结构主义者认为并非如此，强力意志说恰恰是破除这一圈套的有力武器。雅斯贝尔斯承认强力意志说本来具有以逻辑方式把握世界整体的独断论形而上学性质，但是当尼采本人自觉地将透视主义适用于强力意志说，仅仅视之为对世界的一种新解释之时，上述性质便被克服了。基尔西霍夫等人则认为强力意志说的形而上学性质并不能被透视

1　海德格尔《论人道主义》。
2　海德格尔《尼采》，第2卷，第187、200页。

主义所克服，而是与透视主义相抵牾的。在海德格尔看来，透视主义不但不能克服强力意志说的形而上学性质，相反是受后者支配的。当海氏批评强力意志说仍属于传统形而上学范围之时，他的意思就是指尼采仍然受制于逻辑和语法而把存在归结为某一存在者了，遗忘了逻辑不能触及、语言不能表达的那个更本原的意义领域。

海德格尔与尼采的关系比较复杂。迦达默尔公正地指出："海德格尔提出存在问题，反对欧洲形而上学的追问方向，在这方面，其先驱者……既不是狄尔泰，也不是胡塞尔，最早的还要算尼采。"[1] 不过，海氏本人直到后期才意识到这一点。如果说尼采的主要功绩是揭露了传统形而上学的逻辑中心主义和语言中心主义本质，那么，海氏一生的努力恰恰是要把哲学思考从这种形而上学中解放出来。只是在海氏看来，凡是形而上学，包括尼采的强力意志形而上学，必脱不开逻辑和语言的支配。因此，问题不在于对形而上学作某种改造，而在于要回到形而上学扎根于其中的那个基础，即回到存在的真理。这个存在的真理是不能用逻辑和语言作任何归纳的，因而几乎不可言说，一落言诠，便又落入形而上学窠臼。正因为此，海氏早期以对"此在"的基本本体论分析为进入存在的真理扫清道路之后，便只好三缄其口了，后期则只能通过对诗的解释来暗示这存在的真理。

总的来说，我比较赞同雅斯贝尔斯的意见，倾向于把强

---

[1] 迦达默尔《真理与方法》，第243页。

力意志说看作尼采对世界的一种新解释，因而已经不是传统意义上的形而上学。当然，作为对世界整体的一种哲学解释，它又不能完全免除逻辑还原的弊病，不能完全摆脱形而上学语言的束缚。彻底排除逻辑化语言束缚的世界解释不是哲学，而是诗了。如果说广义形而上学是在与人生的关联中对世界意义的追问，狭义（传统）形而上学是用逻辑手段来提出和回答这一追问，那么，我们发现，前者若要成其为哲学学说，就必不可免地在不同程度上落入后者的范围，并因此而使自己受到损害。寻求生存意义的形而上学冲动本是哲学思考的原动力，在人类理性业已成熟的情况下，这种思考必然具有逻辑性质，而逻辑中心主义又必然使形而上学追求走上歧路。可是，一旦拒斥逻辑手段，形而上学追求便陷入不可言说之境。在此意义上，我们可以承认在尼采的形而上学批判与形而上学重建之间存在着矛盾，但这是一种根源于形而上学本性的矛盾。尼采给现代哲学留下了形而上学的困惑，这种困惑也许将是永恒的。

主要参考书目

尼采原著

1. F. Nietzsche, *Werke*, 19 Bände u. 1 Register Band, Leipzig, 1894—1926.(《尼采全集》20卷）该版全集俗称 Grossoktav-Ausgabe（大八开本）。

2. F. Nietzsche, *Sämtliche Werke. Kritische Studienausgabe.* Herausgegeben von Giorgio Colli und Mazzino Montinari, 15 Bände, Berlin/New York, 1980.(《校勘研究版尼采全集》15卷）

3. F. Nietzsche, *Werke, Kritische Gesamtausgabe*, 18 Bände in 3 Abteilungen und 1 Ergänzungsband, Berlin, 1967ff.(《校勘版尼采全集》18卷）

4. F. Nietzsche, *Der Wille zur Macht*, Tübingen, 1952.(《强力意志》)

关于尼采的研究著作

1. M. Heidegger, *Nietzsche*, 2 Bände, Neske, 1961.(海德格尔:《尼采》)

2. K. Jaspers, *Nietzsche. Einführung in das Verständnis seines Philosophierens*, Berlin, 1950.(雅斯贝尔斯:《尼采导论》)

3. W. Gebhard, *Nietzsches Totalismus*, Berlin/New York, 1983.(格布哈德:《尼采的整体主义》)

4. *Nietzsche Studien*. Band 6、8、10/11, Berlin/New York, 1977、1979、1981/1982.(《尼采研究年鉴》第6、8、10/11卷)

5. M. Montinari, *Nietzsche Lesen*, Berlin/New York, 1982.(蒙梯纳里:《尼采研究》)

6. Ivo Frenzel, *Nietzsche*, Hamburg, 1983.(弗兰采尔:《尼采》)

后记

本书是我的博士论文。如果说,《尼采：在世纪的转折点上》对尼采思想风貌的描述多少带有主观抒情的色彩,那么,在构思本书时,鉴于学位论文的性质,我是有意要把它写成一本合格的学术著作的。我给自己规定的任务是,从尼采作为一位严格的哲学家的角度,厘清他在最基本的哲学问题即形而上学问题上的思想线索。原计划写六章,实际完成的是计划中的第一、二、四、五章,而计划中的第三章"宗教和道德批判：形而上学的心理分析之二",第六章"审美的辩护：艺术对形而上学的补偿",则恐怕要永远地付诸阙如了。从前年年底动笔,中间因病搁笔半年,到去年年底才拿出这么一个仍嫌粗糙的未完成稿,以应付不该再拖延的答辩。好在已完成的四章集中论述了尼采在本体论和认识论方面的思想,可以自成一体。和某个历史人物打交道久了,难免会厌倦,哪怕他是尼采。单凭这种脾气,我也成不了尼采专家。我知道自己至少将和尼采阔别好一阵,不如现在就把这部不尽满意之作发表,何必徒劳地等待未来莫须有的满意之作。它毕竟只是一部研究他人思想的书,倘若在学术界尚缺乏有关专著之时具备暂时的生存价值，我对这部不尽满意之作就足可表示满意了。

借本书出版的机会，我谨对以真正的学者风度和开明精神指导我写作博士论文的导师汝信同志，对给予我以宽厚评价和宝贵指点的论文评阅人以及答辩委员会成员贺麟、冯至、杨一之、熊伟、王玖兴、叶秀山、王树人诸位先生，表示诚挚的感谢。

周国平

1989 年 6 月

（全书完）

尼采与形而上学

作者 _ 周国平

编辑 _ 王寅军　　装帧设计 _ 董歆昱　　主管 _ 岳爱华
技术编辑 _ 顾逸飞　　责任印制 _ 梁拥军　　出品人 _ 王誉

营销团队 _ 毛婷　魏洋

果麦
www.goldmye.com

以 微 小 的 力 量 推 动 文 明

图书在版编目（CIP）数据

尼采与形而上学 / 周国平著. -- 昆明：云南人民出版社，2025.4. -- ISBN 978-7-222-23506-9

Ⅰ．B516.47

中国国家版本馆 CIP 数据核字第 2025KX5534 号

责任编辑：刘　娟
责任校对：陈　迟
责任印制：李寒东

尼采与形而上学
NICAI YU XINGERSHANGXUE

周国平　著

出　　版	云南人民出版社
发　　行	云南人民出版社
社　　址	昆明市环城西路 609 号
邮　　编	650034
网　　址	www.ynpph.com.cn
E-mail	ynrms@sina.com
开　　本	880mm×1230mm　1/32
印　　张	10
字　　数	189 千字
版　　次	2025 年 4 月第 1 版　2025 年 4 月第 1 次印刷
印　　刷	河北鹏润印刷有限公司
书　　号	ISBN 978-7-222-23506-9
定　　价	69.80 元

版权所有 侵权必究
如发现印装质量问题，影响阅读，请联系 021-64386496 调换。